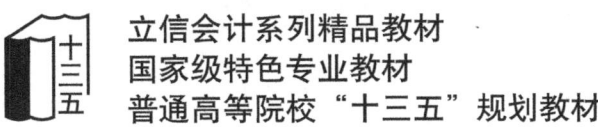
立信会计系列精品教材
国家级特色专业教材
普通高等院校"十三五"规划教材

# 财务会计案例分析

## CAIWU KUAIJI ANLI FENXI

### （第二版）

主　编　张维宾

副主编　叶　敏　胡启鸿　郑先弘

潘莉华　章丽娟

立信会计出版社
LIXIN ACCOUNTING PUBLISHING HOUSE

**图书在版编目(CIP)数据**

财务会计案例分析 / 张维宾主编. —2 版. —上海：
立信会计出版社,2019.9(2025.2 重印)
ISBN 978 - 7 - 5429 - 6293 - 5

Ⅰ.①财…　Ⅱ.①张…　Ⅲ.①财务会计—案例　Ⅳ.
①F234.4

中国版本图书馆 CIP 数据核字(2019)第 207448 号

责任编辑　　陈　旻
封面设计　　南房间


**财务会计案例分析(第二版)**

| | | | | |
|---|---|---|---|---|
| 出版发行 | 立信会计出版社 | | | |
| 地　　址 | 上海市中山西路 2230 号 | | 邮政编码 | 200235 |
| 电　　话 | (021)64411389 | | 传　真 | (021)64411325 |
| 网　　址 | www.lixinaph.com | | 电子邮箱 | lixinaph2019@126.com |
| 网上书店 | http://lixin.jd.com | | http://lxkjcbs.tmall.com | |
| 经　　销 | 各地新华书店 | | | |

| | |
|---|---|
| 印　　刷 | 上海万卷印刷股份有限公司 |
| 开　　本 | 787 毫米×1092 毫米　　　1/16 |
| 印　　张 | 15.75 |
| 字　　数 | 372 千字 |
| 版　　次 | 2019 年 9 月第 2 版 |
| 印　　次 | 2025 年 2 月第 2 次 |
| 书　　号 | ISBN 978 - 7 - 5429 - 6293 - 5/F |
| 定　　价 | 35.00 元 |

如有印订差错,请与本社联系调换

# 第二版修订说明

　　自《财务会计案例分析》出版以来,社会经济和资本市场发生了巨大变化,企业产业结构的调整、经营模式及经济业务的创新、上市公司并购重组的频繁发生,以及资本市场监管部门对公司治理和信息披露的规范愈加严格,我国企业会计准则在实施过程中不断修订、增补予以完善,实务中涌现大量新的问题和解决这些问题的需求。基于上述变化,本书进行第二版修订。

　　《财务会计案例分析》是上海立信会计金融学院与立信会计师事务所合作研究的成果。本次修订仍然由十多位专业教师和十多位注册会计师合作编写完成。在本书第二版中,新增案例及其分析占 32%,如涉及业绩补偿的或有对价如何处理,提供信用卡积分兑换和结算服务应按总额还是净额确认收入,毛坯房＋装修服务何时确认售房收入,发行永续债究竟是债还是股,新能源汽车补贴是收入还是政府补助,能否将受托经营的公司纳入合并报表范围等。其余的案例分析中有 33% 作了重大修改。我们期待本书第二版能够更好地适应实务和案例教学的需求。

　　由于作者水平有限,书中难免有不当及疏漏之处,恳请广大读者及各位同仁一如既往地不吝指正,以便及时进行修订和完善。

编　者

2019 年 7 月

# 目　　录

说明：参加案例分析讨论的学生名单在有关案例后列示。

# 第一章

资　产

# 第一节 货币资金与内部控制

货币资金包括企事业单位所拥有的现金、银行存款和其他货币资金。货币资金是企业维系正常生产经营的重要资产。内部控制是由企业董事会、监事会、经理层和全体员工实施的、旨在实现控制目标的过程。内部控制的目标是合理保证企业经营管理合法合规、资产安全、财务报告及相关信息真实完整，提高经营效率和效果，促进企业实现发展战略。货币资金作为一项资产，具有高度的流动性和可变现性的特点，这使得对货币资金实施有效的内部控制较为困难。而我国最近一段时期以来货币资金的犯罪案例更是时常见诸报端，并呈愈演愈烈之势。究其原因，除了货币资金的自身特点以外，各级企事业组织对货币资金管理不严、控制制度不到位应该是主要原因。因此，为防范资金舞弊行为的发生，目前必须加强货币资金的内部控制，强化管理者的风险意识，提高其管理水平。

根据现行的国家有关规范，货币资金内部控制目标主要有以下四项：货币资金的安全性，即通过良好的内部控制，确保企业库存现金安全，预防被盗窃、诈骗和挪用；货币资金的完整性，即检查企业收到的货币是否已全部入账，预防私设"小金库"等侵占企业收入的违法行为出现；货币资金的合法性，即检查货币资金取得、使用是否符合国家财经法规，手续是否齐备；货币资金的效益性，即合理调度货币资金，使其发挥最大的效益。各企业应根据自身的特点，选择建立合理而有效的货币资金内部控制制度，以实现上述四项目标。根据我国2008年发布的《企业内部控制基本规范》及2010年发布的《企业内部控制应用指引第6号——资金活动》的有关规定，货币资金的管理和控制应当遵循以下原则：完善严格的资金授权、批准、审验等相关管理制度，加强资金活动的集中归口管理，明确筹资、投资、营运等各环节的职责权限和岗位分离要求，定期或不定期检查和评价资金活动情况，落实责任追究制度，确保资金安全和有效运行。货币资金内部控制制度的设计必须充分考虑和体现这些原则，才能有效实施对货币资金的管理。

以下就我国近几年来出现的几个较为典型和有影响的案例，来讨论分析如何根据企业货币资金管理的环境和要求，更有针对性地设计货币资金的内部控制制度，有效防止资金犯罪或舞弊行为的发生。

 案例分析

## "蛀虫"如何侵吞公款

☞ **案例介绍**

**【案例一】** 某研究所近年来采用了银行提供的新型服务——"代理转账"方式发放工资，由银行直接将工资款项划入职工的个人账户。其工资核算员黄某负责从工资中扣除社保基金及根据扣后金额从出纳处取得转账支票到银行办理工资支付。黄某就利用该所工资发放中款项的支付无需收款人签字的漏洞，篡改工资数据，采用虚设人员、多记工资的办法，

将企业资产占为己有。在 2016 年后的 2 年时间里,黄某先后 30 余次利用该方法将 225 万余元公款划入自己的腰包。

**【案例二】** 2007—2015 年的 8 年间,某基金委出纳卞某利用基金委掌管的科学研究专项资金拨款权,采用谎称支票作废、偷盖印鉴、削减拨款金额、伪造银行进账单和退汇重拨、编造银行对账单等手段贪污、挪用公款人民币 2 亿余元,给国家造成了重大损失。

**【案例三】** 2015 年 1 月 15 日,某上市公司在中国银行某分行 2.933 7 亿元巨额存款失窃。调查人员在清查账户时发现,该分行行长高某从 2010 年年初便开始利用公司多头开户及该企业委托银行代理跑单(银行代理跑单是指由银行派员协助单位办理日常转账收付款业务,如提取和解缴现金、传送银行结算凭证等)之便对该企业存款动手脚。当企业资金存入银行时,高某就利用职务之便,一方面采用"背书转让"等形式将企业资金转移到自己可以支配的账户中;另一方面通过给该公司开具假存单、假对账单等方式掩盖其犯罪事实。现涉案人员已携款潜逃。

☞ **依据及相关法规**

1. 财政部、证监会、审计署、银监会、保监会等五部委颁布的《企业内部控制配套指引》《企业内部控制应用指引第 6 号——资金活动》(2010 年 4 月 26 日)。

2. 中国人民银行颁布的《人民币银行结算账户管理办法》。

☞ **案例思考题**

1. 上述[案例一]中实行的由银行代理转账发放工资,是单位普遍采取的方法,该种方法有何利弊? 试结合[案例一]的情况,分析如何才能既充分利用银行的服务手段,又有效保证企业资金的安全。

2. 上述[案例二]中某基金委对货币资金控制有何明显缺陷? 应采取什么措施才能有效防止类似事件的发生?

3. 对上述[案例三],你认为该公司有何违规行为? 委托银行代理跑单的服务是否可以采用? 如果采用,应如何有效实施控制?

☞ **讨论与分析**

1. 随着现代技术的发展,很多银行往往会向客户提供"代理转账发放工资"的服务项目。这项服务使得企业不再需要每月从银行提现,再分发工资给个人。这样,一方面提高了企业的工作效率;另一方面也保证了现金的安全,但是其在给企业和员工带来极大方便的同时,也引发了新的问题,即采用转账发放工资,有些单位在支付时往往省略了收款人签字的环节,这一环节的缺失给工资核算员提供了虚设员工、冒领工资的便利。防范上述情况的发生,关键是严格执行资金支付的申请审批手续,如果人事部门或其他相关部门在制作工资单后,对实际应支付的工资进行复核和签字确认,再由企业出纳人员根据签字确认后的工资总额开具转账支付凭证,就可以有效防止这种舞弊行为的发生。另外,还应当充分考虑到电子信息技术对内部控制程序的影响,如果公司是以电脑盘片的形式存储工资单,则应考虑采用电子签名来解决审核签字的问题,或采用加密技术来避免篡改数据问题的产生。如果无法采用与数据处理一致的电子技术解决上述问题,就必须坚持手工复核审批。

在[案例一]中,如果该研究所规定黄某在进行从员工工资中扣除社保基金后,还必须将扣除社保基金后的工资单打印并交由原工资单制作部门相应负责人签字确认,再由黄某凭确认后的工资单办理转账支付,就可以有效防止黄某侵占资金的行为。另外,如果是电脑盘片储存传递,则可考虑由原工资单制作部门对人员名单及社保基金扣款前的工资进行加密的防篡改设定,使黄某只能对盘片中已有的人员进行社保基金扣款,不能虚设人员、多记工资,也可以达到较好的防范效果。

2. 在[案例二]中,某基金委的货币资金控制明显存在支票及印鉴保管不严、支付申请审批制度执行不力,不相容职务未分离及内外部监督职能缺位等漏洞。

可以采取以下措施加以防范:

(1)加强印鉴和结算单据的存放和使用管理。相关人员使用印鉴和结算单据,理应通过必需的程序和授权。然而,很多单位出于方便工作考虑,将结算凭证和相关印鉴同时置于工作人员伸手可及之处。这样的管理方式固然提高了工作效率,但却对货币资金的安全留下了极大的隐患。通常,企业在签发银行结算凭证时需要加盖两枚或两枚以上预留银行印鉴,以达到相互牵制的目的。但有些单位为贪图便利,片面追求效率,在营业期间,往往把不同印鉴置交给同一个工作人员保管,甚至置于财务部办公桌上,方便大家取用。这种管理印鉴的方法,会使企业的内部控制被削弱或是消减,为舞弊行为大开方便之门。

(2)严格复核货币资金支付的落实情况。货币资金的收付应当明确授权审批权限,资金支付涉及企业经济利益流出,应严格履行授权分级审批制度。企业在进行货币资金的结算支付后,应当取得对方单位开出的收款收据,财务部门收到经过企业授权部门审批签字的相关凭证或证明后,应再次复核业务的真实性、金额的准确性以及相关票据的齐备性,并签字认可。上述[案例二]中出现的"退汇重拨"行为,如果该基金委不是采用"以拨代收"的方式,不是仅以银行回单的方式确认款项的支付,而是以收款单位开出的收款凭证以及银行回单两者同时来确认支付,则会大大减少舞弊的可能性。

(3)严格职责分工,由出纳以外的人取得银行对账单。定期获取真实可靠的银行对账单可以使企业及时发现问题甚至能有效防止舞弊的发生。从控制原则上来说,银行对账单一般应由出纳以外的人员获取,取得时要求开户行在每页上加盖业务专用章,通过履行确认手续,可以防止内外部人员抽换作弊。在获得银行确认的对账单后,企业会计主管人员必须至少每月一次亲自核实银行存款余额的正确性和未达账项的真实性,对于未达账项应当及时查明原因并督办清理。上述[案例二]中,由于缺乏岗位责任制度导致不相容职责未分离,缺乏对人员的监督和牵制机制。如果由某某以外的人取得银行对账单,并编制银行存款余额调节表,就不会出现其在收到退汇款项时不据实交回单位,而利用伪造银行对账单进行资金舞弊的情况。

(4)增加内部监督职能,与外部审计形成监督合力。内部监督是对内部控制的一种自我监督机制,通过内部监督,企业可以不断地审视内部控制的设计和执行情况,评价内部控制目标的实现程序,从而实现内部控制的自我完善和提升。内部监督能够有效识别内部控制缺陷并加以整改。外部监督有助于增强企业内部控制效能,更精准查找、剖析企业内部控制中存在的重大风险、薄弱环节和突出问题。内外部审计形成监督合力,定期或不定期检查内部控制执行情况,能够及时发现内控缺陷。在[案例二]中,由于缺乏内部及外部监督,使得货币资金环节内部控制缺失,为不法分子实施舞弊违法行为打开方便之门。

3. 在[案件三]中,该公司违反我国《人民币银行结算账户管理办法》的规定,进行多头开户。在我国,银行体系除了承担资金结算功能以外,还负有重要的资金监管职能。然而,现实情况是,目前有些银行本身就存在很多不规范的市场操作行为。为了争资金、拉客户,有的银行默许甚至纵容企业进行一些违规操作,如开立不符合银行账户管理规定的账户。这种现象的存在给企业或个人利用多头开户截流公款创造了条件。应严格限制企业开设多头账户。通常,开设的银行账户越多,管理风险和成本就相应越大。从表面看,开设多头账户方便结算,实质上却增加了安全隐患。单位财务负责人必须经常检查账户使用情况,及时清理静态账户,归并多余账户,不要随意增设账户,同时,对账户内的存量资金及大额资金流向进行检查和控制。

银行代理业务在一定程度上方便了客户,降低了单位财务运行成本,但同时也会带来诸多管理控制上的隐患。企业应当采取一些措施,在有效利用该服务的同时,防止出现危害企业货币资金安全的问题。例如,一方面,企业可以在接受银行"代理跑单"服务的同时,每月不定期安排本单位出纳人员到银行柜面亲自办理业务。对于大额的现金收支业务,企业则应当尽量安排由本单位人员自行操作,或即使由银行业务员代理,也应当在事前或事后与银行及时联系,适时查询并核实企业交易资金的落实情况。另一方面,企业可以利用现代化媒体手段,开通网上银行业务或电话银行业务,通过先进的科技手段及时查询并掌握企业的资金交易记录和余额情况。查询的密码可以考虑由会计主管和出纳两人掌握,使两人均可以随时查询近期的余额和交易记录,形成会计主管、出纳和银行三方牵制。另外,企业还应坚持由专人获得银行对账单,及时进行账目核对。

## 第二节 应收债权与资金占用

在企业正常的生产经营过程中,发生应收账款、预付账款等债权是不足为奇的,这与销售、采购的结算有关,属于经营性占用资金。其他应收款一般属于非经营性占用资金,有部分与提供劳务服务等经营性活动的结算有关。上市公司被关联方占用的资金中,也有部分系正常经营欠款。

但应收账款、预付账款、其他应收款若长期收不回,就增加了企业的财务风险。尤其是,部分上市公司的大股东将上市公司视为"提款机",抽取大量资金,透支上市公司信用。从上市公司所披露的大股东占用资金的表现形式来看,已从应收账款扩大到其他应收款、预付账款等项目,还可能有未披露的隐匿在房产开发成本、在建工程成本等项目中的资金占用。大股东持续占用上市公司巨额资金的后果是,无情地剥夺了上市公司的发展机会,严重损害了中小股东的利益。例如,上海兴业房产股份有限公司是一家具有全流通优势的房地产类上市公司,但不幸成为大股东占用上市公司资金的典型。由于受原大股东拖累,没有资金参与房地产开发,丧失了新一轮发展机遇,处于十分困难的境地。其仅有的一次分派红利还是1996年6月向股东每股发放红利0.1元(含税)(注:2017年上海兴业房产股份有限公司已被广汇物流股份有限公司借壳上市,公司证券简称变更为"广汇物流")。"据深交所统计,截至2003年年底,深市506家上市公司中,317家公司存在大股东占款问题,总发生额1 580亿元,其中非经营性占款超过430亿元……大股东占款成了中国证券市场最大的'出血口'。"(蔡云伟、袁克成、王璐《中国资本市场系列调查报告之三·中国上市公司大股东占款调查》,2004年8月11日《上海证券报》)。

时隔十多年,大股东占用资金的问题彻底解决了吗?"2018年以来,部分上市公司控股股东、实际控制人受市场融资环境变化、高比例股份质押等因素的影响,资金周转出现困难,信用风险逐渐暴露,违规占用上市公司资金等行为有所抬头。违规占用上市公司资金的方式也趋于多样化、复杂化。除传统的通过银行资金划转、要求公司为其垫付各类支出、向其拆借资金或代偿债务等占用方式外,还出现控股股东、实际控制人要求上市公司为其虚开票据质押融资、支付虚构的交易款项、利用无关第三方'过桥'资金,甚至更为恶劣的盗用或假借上市公司名义借款等'迂回'手段,实现其占用上市公司资金目的的情形。"(韩远飞《这些大股东还在占用上市公司资金,怎么办?》,2019年1月23日《上海证券报》)。

解决上市公司资金被占用问题,是不能靠提取坏账准备,甚至全额计提坏账准备"一提了之"的。提取坏账准备仅仅是在会计报表上按谨慎性信息质量要求预计和揭示会计主体的损失,但不能从根本上避免或减少损失,有些上市公司的大股东甚至利用计提巨额坏账准备使大肆侵吞公司资产的行为合法化。对大股东占用的资金实行全额计提坏账准备的背后,有可能是大股东借此赖账,逃避偿债的责任。大股东占用资金的问题,是从计划经济向市场经济转型过程中的产物,有历史的和人为的原因。大股东占用资金问题的根治,必须从完善公司治理及股权结构、加强市场监管和法制建设、扶持上市公司的控股股东与上市公司并行发展等多方面着手共同推进来解决,这需要一个相当长的过程,任重而道远。

 案例分析

## 是大股东的提款机吗

☞ **案例介绍**

M会计师事务所对JZ股份有限公司(简称JZ股份)2016年年报出具了保留意见并带解释性说明的审计报告。审计报告有关信息如下:

1. 截至2016年12月31日,JZ股份应收其大股东JZ集团有限公司(占其52.79%的股权)款项1 003 204 204.54元,JZ股份已按账龄分析法计提坏账准备359 845 280.65元,该事务所无法获取充分恰当的审计证据对上述债权的可收回性做出判断。

2. 2016年度JZ股份净亏损332 499 585.41元(其中当期计提坏账准备201 858 351.90元)。

JZ股份公布的2016年年报的部分内容,如表1所示。

表1 合并资产负债表(部分项目年末数) 单位:人民币元

| 项 目 | 年末数 |
| --- | --- |
| 应收账款 | 94 284 373.41 |
| 其他应收款 | 634 607 579.74 |
| 股东权益 | 15 668 151.17 |

相关附注资料:

公司采用备抵法核算坏账损失,坏账准备按报告期末一般应收款项余额采用账龄分析法计提,信用风险特殊的采用个别认定。2016 年应收账款坏账准备计提情况,如表 2 所示。

表2　　　　　　　　　　2016 年应收账款坏账准备计提　　　　单位:人民币元

| 按账龄分组 | 应收账款金额 | 占比 | 坏账准备金额 | 计提比例 |
|---|---|---|---|---|
| 1 年以内 | 31 718 408.55 | 14.88% | 1 585 920.43 | 5% |
| 1～2 年 | 16 164 396.16 | 7.59% | 1 616 439.62 | 10% |
| 2～3 年 | 11 696 039.83 | 5.49% | 3 508 811.95 | 30% |
| 3 年以上 | 82 833 401.70 | 38.87% | 41 416 700.85 | 50% |
| 个别认定 | 70 695 935.65 | 33.17% | 70 695 935.65 | 100% |
| 合 计 | 213 108 181.91 | 100% | 118 823 808.50 | — |

其中 JZ 股份集团有限公司欠款 57 987 211.10 元,欠款时间 3 年以上,款项性质为货款;3 年以上应收账款中有 70 695 935.65 元估计无法收回,故于期末单独对该款项金额计提 100% 坏账准备。

2016 年其他应收款坏账准备计提情况,如表 3 所示。

表3　　　　　　　　　　2016 年其他应收款坏账准备计提　　　　单位:人民币元

| 按账龄分组 | 其他应收款金额 | 占比 | 坏账准备金额 | 计提比例 |
|---|---|---|---|---|
| 1 年以内 | 46 531 633.60 | 4.75% | 2 326 581.68 | 5% |
| 1～2 年 | 216 127 129.48 | 22.06% | 21 612 712.95 | 10% |
| 2～3 年 | 186 988 262.40 | 19.09% | 56 096 478.72 | 30% |
| 3 年以上 | 529 992 655.22 | 54.10% | 264 996 327.61 | 50% |
| 合 计 | 979 639 680.70 | 100% | 345 032 100.96 | — |

其中 JZ 股份集团有限公司欠款 945 216 993.44 元,欠款时间 1～5 年,款项性质为垫付款。合并利润表(部分项目本年数),如表 4 所示。

表4　　　　　　　　　　合并利润表(部分项目本年数)
单位名称:JZ 股份有限公司　　　　　　　　　　单位:人民币元

| 项目 | 2016 年度 |
|---|---|
| 营业收入 | 167 892 133.17 |
| 营业成本 | 160 191 370.06 |
| 资产减值损失 | 215 276 749.35 |
| 营业利润 | −275 287 831.89 |
| 利润总额 | −332 499 585.41 |

☞ **案例背景**

JZ 股份集团有限公司(以下简称 JZ 集团)原是我国制浆、造纸行业的大型骨干企业,也是该省较早进入资本市场的企业。2011 年 4 月,由 JZ 集团作为独家发起人并经批准设立的 JZ 股份在上海证券交易所上市。该公司是全国重要的新闻纸定点生产企业之一。JZ 股份的各级管理人员多数来自 JZ 集团,该公司前董事长同时担任 JZ 集团董事长、总经理以及党委书记职务。

2016 年 2 月 2 日,JZ 集团原董事长被该市中级人民法院一审以受贿罪、巨额财产来源不明罪判处死刑,缓期 2 年执行。因该案带发的腐败案件 27 件,其中 17 人是这家企业的管理骨干,县处级干部多达 15 人。据报道,2016 年度 JZ 股份的董事、监事和高级管理人员的每月收入在 10 000~12 000 元的为 2 人,5 000~10 000 元的为 9 人。

JZ 股份从 2015 年下半年开始出现巨额亏损,并且 2015 年披露出大股东的应收款项为 9.9 亿元,比 2014 增加近 7 亿元。在连续 3 年亏损后,证监会于 2018 年 5 月做出《关于对 JZ 股份有限公司股票实施暂停上市的决定》,JZ 股份股票被暂停上市。JZ 股份在 2018 年第三季度收到 JZ 集团偿还的 3.32 亿元欠款,因而在账面上冲回以前提取的坏账准备 2.324 亿元,由此 JZ 股份 2018 年前三季度每股收益达 1.05 元。2018 年 12 月,JZ 股份可流通 A 股股票在上证所恢复上市交易。

JZ 股份 2014—2018 年年报披露的部分数据,如表 5 所示。

表 5　　　　　　　　　　　　　　**2014—2018 年年报披露的部分数据**　　　　　　　　　单位:万元

| 项目 | 2014 年<br>期末数/发生数 | 2015 年<br>期末数/发生数 | 2016 年<br>期末数/发生数 | 2017 年<br>期末数/发生数 | 2018 年<br>期末数/发生数 |
|---|---|---|---|---|---|
| 应收款项 | 97 657.58* | 122 830.28* | 72 889.20 | 109 288.82 | 31 875.61 |
| 营业收入 | 30 146.68 | 30 557.34 | 16 789.21 | 11 938.67 | 9 528.53 |

注:2014 年年报中披露的 2014 年应收款项金额为 34 762.44 万元,2015 年年报更正的 2014 年应收款项金额为 97 657.58 万元。2015 年年报中披露应收大股东款项为 9.9 亿元,比 2014 年年报中披露的应收大股东款项增加了近 7 亿元。据报道,JZ 股份历年披露的大股东及关联企业占款的金额数字均被大大地压缩了。

☞ **依据及相关法规**

1.《企业会计准则第 22 号——金融工具确认和计量》(2006)。

2.《关于规范上市公司与关联方资金往来及上市公司对外担保若干问题的通知》(证监发〔2003〕56 号,2017 年修订)。

☞ **案例思考题**

1. 请分析大股东占用资金对 JZ 股份的财务状况和经营成果与现状带来的影响。

2. 请结合 JZ 股份 2016 年前后年度财务报告及其他相关事项,分析说明大股东占用资金的行为给企业持续经营所带来的影响。

3. 请分析大股东占用上市公司资金这一问题产生的历史原因和人为原因。

4. 如何改变大股东占用上市公司资金的现状,请你提出针对性的建议。

☞ **讨论与分析**

1. 这是一起典型的大股东掏空上市公司的案例。大股东的这种行为无疑对 JZ 股份的财务状况和经营成果与现状都带来了非常严重的影响,JZ 股份实际上已经变成了大股东的"摇钱树"、投资者的"黑洞"。

首先,从对财务状况的影响来看,根据 JZ 股份公布的 2016 年年报,其应收账款账面余额为 213 108 181.91 元,坏账准备金额 118 823 808.50 元;其他应收款账面余额为 979 639 680.70 元,坏账准备金额 345 032 100.96 元。全年净亏损为 332 499 585.41 元,其中当期计提坏账准备高达 201 858 351.90 元,占净亏损的 60.7%。

在其应收账款中,有 57 987 211.10 元为 JZ 集团所欠货款,欠款时间 3 年以上。如果大股东不占用资金,那么其应收账款账面余额将减少为 155 120 970.81 元(213 108 181.91－57 987 211.10),按照 3 年以上账龄计提比例 50% 匡算,坏账准备金额可少计提 28 993 605.55 元(57 987 211.10×50%)。相应地,资产减值损失也应少计 28 993 605.55 元。应收账款账面价值将由原来的 94 284 373.41 元(213 108 181.91－118 823 808.50)减少为 65 290 767.86 元[155 120 970.81－(118 823 808.50－28 993 605.55)]。同理,在其他应收款中,有 945 216 993.44 元为 JZ 集团所欠垫付款,如果不存在大股东占用资金的情况,则其他应收款账面余额将减少为 34 422 687.26 元(979 639 680.70－945 216 993.44),坏账准备金额也可相应减少。同时,如果大股东不占用上市公司资金,则 JZ 股份账面上 1 003 204 204.54 元(57 987 211.10＋945 216 993.44)的应收款项可能是银行存款等资产,这将大大增强资金的流动性,改善公司经营状况和提升抵御风险的能力。

其次,从对经营成果的影响来看,由 2016 年度 JZ 股份的合并利润表可以看出全年净亏损 332 449 585.41 元,其中相当一部分是由于大股东占用资金而形成的。因为大股东占用资金,JZ 股份形成了巨额的应收款项,计提坏账准备又使得资产减值损失猛增,导致巨额亏损,给今后的发展带来了阻碍。同时,由于大股东以货款的名义占用公司资金,JZ 股份从表面上看收入增加,但实际上无款进账,不得不借款交税,导致资金周转进一步恶化。

倘若没有大股东任意占用资金的行为,JZ 股份可能不会发生连续巨亏,资金运转能力不会遭到如此破坏,那么其财务状况和经营成果将会大有改观(或会有所好转)。可见大股东占用资金对 JZ 股份经营亏损负有直接的责任。

最后,从对 JZ 股份现状的影响来看,因为大股东占用资金,使公司连年亏损而经历了"退市风波"。经过了内部整顿和重组,在重新上市之后,JZ 股份 2018 年前三季度每股收益达 1.05 元。然而引人注目的是,JZ 股份的巨额利润是 JZ 股份原大股东 JZ 集团在三季度偿还了 3.32 亿元欠款因而在账面上冲回以前提取的坏账准备 2.324 亿元所致。可见,公司的亏损和盈利与大股东占用资金的情况密切相关。虽然在监管部门处罚的压力下,大股东偿还了巨额欠款,但由于 JZ 股份的资金长期被大股东占用,错失了在此期间经营发展、研发新技术、投资新项目的良机。

2. 综观 JZ 股份 2016 年前后年度的财务报表及相关事项,可以发现大股东占用资金对企业持续经营有着下列负面影响:

(1)持续经营所需流动资金严重短缺。所谓流动资金,是指一般只在一个生产周期内发生作用,用于购买劳动对象以及支付职工工资的具有流动循环性质的资金。其对于企业生存和发展的重要作用犹如人体的血液。JZ 股份因受大股东占用资金及违规操作的影响,流动资金逐步紧张。其应收款项由 2014 年的 97 657.58 万元上升到 2017 年的 109 288.82

万元,上升幅度达到 11%。而到 2018 年,由于其大股东 JZ 集团归还部分欠款,JZ 股份该年的应收款项迅速下降为 31 875.61 万元。可见,如果当初大股东不占用资金,这些应收款项都将转为银行存款,那么 JZ 股份资金短缺的问题就不会存在了。所以,大股东占用资金,一方面直接影响 JZ 股份的正常经营业务,阻碍了 JZ 股份的生存和发展;另一方面也增加了企业向银行贷款的难度。流动资金的短缺,导致 JZ 股份效益急速下滑,严重降低了企业资产的利用效率和获利能力。

(2) 资产被掏空导致信用缺失。受到大股东占用巨额资金和经营业绩连续大滑坡的影响,JZ 股份的信誉急剧下降,银行拒绝向 JZ 股份及其关联方贷款,使其在具有大好前景的情况下失去了进一步发展的机会。

(3) 员工对公司丧失信心。有关资料表明,2016 年度 JZ 股份的董事、监事和高级管理人员的每月收入在 10 000~12 000 元的仅 2 人,5 000~10 000 元的仅 9 人。普通员工的工资及福利更加受到影响。由于对公司的发展前景丧失信心,导致人才大量流失,员工队伍的不稳定和人心涣散,以及更低的工作效率,这对于公司的持续经营危机又是雪上加霜。

(4) 连续亏损濒临退市。由于大量资金被大股东占用,使得其无法再投入资金对生产技术进行改革、创新,持续经营能力遭受重创,导致企业在以“科学技术是第一生产力”的竞争社会中逐渐趋于弱势,最后不得不面临退市的风险。具体表现为:JZ 股份 2014 年及 2015 年的营业收入分别为 30 146.68 亿元及 30 557.34 亿元,降幅不大,而 2016—2018 年其营业收入逐年大幅下降,再加上对大股东欠款计提减值准备和难以估计的应收款项损失,公司业绩大幅持续下滑,公司连续 3 年发生巨额亏损。基于这种情况,上海证券交易所于 2018 年 5 月做出《关于对 JZ 股份有限公司股票实施暂停上市的决定》,这使得 JZ 股份的未来更具不确定性。

吴 涛 指导并修改
040110401 班 王 悦 刘颖虹 应华羚 钟婉琪

3. 大股东占用上市公司资金问题产生的原因分析如下:

(1) 存续企业将优质资产剥离上市,给后续经营带来困难。国企背景的上市公司,有很多是通过对原国有企业进行资产剥离,将优质资产注入拟上市公司,从而成功进入资本市场的。而把不良资产或较多的非经营性资产剥离置换给控股股东,导致其生产经营难以维持,资金周转困难。JZ 股份和 JZ 集团之间就存在这样一种交易。JZ 集团为 JZ 股份上市付出了代价,就希望从上市公司取得回报。JZ 集团作为大股东,对上市公司具有控股权,JZ 股份的重大经营和财务决策均受到 JZ 集团的控制,使这种愿望具备实现的条件。JZ 集团通过大量占用上市公司的资金来获取上市公司对自己的回报。

(2) 上市公司与大股东之间人财物及业务等均未划分清楚。JZ 股份和大股东 JZ 集团之间未做到五分开(资产、人员、财务、机构、业务),JZ 股份的各级管理人员多数来自 JZ 集团,尤其突出的是该公司前董事长同时担任 JZ 集团董事长、总经理以及党委书记职务。JZ 股份与 JZ 集团基本上是“两块牌子,一套人马”。因此,JZ 集团始终把 JZ 股份当作其集团公司的一个分支机构进行管理,将 JZ 股份当作提款机,轻而易举地占用 JZ 股份的巨额资金。

(3) 上市公司治理结构存在缺陷和内部控制缺失。JZ 股份的股权结构缺乏制衡和监督,国有股“一股独大”,大股东 JZ 集团控制了 JZ 股份的所有重大经营和财务决策。这是大股东占用巨额资金的最主要原因。JZ 股份的法人治理结构极不健全,运作极不规范。由于缺少应有的监督机制,该上市公司资金使用的审核、有关信息的披露等均处于失控状态,导致 JZ 集团肆无忌惮地大量占用上市公司资金。JZ 股份 2002 年年报中披露,仅其他应收款一项,年末余额 979 639 680.70 元中,96.49% 为 JZ 集团所欠。内控缺失也为公司决策层面、管理层面多名成员受贿及贪污大开方便之门。JZ 股份和 JZ 集团原公司高管层多人的贪污腐败,导致上市公司财务状况更加恶化。2016 年 2 月 2 日,JZ 股份集团有限公司原董事长被该市中级人民法院一审以受贿罪、巨额财产来源不明罪判处死刑,缓期 2 年执行。因该案带发的腐败案件 27 件,其中 17 人是这家企业的管理骨干,县处级干部多达 15 人。这些巨贪无心公司的经营管理,却将公司的"家底"掏空了。

(4) 监管不力导致违规成本低。外部监管不力,监管主体的多元化导致对大股东的监管缺乏有效性。自 2011 年 4 月 JZ 股份上市以后,历年披露的大股东及关联企业占款的金额被大大地压缩了,到 2015 年年报才大暴露,披露出应收大股东款项猛增为 9.9 亿元,在 1 年之间突然增加近 7 亿元。真相被掩盖,风险和危机未及时披露。而那些严重危害上市公司利益及中小股东利益的责任人,由于对他们惩罚力度不够而逍遥法外。涉及中小股东利益受到大股东侵犯的诉讼制度实施难。与大股东占用上市公司资金带来的巨大经济利益相对应的是过低的违规违法成本。

4. 建议采取以下举措改变大股东占用上市公司资金的现状。

(1) 上市前审核严格把关,从源头加以控制。JZ 股份就是前几年"包装上市热潮"中的一个产物。为了避免类似情况的发生,应对申报上市的公司进行严格审核,堵住不公允关联交易产生的源头。这是从根本上解决关联交易问题的重要措施。对于新改制拟发行上市的公司,要根据具有独立完整生产线和具有独立面向市场经营能力的要求进行改制,杜绝上市公司的原料供应和产品销售两头均依赖控股集团公司的情况发生,杜绝"两块牌子,一套人马"的现象发生,将不符合条件的公司直接拒之门外,避免给上市后的独立运作带来"后遗症"。

(2) 通过资本运作完善股权结构,建立资本制衡机制。我国部分上市公司存在"一股独大"的股权结构,"一股独大"的股权结构缺乏资本制衡,破坏了企业正常的民主决策程序,使监督机制失效。股权结构制衡能力越弱,控股股东占用上市公司资金的现象越厉害。上市公司可以通过定向增发、股权置换等引入战略投资者、非公有资本,以及职工持股、股权激励等方式实现投资主体多元化,形成有利于相互制衡和监督的股权结构。

(3) 通过收购关联方资产,解决已上市公司对关联方的依赖问题。对于那些缺乏独立运营能力、改制不彻底的上市公司,向大股东收购上市公司主业必需的相关资产及业务,形成独立的供、产、销系统以强化市场功能,彻底摆脱对大股东及其他关联方的依赖,从源头上减少关联交易。

(4) 加强公司治理,健全内部控制体系。上市公司应当完善资金授权、批准、审核等相关管理制度,还必须建立风险预警机制,对资金占用实施行之有效的控制。对大股东承诺的占用资金清欠计划,由董事会下属审计委员会、独董、监事会等监督执行。在实践中,部分上市公司创建了"占用即冻结"机制,比较典型的如南纺股份(SH,600250)。该公司章程中的第一百二十七条第三款,明确公司应建立对大股东所持股份"占用即冻结"机制,即发现控股股东侵占公司资产时应立即申请司法冻结,凡不能以现金清偿的,通过变现股权偿还侵占资产,并且详细规定了公司资金被占用时程序启动、责任人、执行程序、发现报告审议机制、信息披露程序等。这一举措值得借鉴。

（5）发挥独立董事作用，维护中小股东的合法权益。充分发挥独立董事的监督作用。独立董事实际上是中小股东的代言人，职责是为中小股东争取合法利益。对于大股东占用上市公司资金的行为，中小股东要有"话语权"，需要独立董事出面为他们维权和制止大股东的侵权行为。要加强对独立董事的自律教育和履职监督检查，并为中小股东评价和监督独立董事的工作建立必要的渠道和机制。

（6）完善立法立规，加大监管和惩罚力度。大股东任意占用上市公司资金、侵犯中小股东利益等违规事件的频频发生，以及上市公司高管人员责任心的缺失，董事（包括独立董事）、监事的失职，与证券市场对违法违规行为的惩罚力度不够也有一定关系。必须建立一种责任追究机制和惩戒机制，严惩违规者。对于违规占用上市公司资金的大股东，应该严肃追查责任，以儆效尤。严厉的市场监管不但可以让胆大妄为者却步，还可以使绝大部分董事、监事以及上市公司高管人员更加勤勉尽职。完善保护中小投资者利益的诉讼制度，建立健全证券个人诉讼体制，使中小投资者维权渠道畅通。

（7）提高注册会计师审计质量，强化中介机构的监督作用。上市公司的大股东及其他关联方占用上市公司的资金，形式及手段比以前更加复杂和隐蔽，中国注册会计师协会要加强对注册会计师的业务指导和技术支持，研究及推行更加有效的关联交易审计程序和手段，以提高上市公司的财务信息披露质量，充分发挥中介机构的监督作用，切实保护广大中小股东的利益。

（8）采用以股抵债方式，妥善解决大股东占用资金问题。大股东侵占上市公司资金除了可用现金清偿、用非现金资产抵债外，还可以采取以股抵债的方式纠正、解决大股东侵占上市公司资金的历史遗留问题。"以股抵债"，是指允许上市公司按照特定价格回购控股股东所持有的股份，并以回购应付款与控股股东侵占上市公司资金所形成的负债相抵销。实行以股抵债，为缺乏现金及其他优质资产的控股股东解决侵占上市公司资金问题，提供了较为现实的选择途径。以股抵债不仅可以减少大股东占款的情况，降低因为应收款项无法收回造成的资金风险，改善上市公司的财务状况，而且有利于优化股本结构，维护中小投资者的合法权益。

☞ **参考文献**

韩远飞：《这些大股东还在占用上市公司资金，怎么办？》，《上海证券报》，2019 年 1 月 23 日。

张维宾 指导并修改

040110202 班　周国丞　沈耀华　沈炜钟　邬旭东

## 第三节　资产成本的分摊及转销

在会计核算的过程中，资产要素的确认、计量与成本费用要素的确认、计量紧密相关，从而还对利润的计量、所得税费用的确认产生影响。利润表中的大部分营业成本和一部分期间费用就是由资产成本分摊及转销形成的。

根据资产的属性确认资产应归属的类别,涉及资产要素的第一阶段确认,这是资产核算的基本问题。会计确认是一个过程,第一阶段确认是指将交易事项的数据登入账户转换为初步信息;第二阶段确认是指期末在财务报表表内列报再转换为最终信息(引自葛家澍《建立中国财务会计概念框架的总体设想》,《会计研究》2004 年第 1 期)。根据资产的属性确认资产应归属的类别,关系到其成本计量、分摊及价值转移方式。将一项资源确认为存货,其成本就通过发出计价转销,不同的发出计价方法,会影响费用、利润的确定;将一项资源确认为固定资产,其成本就通过折旧方式分摊,不同的折旧政策会影响费用、利润的确定;将一项资源确认为无形资产,其成本就通过摊销方式转移,不同的摊销政策会影响费用、利润的确定;将一项资源确认为债权,其价值转移就与收回方式、信用风险等因素相关,对费用、利润的影响就可能与确认为固定资产、无形资产的影响迥然不同。

资产成本的分摊,是资产(特别是长期非货币性资产)在使用过程中会计后续计量的一个重要问题。长期非货币性资产,属于资本性支出,其内含的经济利益不仅使本期受益,而且主要是使未来受益。资产价值作为未耗成本,其分摊应当根据与资产有关的经济利益的预期消耗方式确定。例如,在考虑固定资产折旧、无形资产摊销时,既要考虑资产预计的生产能力、使用期限、存续期间的损耗侵蚀、利用程度等,又要考虑企业外部科学技术的发展、消费需求的变化、有关资产使用的法律法规的限制等因素。对某些特定的资产,在确定其成本分摊方式及期限时,还可能需要考虑企业的经营策略与方针等因素。在实务中,存在将资产成本的分摊及转销与企业利润承受能力挂钩的人为调节现象,将资产成本的分摊当作操纵盈余的手段;但也存在对于新型交易或事项的会计规范滞后现象,需要有关各方在实践中探讨研究,进行规范、国际协调或加强有关规范之间的衔接。

企业不应以包括使用固定资产在内的经济活动所产生的收入为基础进行折旧。因为收入可能受到投入、生产过程、销售等因素的影响,而这些因素与固定资产有关经济利益的预期消耗方式无关。同理,企业通常也不应以包括使用无形资产在内的经济活动所产生的收入为基础进行摊销。

 案例分析

【案例一】

## 为什么要调整飞机的折旧年限

☞ **案例介绍**

我国某航空公司(以下称作 Z 公司)2002 年上半年净利润为 5 370 万元。该公司在其公布的 2002 年上半年报中披露:公司所使用的飞机及发动机的实际使用情况和维修情况足以使飞机及发动机保持持续、安全适航,同时结合国际上已投入运营的同类型号的飞机及发动机使用情况,公司董事会年初已作出决议,决定从 2002 年 1 月 1 日起将公司飞机及发动机的折旧年限由原来的 10～15 年调整为 20 年,残值率由原来的飞机原值的 3% 调整为 5%,备用发动机折旧年限随同飞机折旧年限确定。此项会计估计变更事项调增 Z 公司 2002 年

上半年利润 42 835 万元。

☞ **案例背景**

财政部在财建函〔2002〕24 号文《关于同意调整航空公司部分资产折旧年限的复函》中，同意在飞机及发动机达到规定的适航标准，确保飞行安全的前提下，对飞机及发动机的折旧年限做适当调整：飞机最大起飞全重小于 100 吨，飞机、发动机（含备份发动机）折旧年限为 8～15 年；飞机最大起飞全重大于 100 吨，飞机、发动机（含备份发动机）折旧年限为 10～20 年。

☞ **依据及相关法规**

1.《企业会计准则第 4 号——固定资产》。

2. 财政部颁布的财建函〔2002〕24 号《关于同意调整航空公司部分资产折旧年限的复函》。

☞ **案例思考题**

1. 请说明 Z 公司关于变更飞机折旧年限所披露的理由是否合理。试分析变更飞机折旧年限对 Z 公司财务报表的影响。

2. 请结合本案例，说明确定飞机的折旧年限应当考虑哪些具体因素。

☞ **讨论与分析**

1. Z 公司关于变更飞机折旧年限所披露的根据是：所使用的飞机及发动机的实际使用情况和维修情况足以使飞机及发动机保持持续、安全适航，同时结合国际上已投入运营的同类型号的飞机及发动机使用情况。

在当今世界，航空业是高资本投资额、高负债率，融合全球性业务，并且竞争相当激烈的一个行业。越来越多的外国航空公司看好中国市场，要求经营飞往中国的航线，我国国内的航空公司不仅面临国际国内同行业的激烈竞争，而且还受到铁路、公路运输业日益迅速发展的巨大冲击，尤其在中短途运输方面遭重创。飞机作为航空公司最主要的大额固定资产，同普通工厂里的机器一样，也要计提折旧。随着航空业的市场化，在保证旅客安全的前提下，如何使航空公司在激烈的市场竞争中求生存变得非常现实，航油支出节节攀升，高涨的油价正在吞噬全球航空业的盈利，而巨额的飞机折旧额是否有下降的空间呢？多家上市公司呼吁飞机折旧费负担过重，于是在 2002 年年初，由民航总局牵头向财政部提出延长飞机、发动机和其他飞行器设备折旧年限的要求。同年，财政部同意在飞机及发动机达到规定的适航标准，确保飞行安全的前提下，对飞机及发动机的折旧年限做适当调整：小飞机从 8～10 年延长到 8～15 年，大飞机从 10～15 年延长到 10～20 年。

我们分析此次有关飞机折旧年限调整的主要理由如下：

第一，有利于减轻折旧成本负担。我国航空公司近年来经营业绩不佳，有部分航空公司发生经营亏损，主要原因在于成本居高不下，而巨额的飞机折旧费不容忽视。

2001 年我国民航全行业成本费用构成，如图 1 和图 2 所示。

从图 1 和图 2 中可以看出：航空业主营业务成本占全部费用成本的比例高达 73%，而飞机及其发动机的折旧又是其中一项重要的成本。在整个行业成本费用支出排序中，飞机及

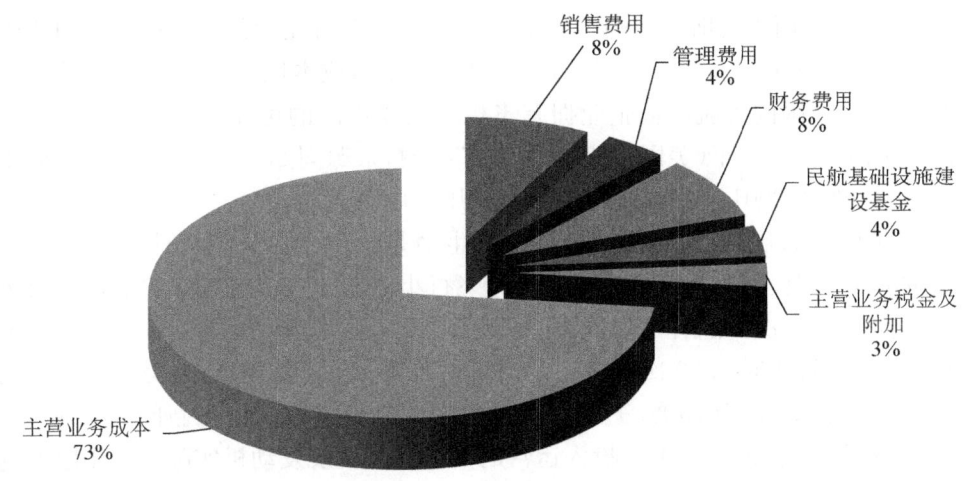

**图1 2001年民航全行业成本费用构成(定价成本)图**

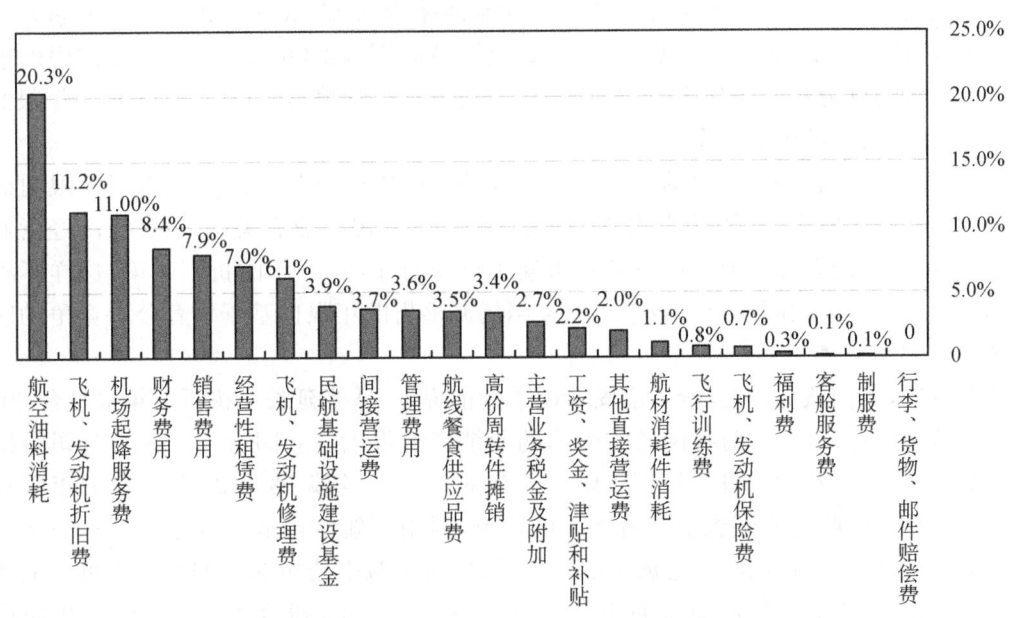

**图2 2001年民航全行业成本费用排序图**

资料来源:《民航国内航空运输价格改革方案听证会文件》2003年4月16日国家发展改革委讯 新闻
发布 第二部分 国内航空运价改革听证有关问题的说明 二、中国民航国内运价改革思路与方案 第二章
国内航空公司的经营成果与成本、收入、运价分析。

其发动机的折旧费用仅次于航空油料消耗而排名第二,这说明折旧费用在整个航空成本费用支出中的地位举足轻重。

与国外航空公司相比,我国航空公司的折旧费占成本比明显较高。关于飞机折旧租赁费的成本比例均值,中国航空公司(东航、南航)为24.3%,美国航空公司(美西北、美大陆、美联航)为11.9%(中国民用航空学院李琪、章连标:《中美航空公司成本结构对比分析》,2005年5月《中国民航学院学报》)。"据民航总局有关方面统计,在成本构成中,国外航空业飞机折旧平均占 5.97%,而国内航空业则达到 13%"(天同证券研究所张伟:《调整折旧年限航空公司受益》,2002 年 8 月 2 日《中国证券报》)。从折旧费占成本比分析,其中一个重要的原因与折旧年限有关。"国内民航运输企业拥有飞机使用成本高的可能原因有……飞机的折旧时间较短,我国为 10~15 年(美国一般为 20 年)"[资料来源同 2001 年民航全行业成本费用构成(定价成本)图和 2001 年民航全行业成本费用排序图]。

当然,谨慎的折旧政策是必要的,毕竟人的生命是最宝贵的。据统计,"在 1994—2003 年的 10 年期间,中国民航平均事故率为每百万飞行小时 0.62 次,近 3 年的平均事故率则为每百万飞行小时 0.44 次,低于世界民航业每百万飞行小时 0.64 次的平均水平""美国平均事故率为每百万飞行小时 0.30 次左右。在 1994—2003 年这 10 年里,欧美发达国家的事故率仅为每百万小时 0.2 次"(孙展、王刚:《天空安全的临界点?》,《中国新闻周刊》2004 年第 44 期,总第 206 期)。目前国际上已投入运营的同类型飞机及发动机实际使用年限普遍超过 20 年,能够保证飞机及发动机保持持续安全飞行。

除了国内与国际航空公司有关事故率的横向比较外,我们再来看国内航空公司有关事故率的纵向比较。1996—2005 年期间百万架次事故率为 0.45;2006—2015 年期间百万架次事故率为 0.31(中国民航飞行学院罗渝川、韩新营、罗晓利:《2006—2015 年间中国民航事故及事故征候的统计分析》,2018 年 5 月《中国民航飞行学院学报》)。可见,上述折旧年限的适当延长,并未对我国的民航安全产生不利影响。

第二,有利于培育公平竞争的航空业市场环境。国内航空公司的飞机折旧年限明显短于美国等一些国家航空公司的折旧年限,使得国内与国际民航业有关的数据统计、经营业绩缺乏可比性,而国内有部分地方航空公司事实上已执行 10~20 年的折旧政策,这样不利于国际和国内各航空公司间的公平竞争。有关当局调整折旧年限也基于培育公平竞争的航空业市场环境的考虑。

综上所述,我们认为,在充分考虑安全因素的前提下,适当延长飞机折旧年限是合理的。

财政部该文件一出台,对我国航空公司的业绩影响很大。立即有不少航空公司纷纷变更会计估计,将飞机及发动机的折旧年限由原来的 10~15 年调整为 20 年。折旧年限数字上的轻微调整对有些行业可能不会有太大的影响,但由于航空产业的固定资产——飞机占总资产数额特别巨大,折旧额占总成本的比例较高,对于航空公司的影响非同小可。上述案例中的航空公司,折旧年限从原来的 10~15 年调整为 20 年,残值率由原来的飞机原值的 3% 调整为 5%。据此我们推算的年折旧率是 4.75%,虽然仅仅比此项会计估计变更前的飞机年折旧率 6.47%~9.7% 低了 1.72%~4.95%,但对于航空公司成本和利润的影响是巨大的。假设某航空公司有价值 80 亿元的飞机及发动机,发生上述会计估计变更,可以推算出影响年折旧费减少 1.376 亿元~3.960 亿元,每年增加 1 亿元~4 亿元的营业利润,对一个上市公司而言,不可小觑。在本案例中,此项会计估计变更事项仅 2002 年上半年就增加了 Z 公司的利润 42 835 万元,2002 年上半年净利润为 5 370 万元,可想而知,如果没有这次飞机折旧年限变更,Z 公司岂不是要亏损数亿元。

但是,延长折旧年限而降低的营业成本属于非付现成本,仅增加账面业绩,其与加强飞行设备日常维护、尽可能采用单一机型等节流成本的降低有明显区别,因为延长折旧年限本身对提升经营活动现金流量净额并没有贡献。

2. 我们认为,结合本案例确定飞机的折旧年限主要应当考虑下列具体因素:

(1) 安全因素。为什么要重视飞机的折旧年限呢？除了与普通机器一样有其自己的使用寿命外,人们考虑更多的是安全因素。2005 年 8 月 25 日,秘鲁国家航空运输公司一架波音 737 客机在秘鲁普卡尔帕市附近坠毁,造成至少 70 人死亡。据悉,这架失事飞机已使用了 22 年。有消息说,飞机严重老化以及当天的恶劣天气可能是导致这次空难的主要原因。老化的机器设备可能导致产品质量低下,但老化的飞机就可能出现更严重的状况。虽然在现代各种交通工具中,飞机的事故率是最低的,但是一旦出事,其死亡率却是最高的。

(2) 有形损耗。根据飞机的飞行班次、飞行小时、日利用率、旅客周转量等预计飞机的使用寿命。然而对于飞机这样的庞然大物,其构成复杂,飞机的各组成部分具有不同使用寿命或者以不同方式为企业提供经济利益,应当将其视作不同独立部件的组合,分别确认为单项固定资产,分别估计其在使用过程中发生的损耗,采用不同的折旧年限或不同的方法计提折旧。

例如,某上市公司在其年报中披露有关的飞机折旧信息,如表 1 所示。

表 1    某上市公司披露的有关飞机折旧信息

| 类别 | 折旧方法 | 折旧年限或预计工作量 | 残值率 |
|---|---|---|---|
| 飞机及发动机核心件 | 年限平均法 | 20 年 | 5% |
| 部分与飞机及发动机大修相关的替换件 | 年限平均法 | 6 年 | 0 |
| 部分与飞机及发动机大修相关的替换件 | 工作量法 | 27 千小时 | 0 |
| 高价周转件 | 年限平均法 | 10 年 | 0 |

高价周转件对航空公司而言,是指价值较高、使用寿命较长、具有单独序号的组合装置,更换其零部件后能够恢复到可用条件。例如,辅助动力装置、恒速装置、燃油泵、惯性导航装置等。在实务中,航空公司将其比照固定资产分摊成本,可使有关各期飞机、发动机的维修成本相对均衡。

(3) 无形损耗。即充分考虑技术进步而使现有的资产技术水平相对陈旧,或市场的需求发生变化,导致飞机的经济使用寿命缩短及老机型退出的因素。这也是大多数飞机未达到理论寿命就退役的原因。飞机的折旧年限有时还可能受到航空公司产品或服务定位的影响。如果是注重个性化服务、吸引高端客户的航空公司,可能会对飞机的更新提出更高的要求。所以,虽然飞机折旧年限长短与折旧方式的选择对企业的影响很大,但重要的是如何按照自己的经营策略去有效地选择合适的会计政策,而不是盲目地跟风。确定飞机的折旧年限时,影响一般固定资产折旧年限的因素固然需要考虑,但还应考虑公司在市场上的定位,着重参与哪些市场,吸引哪些客户群。国外航空公司的飞机折旧年限差异较大,与其发展战略、经营理念、设备维护水平等差异化程度有关。

财建函〔2002〕24 号文《关于同意调整航空公司部分资产折旧年限的复函》提出了飞机及发动机(含备份发动机)的折旧年限区间,具体折旧年限可由企业在规定的范围内,综合考虑各相关因素自行选择确定。但会计估计也不能随意变更,否则就是决策不当和会计差错了。

本案例给我们以下启示:

在确保安全的前提下,适当延长飞机的折旧年限,有利于与国际接轨和公平竞争,并能降低拥有飞机的使用成本,从而提升经营业绩。但是,也要清醒地看到这并不能增加公司的经营活动现金流量和提升企业的经营效率,应当更多地考虑如何有效地控制成本,切实提升经营管理水平,以谋求企业的可持续发展。

### ☞ 参考文献

1. 天同证券研究所张伟:《调整折旧年限航空公司受益》,《中国证券报》,2002 年 8 月 2 日。
2. 孙展、王刚:《天空安全的临界点?》,《中国新闻周刊》,2004 年第 44 期,总第 206 期。
3. 中国民用航空学院李琪、章连标:《中美航空公司成本结构对比分析》,《中国民航学院学报》,2005 年 5 月。
4. 中国民航飞行学院罗渝川、韩新营、罗晓利:《2006—2015 年间中国民航事故及事故征候的统计分析》,《中国民航飞行学院学报》,2018 年 5 月。

张维宾　指导并作重大修改

040110202 班　徐 如 程　惺 水泽人　谈子枫

## 【案例二】

## S 公司 BOT 建成项目系何种资产

### ☞ 案例介绍

某上市公司采用 BOT 方式投资建设一条高速公路 G,用若干亿元的募股资金投资成立项目公司 S(以下简称 S 公司),由 S 公司负责 G 高速公路的建设和在特定年限内的运营及管理维护,并以 S 公司的名义向银行贷款筹集其余建设资金,贷款合同中订明分 18 年还清。在政府有关部门与该项目公司签订的 G 高速公路投资建设营运合同中,明确项目建设完成后,由政府授予 25 年的经营权和管理维护权;S 公司取得 G 高速公路经营权期间,直接向通行车辆收费,但如果在此期间,S 公司对 G 高速公路每年收费不足 1 亿元时,由政府补足至 1 亿元。

### ☞ 案例背景

BOT 方式是国际上已流行的政府依靠企业和社会来融资建设公共市政项目的一种有效手段,是 PPP(Public-Private-Partnership)模式下主流的运作方式。根据世界银行《1994 年世界发展报告》的定义,所谓的 BOT 方式实际包括 BOT(Build Operate Transfer)、BOOT(Build Own Operate Transfer)和 BOO(Build Own Operate)等三种具体形式。此外,在实践中又派生出 BT(Build Transfer)、DBOT(Design Build Operate Transfer)、TOT(Transfer Operate Transfer)等形式。上述项目融投资建设方式也逐渐应用于我国交通、能源等行业,以及公益性较强的废弃物处理如污水处理、垃圾焚烧等项目或环节。

为了改变城市基础设施的面貌,加快城市公共基础设施建设的步伐,促进投资体制改革,我国部分企业以 BOT 方式参与了原本由政府承担的公共基础设施建设。在 BOT 方式下,政府对公共基础设施建设项目采用招商方式,中标企业通过成立项目公司完成对公共基础设施建设项目的投资和建设;政府授予项目公司对该建设项目一定年限内的特许经营权或服务权,在政府授予的特许权限期间,项目公司并不拥有该建设项目的所有权;政府授予的特许权限期满,建设项目无偿移交给政府,该项目的所有权归政府所有。

在 BOT 项目建设完成后,企业如何恰当地反映相关资产、运营收入及成本等,直接影响企业业绩的计量,关系到对有关企业的投资建设项目效益评价是否合理,涉及有关上市公司能否获得再融资机会,对于保护企业投资建设积极性具有重要意义。

☞ **依据及相关法规**

1.《企业会计准则第 4 号——固定资产》。

2.《企业会计准则第 6 号——无形资产》。

3.《企业会计准则第 22 号——金融工具确认和计量》(2006)。

4.《企业会计准则解释第 2 号》问答五。

5.《企业会计准则解释第 11 号——关于以使用无形资产产生的收入为基础的摊销方法》。

6.《企业会计准则解释第 10 号——关于以使用固定资产产生的收入为基础的折旧方法》。

7. IAS 16 Property, Plant and Equipment.

8. IAS 38 Intangible Assets.

9. IFRIC 12 Service Concession Arrangements.

☞ **案例思考题**

1. 对于该项目的建设成本,S 公司在 G 高速公路建成后,应转入哪一项资产? 请说明理由。

2. 如果将未来收取不确定金额货币资金的收益权确认为无形资产,你认为以何种方式进行摊销比较合理? 请说明理由。

☞ **讨论与分析**

1. BOT 建设项目完成后作为何种资产入账涉及资产的属性问题。资产的属性关系到其成本计量及价值摊销方式。

(1) 建设项目作为固定资产处理合适吗?

有一种观点倾向于将路桥类资产的经营权作为固定资产核算,并在被授予权限期内计提折旧。从表面上看,将 BOT 方式所建设的项目作为固定资产入账,折旧方法的选择空间相对较大,后续支出的问题也能得到较合理的解决。

但是,这里 BOT 的"0"为 Operate,并非 Own;Transfer 仅指资产的移交,并非意味着所有权包括资产的支配权、处置权的转移。由于在特许经营、服务期限内,投资建设企业不能随意支配、处置该项资产实体,而且特许经营、服务期限往往明显短于所建造资产的全部有效使用期间,因此,投资建设企业通过 BOT 方式取得的是有期限的使用资产的收益获取权,即用益物权,而不是所有权,所以,确认为固定资产不妥当。

（2）建设项目作为长期应收款处理合适吗？

另一种观点主张将本案中采用BOT方式建设完成的项目确认为一项金融资产——长期应收款。因为S公司并未拥有对G高速公路的所有权，但拥有连续25年每年无条件收取不低于1亿元的收款权，应当作为长期应收款入账。这样可以反映投资建设企业与政府之间的融投资关系。

在我国，采用BOT方式建设的部分公共基础设施项目营运管理期间，往往对社会公众不收费。项目公司通过政府每年支付的款项收回该项目贷款本金、利息并取得运营管理服务收入。可见，该建设项目未来带给企业的经济利益是直接从政府流入的。项目公司取得的政府偿付金额，由企业通过竞争投标方式获得政府确认，并且往往按央行利率变化而调整。可见，以BOT方式投资建设不直接向公众收费的公共基础设施，且政府偿付与央行利率挂钩的业务，其实质可以理解为企业（项目公司）代政府为基础设施项目融资和建设，根据与政府确定的协议，其收回的保底货币金额是可确定的，是符合长期债权的货币性资产特征的。此处BOT的"O"更偏重于维护服务。政府每年支付的款项中，除了偿还向企业融资的本息外，其余部分为支付企业的项目运营管理、维护费。企业将建设成本和运营期间各期应收取的利息计入长期应收款，每年收到政府偿还的本息，冲减长期应收款；收到路、桥、隧道的维护管理费补偿，在提供服务时计入营业收入。

合同规定基础设施建成后的一定期间内，项目公司可以无条件地自合同授予方收取确定金额的货币资金或其他金融资产的；或在项目公司提供经营服务的收费低于某一限定金额的情况下，合同授予方按照合同规定负责将有关差价补偿给项目公司的，应当在确认收入的同时确认金融资产，并按照《企业会计准则第22号——金融工具确认和计量》的规定处理。

然而有人认为，在本案例中，虽然合同有约定的保底金额，但是项目公司在约定的未来期间可以收取货币资金或其他金融资产的总额是不确定的。这不符合确认金融资产的条件。

（3）建设项目作为无形资产处理合适吗？

再有一种观点认为，采用BOT方式投资建设项目，若项目建成后企业具有直接收费权，如路桥收费权，其投资回报主要来源于该建设项目投入运营后直接向社会公众收费，此种专营权属于特定期限内的用益物权，而非所有权，并且其在未来为企业带来的经济利益具有很大的不确定性，项目公司在合同约定的未来期间可以无条件地收取货币资金或其他金融资产的金额是不确定的，不符合金融资产定义，故将其作为无形资产处理更为合适，可以比较恰当地反映企业获得的特许经营权。

但是，若作为无形资产入账，仍然不能完全反映该交易的经济实质。因为，在项目公司未来收取的款项中有相当一部分属于可以无条件收取确定金额的款项，未来经济利益流入企业的风险较小，与车流量大小无直接关系，则该部分权利是符合金融资产定义的。

（4）建设项目的金额分拆后分别确认为金融资产和无形资产。

我们认为，应当将项目公司未来收取的款项进行分拆，其中可以无条件收取确定金额的部分，确认为金融资产；建造成本扣除未来无条件收取确定金额的现值后的部分，则确认为无形资产。这样确认和列报可以更加接近经济事项的实质。

假定本案例中 G 高速公路的建设成本为 22 亿元,未来可以无条件收取确定金额 25 亿元的年金现值为 12.8 亿元,项目公司在该项目建造完工时具体会计处理如下:

借:长期应收款　　　　　　　　　　　　　　　　　　25 亿元
　　无形资产　　　　　　　　　　　　　　　　　　　9.2 亿元
　　贷:在建工程　　　　　　　　　　　　　　　　　　　22 亿元
　　　　未确认融资收益(25—12.8)　　　　　　　　　　　12.2 亿元

在后续经营及维护期间,未确认融资收益按实际利率法摊销,确认融资收益;每期收到的款项中,1 亿元及以下部分冲减长期应收款,超过 1 亿元的部分确认为营业收入;每期发生的运营及维护费用包括无形资产的价值摊销等计入营业成本。

2. 对于路桥经营权或类似的用益物权,如果按规定确认为无形资产的,其价值摊销方法应当能够反映与该项无形资产有关的经济利益的预期实现方式,即从该项资产中获取预期未来经济利益的预计消耗方式。若无法可靠确定预期实现方式的,则采用直线法摊销。

在实务中,大部分企业采用直线法摊销该项用益物权,因为此方法非常简单易行。也有一些企业采用车流量法,因为车流量与高速公路有关经济利益的预期消耗方式关系比较密切。

但车流量法也有其局限性。由于路桥、隧道建成通车后,车流量受到高速公路沿途的城镇及企业分布、周边地区交通状况的变化、交通管理、其他配套公共基础设施建设等多种因素的影响,不确定性较强,很难一次准确预计未来较长时期的车流量。部分路桥、隧道通车后,实际车流量与预计车流量有较大差异。所以,如果采用车流量法,对于预计车流量的变化需要及时调整,并按照会计估计变更进行会计处理和信息披露,否则容易造成使用前期成本少计而利润前移,或者隐匿利润。如果该项资产产生未来经济利益的预期消耗方式不能可靠确定,则应采用直线法。

在实务中还有一种尝试,对于作为无形资产确认的路桥类经营权,分别路面使用权和路基使用权,采用不同的方法摊销:对于路面使用权采用车流量法摊销;对于路基采用年限平均法摊销。因为相对而言,路面的损耗与车流量的关系比较紧密,而路基则与使用年限的关系比较密切。虽然这样比采用单一方法摊销复杂一些,但可以适当减少对车流量估计不当带来的影响。

本案例给我们以下启示:

对于以 BOT 方式建设完成的路桥类等项目,应当确认为哪一类资产或哪几类资产,需要根据资产的特征并结合不断创新的经营模式和相关的合同协议加以判断,以期尽可能贴近经济事项的本质。

同样,对于用益物权类的无形资产,其价值的摊销方法,不应拘泥于直线法一种方法,可以比照固定资产的折旧方法,甚至将不同的方法相结合,以求更加合理地反映有关资产产生未来经济利益的预期消耗方式。

☞ **参考文献**

马贤明、郑朝晖:《用益物权会计初探:以路桥收费权为例》,《会计研究》,2004 年第 7 期。

## 第四节　股权投资核算方法及其影响

目前,我国《企业会计准则》规定,对于重大影响以下的股权投资作为金融资产核算,对于具有重大影响但不能实施控制的股权投资作为长期股权投资并采用权益法核算。两种会计处理方法分别属于不同的两个会计准则进行规范,会计处理结果截然不同:

(1)重大影响以下的股权投资适用于《企业会计准则第22号——金融工具确认和计量》。投资方需将股权投资作为金融资产并按照公允价值进行计量。

(2)具有重大影响的股权投资适用于《企业会计准则第2号——长期股权投资》。投资方主要采用历史成本对所持股权进行计量,后续按照权益法对所持股权进行计量时,按应享有或应分担的被投资单位实现的净损益和其他综合收益的份额,分别确认投资收益和其他综合收益。

而且,由于公司追加投资或减少投资等原因,导致公司对原不构成重大影响的股权投资能够实施重大影响,或者原构成重大影响的股权投资不再实施重大影响的,按照跨越会计处理界限理论,均需改变对原股权投资的会计处理方法,并在两个会计处理方法的转换日对所持股份按照公允价值进行计量,将相关差额计入当期损益,具体如下:

(1)对于股权投资由公允价值计量的金融资产转为权益法核算的长期股权投资(原不构成重大影响转为能够实施重大影响),投资方应当按照《企业会计准则第22号——金融工具确认和计量》确定的原股权投资的公允价值加上为取得新增投资而应支付对价的公允价值,作为改按权益法核算的初始投资成本。

(2)对于股权投资由权益法核算的长期股权投资转为公允价值计量的金融资产(原构成重大影响转为不再实施重大影响),应改按《企业会计准则第22号——金融工具确认和计量》对剩余股权投资进行会计处理,其在丧失重大影响之日的公允价值与账面价值之间的差额计入当期损益。

重大影响是指对一个企业的财务和经营政策有参与决策的权力,但并不能够控制或者与其他方一起共同控制这些政策的制定。重大影响判断需要结合实际情况具体分析和判断,但一些公司可能会为了实现某项会计处理结果进行有偏向性的判断,从而达到粉饰报表的目的。

 案例分析

### 20%的持股比例是绝对标准吗

☞ **案例介绍**

甲公司于2015年自无关联第三方购买乙公司18%股权,乙公司为从事铝土矿资源开发、开采的非上市公司,乙公司的其他两位股东J公司和K公司分别持有其41%的股权。乙公司的公司章程约定,公司的股东会决议经代表超过1/2表决权的股东同意表决通过,公司董事会的决议经半数以上董事同意表决通过,董事会成员由股东大会选举产生,J公司和

K 公司分别有权派出 2 位董事,甲公司有权派出 1 名董事。实际上,乙公司的董事全部由 J 公司和 K 公司派出,甲公司未对乙公司派出董事。甲公司认为,其对乙公司的投资未超过 20%的份额,故将对乙公司的投资作为可供出售金融资产核算。

甲公司于 2016 年以增资的方式入股丙公司,丙公司为一家以机器人独有技术为核心,致力于数字化智能高端装备制造的高科技公司。丙公司原为 H 公司的独资公司,H 公司掌握着丙公司的核心科技及客户资源,2016 年丙公司因快速发展产生了资金缺口,而甲公司十分看好丙公司未来的前景,故对丙公司进行投资,投资后甲公司持有丙公司 18%的股权份额。丙公司的公司章程约定,丙公司的股东会决议经代表超过 1/2 表决权的股东同意表决通过,丙公司董事会的决议经半数以上董事同意表决通过,丙公司的董事均由 H 公司派出。甲公司认为其对乙公司的投资未超过 20%的份额,将对丙公司的投资作为可供出售金融资产核算。

2019 年 1 月,甲公司提议召开乙公司股东会,并于 1 月 31 日对乙公司派出 1 名董事;同日甲公司又以 7 000 万元价款自 H 公司受让了丙公司 2%的股权,至此甲公司所持有丙公司的股份由 18%增至 20%,但甲公司仍无权在丙公司的董事会中派出董事。甲公司认为自 2019 年 1 月 31 日开始能够对乙公司及丙公司施加重大影响,故将对乙公司的投资以及对丙公司的投资均改为长期股权投资并按权益法核算。

☞ **案例背景**

甲公司是一家大型的氧化铝、原铝生产制造公司,公司于 2014 年 3 月在上海证券交易所挂牌上市。甲公司自 2019 年 1 月 1 日起开始执行《企业会计准则第 22 号——金融工具确认和计量》(2017 年修订),将原持有的对乙公司、丙公司股权作为以公允价值计量且其变动计入当期损益的金融资产核算。2019 年 1 月 31 日,甲公司又将对乙公司、丙公司的投资从确认金融资产改为确认长期股权投资并采用权益法核算。

甲公司投资乙公司、丙公司前期,两家公司均有一定程度的亏损,但自 2018 年开始,两家公司均开始实现盈利。

☞ **依据及相关法规**

1.《企业会计准则第 2 号——长期股权投资》(2014 年修订)。

2.《企业会计准则第 22 号——金融工具确认和计量》(2017 年修订)。

3.《企业会计准则第 22 号——金融工具确认和计量》(2006 年)。

4.《企业会计准则第 33 号——合并财务报表》(2014 年修订)。

☞ **案例思考题**

1. 试分析甲公司变更对乙公司及丙公司的会计处理方法,对甲公司当年及以后的利润和财务状况将产生哪些影响。

2. 试分析甲公司对乙公司及丙公司投资的会计处理方法是否妥当。说明理由或依据。

3. 试分析甲公司 2019 年对乙公司增派董事,以及增持丙公司股权投资比例至 20%的动机。

☞ **讨论与分析**

1. 甲公司改变对乙公司及丙公司的会计处理方法的财务影响。

甲公司自 2019 年 1 月 1 日起开始执行《企业会计准则第 22 号——金融工具确认和计量》(2017 年修订),将原持有的对乙公司、丙公司股权作为以公允价值计量且其变动计入当期损益的金融资产核算,但 2019 年 1 月 31 日通过对乙公司派出董事及对丙公司增资,将对乙公司、丙公司投资改为长期股权投资按权益法核算,影响甲公司财务报表的主要内容是利润和资产。

甲公司原将所持股权作为以公允价值计量且其变动计入当期损益的金融资产核算时,按照公允价值进行初始计量及后续计量,公允价值变动计入公允价值变动损益,并调整该项金融资产的账面价值。

现改为长期股权投资并按权益法核算,则将原持有的股权投资公允价值加上为取得新增投资而支付对价的公允价值作为初始投资成本,后续按照应享有或应分担的被投资单位实现的净损益和其他综合收益的份额,分别确认投资收益和其他综合收益,并调整长期股权投资的账面价值。

两种方法的核算基础不同,作为金融资产核算的计量基础是被投资单位股权的公允价值,而作为长期股权投资核算的计量基础是被投资单位实现的净损益和其他综合收益等原因导致的净资产变动,所以,影响的甲公司的损益及所有者权益的金额是不同的,这样导致对资产的影响金额不同。

2. 甲公司对乙公司及丙公司投资的会计处理方法不妥。

重大影响是指对一个企业的财务和经营政策有参与决策的权力,但并不能够控制或者与其他方一起共同控制这些政策的制定。按照财政部 2014 年修订发布的《企业会计准则第 2 号——长期股权投资》应用指南:"投资方直接或通过子公司间接持有被投资单位 20% 以上但低于 50% 的表决权时,一般认为对被投资单位具有重大影响,除非有明确的证据表明该种情况下不能参与被投资单位的生产经营决策,不形成重大影响",我们认为,此处投资方对被投资单位的持股比例是否达到 20% 及以上,并不是判断投资企业对被投资单位是否构成重大影响的唯一标准,它只是一个供参考的数量标准,在会计实务中,应综合各方面的情况以实质重于形式的会计原则来加以判断。以下我们区分对乙公司的投资以及对丙公司的投资分别进行分析。

(1) 对乙公司投资的会计处理不妥之处。以前年度甲公司对乙公司的投资比例为 18%,未超过 20%,而且未在乙公司派出董事,一般而言,可以认为其不对乙公司具有重大影响。但是,我们注意到,乙公司的公司章程赋予了甲公司派出 1 名董事的权利,甲公司是由于未行使该权利才导致未对乙公司派出董事。参考《企业会计准则第 33 号——合并财务报表》(2014 年修订)应用指南的指引:"对于投资方拥有的实质性权利,即便投资方并未实际行使,也应在评估投资方是否对被投资方拥有权力时予以考虑",本案中甲公司虽然未行使其派出董事的权利,但是在进行重大影响的判断时仍应考虑该权利,所以,我们认为,甲公司以前年度就能够对乙公司施加重大影响,而并非在 2019 年 1 月对乙公司派出董事时才具有重大影响。而且从另一方面来说,当投资方有能力对被投资方施加重大影响时,如果仅因为其放弃了施加重大影响的权利就认为不具有重大影响,那投资方岂不是可利用其享有的权利任意改变对某项投资的会计处理方法?

(2) 对丙公司投资的会计处理不妥之处。丙公司为一家高新科技公司,原为 H 公司的独资公司,H公司掌握着丙公司的核心科技及客户资源,而且董事会成员全部由H公司派出。从该合作关系来看,H公司以其强势的地位对丙公司施加绝对的控制,甲公司实际无法影响丙公司的财务与经营决策。而甲公司增持2%股权后该形势并未发生实质改变,甲公司仍然无法在丙公司董事会中派出董事,结合H公司的强势地位,以及丙公司股权结构和董事会构成等情况,表明甲公司无论是否增持2%股权,其实际均无法参与丙公司的生产经营决策,所以,我们认为,甲公司实际仍然无法对丙公司实施重大影响,甲公司仅因对丙公司增持2%,就以持股比例超过20%为由改变会计核算方法,其合理性值得商榷。

3. 甲公司的动机。

虽然甲公司对乙公司、丙公司进行投资,肯定是对两家公司未来的业绩满怀信心,但投资初期并不能确定其能够马上带来盈利,所以甲公司将对乙公司投资及丙公司投资均作为可供出售金融资产进行核算,可以避免确认可能发生的对乙公司、丙公司的投资损失。根据《企业会计准则第22号——金融工具确认和计量》(2006),在活跃市场中没有报价且其公允价值不能可靠计量的可供出售金融资产可以按照成本进行后续计量。按照当时的实务惯例,对于所持有的不构成重大影响的非上市公司股权,企业一般均作为可供出售金融资产并按成本进行后续计量。

事实上,乙公司、丙公司确实在甲公司的投资前期存在不同程度亏损,但是2018年也均开始实现盈利。甲公司自2019年1月1日起开始执行《企业会计准则第22号——金融工具确认和计量》(2017年修订),其将所持的乙公司、丙公司的股权变更为以公允价值计量且其变动计入当期损益的金融资产核算。虽然这样可以将更多的投资成效展现于社会公众面前,但是由于乙公司、丙公司均为非上市公司,其股权无活跃的市场报价,需要通过评估获得公允价值。甲公司每个资产负债表日需要对乙公司、丙公司的股权进行评估确定其公允价值,如此的操作难度及成本均过高。

G将对乙公司、丙公司股权改作为长期股权投资并采用权益法核算,不仅能够在每期的利润表中反映乙公司、丙公司的良好业绩,而且仅需要根据两家公司的财务报表便可进行后续权益法计量,无需聘请评估师,如此不仅可以节省公司的评估成本,也更容易操作。

## 第五节　资产置换及其计价

对企业日常生产经营活动进行会计核算应遵循历史成本原则。历史成本原则又称实际成本原则,是指企业在会计核算上对资产、负债所有者权益等项目的计量,应当基于交易或事项的实际交易价格或成本。这主要是因为实际成本具有客观性,便于查核;同时实际成本数据的取得和确定也比较容易。坚持实际成本原则能使会计核算资料具有客观性和可靠性。

近年来,我国上市公司的资产重组数量逐年增多。上市公司很多资产重组都是在控股股东的控制下进行的。有的控股股东为了保住上市公司的筹资资格不遗余力地将自己旗下的优质资产注入上市公司;有的控股股东利用多种让利方式向上市公司转移利润,使上市公司得以"起死回生",快速盈利;有的控股股东不计成本地将自己拥有的优质资产和好的经营项目与上市公司的劣质资产进行置换,以保证上市公司大幅盈利,从而能够保证在资本市场上获得更多的资金。很多上市公司通过资产重组来求生存、求发展,实现资源的有效配置,提高上市公司盈利能力。当然,也不排除上市公司的控股股东以转让商标权等资产的形式向上市公司套现。

另外,我国目前尚处在证券市场发展初期,大部分上市公司是由国有企业改制上市的,存在一股独大等法人治理结构不规范的弊端。上市公司与控股股东之间不可避免地存在着千丝万缕的联系。尤其随着中国证监会逐步完善亏损上市公司暂停上市和终止上市的相关规范,各 ST 上市公司、*ST 上市公司的控股股东为了保住壳资源,纷纷加快了资产重组步伐,通过关联交易进行所谓重大资产置换。因此,我国的很多资产置换事项为关联交易。而关联交易的特点是通过控股股东地位上一股独大的不平等而产生交易上的不平等,所以关联交易往往不是规范的市场行为,极有可能不符合公平交易原则,从客观上难以保证交易价格的公允性。

为了防止上市公司利用资产重组来操纵利润、粉饰会计报表的行为,财政部颁布实施了《企业会计准则第 12 号——债务重组》和《企业会计准则第 7 号——非货币性资产交换》,并在 2019 年对这两个准则进行了修订,规定了适用权益性交易会计处理的债务重组和非货币性资产交换交易。但在实务中,由于情况千变万化,在执行上述会计准则时不能简单地生搬硬套,需要加强职业判断与分析。

 案例分析

### 是非货币性资产交换? 债务重组? 亦或权益性交易?

☞ **案例介绍**

2019 年,上海某上市公司 A 公司与其控股股东上海市 B(集团)总公司(以下简称 B 集团公司)发生如下资产重组事项:

B 集团公司以所持有的 S 公司 40%股权代其下属公司 H 公司偿还所欠 A 上市公司逾期 2 年的债务,其中:用于偿还 H 公司及其下属公司 P 公司所欠 A 上市公司委托借款共计 21 194.48 万元(当时 A 上市公司视作委托贷款,计入"其他流动资产"核算);用于偿还 H 公司下属公司占用 A 上市公司的其他往来款 13 249.34 万元(当时 A 上市公司作为往来款项,计入"其他应收款"核算)。上述债权均以账面余额作为本次交易的对价,S 公司 40%的股权净资产评估值为 39 258.14 万元,两者差额为 4 814.32 万元。A 上市公司以所持有的 C 公司 100%股权、D 公司 100%股权、E 公司 100%股权及 F 公司 75%股权作为补价,C 公司 100%股权、D 公司 100%股权、E 公司 100%股权及 F 公司 75%股权净资产评估值共计 4 814.32 万元。

资产重组实施时,A 上市公司个别财务报表账面上换出资产价值情况如下(以下金额单位若未特别注明者均为人民币万元):

1. 换出关联方委托贷款,如表 1 所示。

**表1**                 换出关联方委托贷款

| 公司名称 | 其他流动资产余额 | 已提减值准备 | 账面价值 |
|---|---|---|---|
| H公司 | 17 206.06 | 1 720.60 | 15 485.46 |
| P公司 | 3 998.42 | 398.84 | 3 599.58 |
| 小 计 | 21204.48 | 2 119.44 | 19 085.04 |

注:已对上述债权提足减值准备,相关债权账面价值基本与其公允价值一致。

2. 换出关联方其他应收款,如表2所示。

**表2**           换出关联方其他应收款

| 其他应收款余额 | 已提坏账准备 | 账面价值 |
|---|---|---|
| 13 239.34 | 911.88 | 12 327.46 |

注:已对上述债权提足坏账准备,相关债权账面价值基本与其公允价值一致。

3. 换出股权账面价值,如表3所示。

**表3**           换出长期股权投资

| 被投资单位名称 | 账面价值 |
|---|---|
| C公司 | 2 565.26 |
| D公司 | 0 |
| E公司 | 2 364.52 |
| F公司 | 1 823.62 |
| 小 计 | 6 753.40 |

注:D公司亏损已减至净资产零值以下,已对该股权提足减值准备,长期股权投资账面价值为零。其他股权不存在减值情形。

A上市公司及B集团公司同期均未与其他方发生债务重组。

☞ **案例背景**

A上市公司采用定向募集方式组建成立,并于2013年在上海证券交易所挂牌上市交易。该公司捆绑上市时就没有一个突出的主营业务,公司的经营业务从农副产品加工、工业品加工到批发、零售、出租车队、房地产开发等,涉及农、工、商各个方面。另外,巨额关联债权成了A上市公司的沉重包袱,对公司经营产生了较大的影响,使公司业绩逐年下滑,并最终出现了亏损。为此,上市公司控股股东B集团公司2018年对A上市公司进行了资产重组,通过资产重组一方面可以使其不良债权大幅减少;另一方面对其经营产业进行结构调整,由于注入了以S公司为主的物流产业,因此,A上市公司多而全的产业结构向物流产业转型。从此,A上市公司不但重新获得盈利能力,而且优化了A上市公司资产结构,通过对公司重组资源进行有效整合,使A上市公司做大做强,形成以交通运输为主的物流产业,从而使A上市公司由乌鸦变成了凤凰。

☞ **资料来源**

A上市公司2019年半年报。

☞ **依据及相关法规**

1.《企业会计准则第 2 号——长期股权投资》(2014 年修订)。

2.《企业会计准则第 12 号——债务重组》(2019 年修订)。

3.《企业会计准则第 7 号——非货币性资产交换》(2019 年修订)。

4.《关于做好上市公司 2009 年年度报告及相关工作的公告》(证监会公告〔2009〕34号)。

☞ **案例思考题**

A 上市公司个别财务报表中对于上述重组交易如何进行会计处理?

☞ **讨论与分析**

A 上市公司以所持有的部分股权及部分债权换取控股股东 B 集团公司所持有的 S 公司 40%股权,该交易对于 A 公司来说,属于通过企业合并以外其他方式取得的长期股权投资,根据《企业会计准则第 2 号——长期股权投资》(2014 年修订)第六条的规定:"(三)通过非货币性资产交换取得的长期股权投资,其初始投资成本应当按照《企业会计准则第 7 号——非货币性资产交换》(以下简称非货币性资产交换准则)的有关规定确定。(四)通过债务重组取得的长期股权投资,其初始投资成本应当按照《企业会计准则第 12 号——债务重组》(以下简称债务重组准则)的有关规定确定",但是该交易到底属于非货币性资产交换还是债务重组呢?

1. 该交易属于非货币性资产交换吗?

A 上市公司换出的 C 公司 100%股权、D 公司 100%股权、E 公司 100%股权及 F 公司 75%股权的交易价格为 4 814.32 万元,换出的委托贷款及往来款项的交易价格为 34 443.82 万元。根据财政部 2019 年修订发布的非货币性资产交换准则第二条规定:"货币性资产,是指企业持有的货币资金和收取固定的货币资金的权利",A 上市公司对于委托贷款及往来款项拥有收取固定的 34 443.82 万元货币资金的权利,所以属于货币性资产,该货币性资产公允价值 31 412.5 万元,占本次置出资产公允价值 36 226.82 万元的比例为 86.71%,远远高于 20%,所以,不能将本次交易作为非货币性资产交换处理。

2. 该交易属于债务重组吗?

A 上市公司由于巨额的关联债权已成为其沉重包袱,所以与 B 集团公司进行资产重组,B 集团以 S 公司的股权作为对价归还其下属公司对 A 上市公司的债务,根据财政部 2019 年修订发布的债务重组准则第二条的规定:"债务重组,是指在不改变交易对手方的情况下,经债权人和债务人协定或法院裁定,就清偿债务的时间、金额或方式等重新达成协议的交易",A 上市公司上述债权的债务人为 B 集团公司的下属公司,A 上市公司与 B 集团公司达成用股权抵偿债务的协议可以视为 A 上市公司与债务人重新达成的清偿债务协议,属于债务重组交易。虽然 A 上市公司换出的资产中包括部分股权,但本次重组交易虽然属于一个整体交易,这部分置出股权只是交易的小部分补价,并不影响将该交易整体作为债务重组的认定。

3. 该项债务重组交易按权益性交易处理。

该交易涉及关联方利益输送,上市公司 A 与其控股股东进行本次交易,而交易中将相关关联债权的交易价格直接认定为账面余额,但这些关联债权实际上已经减值。A 上市公司及 B 集团公司同期均未与其他方发生债务重组,上市公司的控股股东之所以愿意按照账面余额换取上市公司的债权,是因为双方的关联方关系,所以,我们认为,该交易实质是上市公司 A 控股股东以股东身份进行的交易,是控股股东对 A 上市公司进行的权益性投入。

对于这种在关联方之间进行的,涉及权益性投入成分的债务重组,2019 年修订的债务重组准则进行了专门规定:"债权人或债务人中的一方直接或间接对另一方持股且以股东身份进行债务重组的,或者债权人与债务人在债务重组前后均受同一方或相同的多方最终控制,且该债务重组的交易实质是债权人或债务人进行了权益性分配或接受了权益性投入的,适用权益性交易的有关会计处理规定"。

虽然本次交易属于债务重组,但由于本次交易涉及关联方利益输送,导致其会计处理的特殊性:需作为权益性交易处理,上市公司需将本次交易中取得的超过公允价值部分的经济利益流入计入资本公积。假如不考虑应支付的相关税费,按照上述原则,A 上市公司需将换入股权按照公允价值 39 258.14 万元入账,与置出债权账面价值 31 412.50 万元(基本与其公允价值一致)及置出股权的公允价值 4 814.32 万元之和的差额 3 031.32 万元是上市公司因权益性交易获得的超过公允价值部分的经济流入,需计入资本公积。置出股权的公允价值 4 814.32 万元与账面价值 6 753.40 万元的差额 3 031.32 万元,仍确认为股权处置损失。

如果 A 上市公司误将该交易按照债务重组准则规定的债务重组进行会计处理,则根据 2019 年修订的债务重组准则关于债务重组的会计处理:"以资产清偿债务方式进行债务重组的,债权人初始确认受让对联营企业或合营企业投资的成本,包括放弃债权的公允价值和可直接归属于该资产的税金等其他成本",假如不考虑应支付的相关税费,本案中 A 上市公司用委托贷款及往来款项公允价值及补价的公允价值作为从 B 集团公司换入的 S 公司股权的入账价值 38 165.9 万元,A 上市公司置出债权的公允价值与账面价值基本一致,故不确认债权处置损益。而如果将该交易作为权益性交易处理,也不会在当期确认债权转让的损益。两者的会计处理表面上似乎并无太大差异,但实际上相差悬殊,因为两种方法下的长期股权投资入账价值相差 3 031.32 万元。按照权益性交易入账的长期股权投资反映的是其公允价值,而按照债务重组的会计处理入账的长期股权投资反映的是换出债权的公允价值,但该入账价值不符合相关性原则,与其他企业或从其他途径取得长期股权投资的入账价值不可比。在一般情况下,债务人不会支付超过债权公允价值的资产进行债务重组;本案正是因为债权人与债务人存在关联方关系,债务人才愿意支付超过债务公允价值的资产进行债务重组,所以,债权人将债务人支付的超过债务公允价值的金额计入资本公积,才能体现该交易的实质。

## 第六节　存　货　核　查

存货是指企业在日常经营活动中持有以备出售的产成品或商品、处在生产过程中的在产品、在生产过程或提供劳务过程中耗用的材料或物料等,在企业生产经营中的地位十分重要。存货具有如下特点:流动性强,通常在短期内或一个经营周期内出售转化成现金或应收账款;存在形式经常发生变化,但总会以某种形式存在,人们可以通过盘点和计量确认其数量;存货存在于企业生产经营全过程,某些存货还会随着工艺过程的深入而发生有规律的变化。

存货既是资产负债表中流动资产的一个重要组成项目,也是确定和构成利润表中产品销售成本的一项主要内容。存货价值的确认直接影响到企业资产负债表和利润表数据的可靠性。在会计核算上,存货对应的报表项目很多,存货项目的计量是否具有客观性与合理性,直接影响到其他报表项目的信息质量。一般来说,存货的发出很可能会影响利润表,存货的结存则会影响资产负债表。虚增期末存货,就会虚增资产和收益;虚减期末存货,就会虚减资产和收益。因此,存货信息与会计报表总体信息的可信度密切相关。

在存货的管理和核算上存在一定难度,容易产生薄弱环节,企业往往把存货作为调节成本和利润的蓄水池。其中,一是主要应防范企业存在多计存货虚增资产的可能。比如,在确认收入的同时不结转或少结转成本从而虚增利润。二是人为调高投入产出比率,存货账实不一致而存在资产虚增的情况。三是对积压、变质的存货不提或少提跌价准备。

存货的内部控制,是整个企业内部控制的重要方面,它能集中反映企业内部控制制度是否合理设计及有效执行。因此,企业建立健全有效的存货内部管理制度,并有效执行,这是评价企业存货是否真实可信的必要基础。

存货有在库、在途和在产之分。其中,在产品是制造企业正在生产但尚未完工,或者已经完工但尚未验收入库产品,处于生产过程各阶段的存货。在实务中,由于在产品通常处于动态的生产过程中,其完工程度可能各不相同,成本计算的方法又可以是多种多样的,因而增加了对其期末余额确认的难度,这就需要根据企业的具体情况,实施必要的程序和方法予以确认。

企业为了正确核算产品成本,对在产品进行有效控制,必须建立健全成本会计制度,将生产控制和成本核算有机结合在一起。一方面,生产过程中的各种记录和单证都要汇集于会计部门,会计部门对其进行审查和核对,了解和控制生产过程中存货的实物运动。另一方面,会计部门要设置相应的会计账户,会同有关部门对生产过程中的成本进行核算和控制。对在产品的审核,必须熟悉存货不同的存在形态、品质特征与工艺流程等专业知识,结合对存货内部控制制度的分析和评价,对在产品的实物存在和流转、成本归类和核算进行有效审验,并在此基础上对其生产控制或成本核算中不合理之处提出管理建议,促进企业改善成本管理。

在会计及审计实务中,对存货进行核查时,还应关注其产权归属(如有无受托代销、受托加工物资)、时效性、跌价损失等,以确认企业所拥有的存货总体的客观性、完整性和合理性。

 案例分析

## H公司的在产品期末余额能确认吗

☞ **案例介绍**

H公司系有限责任公司,公司拟以 2013 年 6 月 30 日为基准日进行股份制改制,核查人员首先对其基准日的资产进行确认。

截至 2013 年 6 月 30 日,H公司全部存货为 53 027.20 万元,其中在产品为 27 786.20

万元,占全部存货的 52%;公司主要产品 P 产品的在产品为 23 666.17 万元,占全部在产品的 85%,占全部存货的 45%。可见,在产品 P 的认定,对整个存货的认定至关重要。资产负债表(部分项目期末数),如表 1 所示。

表 1 　　　　　　　　　资产负债表(部分项目期末数)　　　　　单位:人民币万元

| 项　　目 | 期末数 |
|---|---|
| 存货 | 53 027.20 |
| 其中:在产品 | 27 786.20 |
| 其中:在产品 P | 23 666.17 |

可见该公司的在产品所占比重较大,核查人员在对在产品进行确认时不免产生疑惑:P 产品的在产品价值果真有那么大吗? 留存那么大的在产品有必要吗? 用什么方法确认这些在产品的实际存在及其价值?

☞ **案例思考题**

1. 如何了解 H 公司的生产过程及在产品的内部控制?

2. 如何通过分析性复核来确认成本核算的正确性,从而确认在产品的期末价值?

3. 在内部控制可信赖的情况下,能否实施盘点期后在产品数量来印证期末在产品数量?

☞ **讨论与分析**

1. 了解生产过程、在产品的内部控制和会计核算。

核查人员首先收集相关技术资料并深入生产车间,向生产技术人员、财务人员、管理人员了解 P 产品的工艺流程、生产周期和内部控制情况。

(1)生产流程。H 公司所生产的 P 产品特征为数量大、体积小。P 产品原材料一次投入,而生产工序有 33 道,生产周期 78 天,其中有 40 多天是反复烘制的过程。P 产品生产出来后,需经过多道环节严格检验,尤其对一级品的质量要求很高,经检验淘汰后,一级品合格率为 68%左右。达不到要求的,退为二级品、三级品或等外品,最后经包装后转入产成品。

公司统计人员将 P 产品的生产过程分为 12 个环节。各生产环节有专人记录台账,统计收发存数量,每日做出日报表;每周周末将周报表上报统计部门,每月月末再汇总上报一次。各生产工序有记录品种、规格、数量的卡片,吊在装有 P 产品的布袋口,随产品流转于各工序。各工序管理员每 2 个月对 P 产品进行一次盘点,再由统计人员抽盘。由于各工序有一定的内部控制,从统计部门取得的资料就有一定的可信度。核查人员核对了各工序的实物流水记录,其 6 月末统计提供的实物数量与财务提供的账面实物数量一致。

(2)产品成本核算方法。核查人员进一步了解成本核算情况,了解公司产品成本核算方法,尤其是发出存货成本的计价方法是否合理,并复核成本计算过程,分析主要产品单位成本的变化是否合理,主要产品主要材料的单耗是否合理,从而判断产品成本结转是否正确。公司成本核算采用品种法,在产品与产成品之间的成本分配采用定额比例法。原材料一次投入,对 12 道程序中的每一道都确定了工费定额,根据生产计划投料。财务人员在月末根据统计人员提供的资料,以各工序的在产品总量、产成品入库量及原材料的定额数为依据,计算分配在产品与产成品的原材料成本。

(3) 符合性测试。在了解生产过程、成本核算方法以及在产品的内部控制的同时,核查人员进行了相应的符合性测试,抽查在产品的统计数,复核财务账面记录后得出初步结论:财务能提供原材料转为在产品,在产品转为产成品,以及料工费的归集与分配的详细资料。经复核 2012 年 12 月及 2013 年 6 月的 P 产品生产成本的核算,公司确实按照上述定额比例法进行分配。可见公司的生产成本管理和核算有较完整的程序,内部控制大体可以信赖。

2. 对 P 产品的投入产出情况进行分析性复核。

为进一步验证 P 产品生产成本核算的正确性,核查人员从统计和财务部门取得多项资料,对 2013 年上半年 P 产品的投入产出情况进行了分析。

(1) 对投入产出情况进行分析。公司 2013 年上半年 P 产品生产成本变化情况,如表 2 所示。

表 2　　　　　　　　　　　　　　P 产品生产成本明细表

2013 年 1～6 月　　　　　　　　　　　　　　　　　单位:人民币元

| 项 目 | 2012 年 12 月 31 日结存数 | 2013 年 1～6 月增加 | 2013 年 1～6 月减少 | 2013 年 6 月 30 日结存数 |
|---|---|---|---|---|
| 生产成本合计 | 252 341 440.80 | 284 687 273.40 | 300 366 972.00 | 236 661 742.20 |
| 直接材料 | 133 543 442.80 | 111 416 998.60 | 123 299 624.00 | 121 660 817.40 |
| 直接工资 | 59 466 847.20 | 95 868 542.70 | 94 674 927.90 | 60 660 462.00 |
| 制造费用 | 59 331 150.80 | 77 401 732.10 | 82 392 420.10 | 54 340 462.80 |
| 原材料数量(万只) | 6 708.58 | 5 595.47 | 6 023.07 | 6 280.98 |
| 原材料单价 | 19 906.40 | | | 19 369.72 |
| 其中:转入产成品数量(万只) | | | 5 529.54 | |
| 报损数量(万只) | | | 493.53 | |

本期增加的原材料既有从原材料仓库领用的,又有从外部购入的半成品,这部分外购半成品均在本期完工,全部转入本期产成品,从表 2 可见原材料期初和期末单价比较接近。

从原材料账户可见,各月原材料的领用量,如表 3 所示。

表 3　　　　　　　　　　　　2013 年 1～6 月原材料领用

| 月 份 | 原材料领用数量(万只) | 原材料领用金额(元) |
|---|---|---|
| 2013 年 1 月 | 691.75 | 14 114 886.40 |
| 2013 年 2 月 | 608.45 | 12 079 395.04 |
| 2013 年 3 月 | 1 399.08 | 28 081 477.96 |
| 2013 年 4 月 | 1 070.91 | 21 000 297.36 |
| 2013 年 5 月 | 1 067.72 | 21 436 858.72 |
| 2013 年 6 月 | 806.09 | 15 662 103.47 |
| 合 计 | 5 644.00 | 112 375 018.95 |

各月生产成本账户实际增加的原材料数量,如表 4 所示。

表 4 　　　　　　　　　2013 年 1～6 月生产成本实际增加的原材料数量

| 月 份 | 原材料直接投入数量(万只) |
| --- | --- |
| 2013 年 1 月 | 683.75 |
| 2013 年 2 月 | 602.45 |
| 2013 年 3 月 | 1 389.08 |
| 2013 年 4 月 | 1 062.91 |
| 2013 年 5 月 | 1 059.72 |
| 2013 年 6 月 | 797.56 |
| 合　计 | 5 595.47 |

从 P 产品生产成本明细表(表 2)可见,生产成本明细账中本期增加的原材料投入数量 5 595.47 万只,与表 3 中原材料的领用数量 5 644 万只比较,差异为 48.53 万只,经查是原材料投入科研室做实验使用而减少,差异原因合理。

各月产成品的转入量,如表 5 所示。

表 5 　　　　　　　　　　2013 年 1～6 月产成品的转入数量

| 月 份 | 数量(万只) | 金额(元) |
| --- | --- | --- |
| 2013 年 1 月 | 872.83 | 43 442 635.40 |
| 2013 年 2 月 | 745.89 | 43 645 556.00 |
| 2013 年 3 月 | 1 124.78 | 62 562 414.00 |
| 2013 年 4 月 | 1 189.23 | 65 971 509.80 |
| 2013 年 5 月 | 856.36 | 43 589 455.20 |
| 2013 年 6 月 | 740.45 | 41 155 401.60 |
| 合　计 | 5 529.54 | 300 366 972.00 |

核对 P 产品生产成本明细表转出的成品数量为 6 023.07 万只,实际转入产成品数量为 5 529.54 万只,两者的差异为 493.53 万只,经查为报损产品,并与统计报表提供的报损数一致。

通过对投入产出情况的分析,可见公司 P 产品生产成本的变化有据可寻,各环节各账户之间存在一定的勾稽关系。

(2)对产品生产成本进行逻辑分析及总体合理性的验证。对投入产出情况进行分析性复核后,核查人员对 P 产品生产成本的留存数量和金额进行了逻辑分析及总体合理性的验证。

核查人员先选取了 P 产品 2010 年、2011 年、2012 年、2013 年 1～6 月 3 年一期的生产成本期末历史数据,发现其余额都在 24 800 万元左右,没有大的起落变化,2013 年 6 月 30 日的余额为 23 666.17 万元,接近平均值。

　　核查人员接着对留存的 P 产品生产成本的量价比进行分析。截至 2013 年 6 月 30 日，P 产品留存的数量为 6 280.98 万只，在产品成本为 236 661 742.20 元，计算出每万只的单位成本为 37 679.11 元，其中原材料单位成本为 19 369.72 元，工费单位成本为 18 309.39 元。按公司在产品工费占 50%，待在产品全部完工，需再投入 50% 的工费，计 18 309.39 元考虑，则合计单位成本为 55 988.50 元，比 6 月份实际结转的产成品单位成本 55 581.61 元，高出 406.89 元。6 月末的生产成本留存总量为 6 280.98 万只，则总差异为 255.57 万元，与 P 产品的期末在产品余额 23 666.20 万元相比，占 1.08%，差异不大。可见 P 产品生产成本的量价比还是可信的，总体上比较合理。

　　从产成品发出的数据可见，2013 年 6 月 P 产品销售数量为 1 027.06 万只，2013 年 1～6 月各月平均销售数量为 940 万只。如按每月平均销售 1 000 万只估算，P 产品生产成本留存量可销售 6 个月，再加上 P 产品当月的成品留存 700 万只，可销售量更大。即使按 3 个月的生产周期考虑，生产成本的留存量仍显偏大。为此，核查人员再次深入了解了 P 产品的生产状况。据生产技术人员分析，P 产品的一级品合格率为 68%，要生产出一级品，必然有二级品、三级品等规格的产品附带产出；况且 P 产品又有颜色之分、大小规格之分。由于生产周期长，销售需求变化大，因此很难及时落实到产量上，所以必须保持一定的在产品存量，仅留存 3 个月的库存量是有缺货风险的。

　　核查人员提出目前 6 个月的在产品留存量是否偏大，能否保持更合理的留存量，减少产品生产量，进而压缩在产品数量呢？H 公司管理人员非常重视，经反复认证后，接受了这项建议，表示将压缩在产品的留存量，争取降到 5 000 万～5 200 万只，也可减少资金占用。

　　3. 在内部控制制度可信赖的情况下盘点期后在产品数量。

　　在做了上述合理性分析之后，对 P 产品的在产品的账面数量和金额可以确认了，但如此大的在产品数量是否真实存在？一般来讲，在产品很难盘点，尤其是 P 产品，物小量大，且有一部分停留在流水线上，而盘点日又在基准日后面。

　　由于对存货进行的内控调查结果显示，公司统计部门提供的资料具有一定的可信度；通过对期后投入产出的数据进行分析复核，期后的成本计算正确，在产品的统计有其连贯性，且提供给财务的统计数据从逻辑上分析是正确的，所以盘点日的存量记录可作为盘点依据，并可实施倒推计算。在盘点日，P 产品的在产品存量为 6 260 万只，核查人员抽取了 12 道工序中的 5 道主要工序，共计存量为 5 010.52 万只，占全部存量的 80%。由于大部分环节的每袋 P 产品一般有 3 500 万只左右，可按袋计数盘点；分散在流水线上加工的 P 产品所占比例不高，就根据专业人员的目测按袋估算。结果，盘点数量与账面数量差异很小，其生产成本的留存数量可以确认。在盘点过程中，核查人员询问并查看了各车间在产品是否存在残次、呆滞的情况，了解到车间对残次品或呆滞品都及时报损，经查阅统计报表及会计报表，确实列有报损数量及金额，目前在产品的流动性良好。

　　通过实物盘点确认存货的存在性，要注意查看公司仓储能力，将存货收发存明细表与财务记录进行比较，结合原材料及产品特性、生产需求、存货库存时间长短，确认存货计价的准确性；核查是否存在积压品或残次品情况，分析存货跌价准备的计提方法是否合理、计提金额是否充分。

为防范多计存货虚增资产的可能,可通过计算公司各年度存货周转率及销售毛利率,结合市场发展、公司生产及销售模式等情况,对照公司的工艺流程、生产周期和在产品历史数据,对投入产出情况进行分析,判断期末存货余额的合理性。

## 第七节　或有对价的确认与计量

并购重组是上市公司发展壮大的重要途径,上市公司可以通过并购重组借助资本市场,提高企业资产质量,增强企业盈利能力。为防止被收购标的资产金额高估,中国证监会于2008年5月18日起实施的《上市公司重大资产重组管理办法》明确规定:交易对方应当与上市公司就相关资产实际盈利数不足利润预测数的情况签订明确可行的补偿协议。2014年11月23日起实施的《上市公司重大资产重组管理办法》取消了上市公司向非关联第三方发行股份购买资产的盈利预测补偿强制性规定。"但是,由于这种并购交易模式的市场化博弈程度很高,取消强制性补偿规定对业绩承诺补偿安排的现状影响不大,为保护自身利益,上市公司当前仍普遍要求交易对方签订业绩承诺补偿协议。另外,对于交易对方不再参与经营管理的情况,一些上市公司控股股东对标的资产未来盈利能力做出业绩承诺补偿安排"(谢纪刚、张秋生:《上市公司控股合并中业绩承诺补偿的会计处理》,《会计研究》2016年第6期)。

笔者认为,随着我国监管部门的政策变化,无疑将会对未来的上市公司并购重组产生重大影响,合并对价所约定的支付方式和方法也将会更为丰富和灵活。并购重组中的交易双方将在并购协议中约定未来一项或多项或有事项的发生(如业绩承诺补偿等),由收购方支付额外现金或资产、发行额外证券,或者要求返还之前已支付对价等方式,形成多样化的企业合并或有对价事项。其中,业绩承诺补偿通常是由于标的资产未能实现预期业绩而由标的资产原股东根据不足金额返还购买方已支付的对价。根据我国《企业会计准则》的相关规定,这类业绩承诺补偿属于或有对价。

会计学者认为,或有对价的经济实质为一项金融资产。但是,对于金融资产具体分类及会计处理的建议却不尽相同(赵国庆,2012;证监会会计部,2013;李光珍和李国苑,2015)。赵国庆(2012)认为,业绩承诺补偿是交易对方向上市公司出售的看跌期权,属于衍生工具,其会计处理建议是上市公司在购买日应对支付对价进行分解,分别确认"长期股权投资"和"衍生期权"的价值;收到业绩补偿款时,根据实际收益情况重新确认并转回原"衍生期权"价值,将差额计入投资收益;证监会会计部(2013)认为,在金融资产分类中,或有对价不应分类为持有至到期投资或者应收款项,而应分类为以公允价值计量且其变动计入当期损益的金融资产或者可供出售金融资产,并且或有对价初始确认时的公允价值不应简单认定为零,实务中应充分考虑承诺业绩与盈利预测是否存在差异、盈利预测所基于的假设及其可能的变动,评估盈利预测的可实现程度。李光珍和李国苑(2015)认为,上市公司在购买日即确认或有对价形成的资产不符合谨慎性原则,如果承诺期结束交易对方无需业绩补偿,则须对先前的会计处理进行调整,而且或有对价的公允价值计量困难、主观性较大,这将直接影响长期股权投资的初始入账价值。2017年修订的《企业会计准则第22号——金融工具确认和计量》对于非同一控制下的企业合并中所涉及或有对价的确认有了明确规定,其第十九条规定:"企业在非同一控制下的企业合并中确认的或有对价构成金融资产的,该金融资产应当分类为以公允价值计量且其变动计入当期损益的金融资产,不得指定为以公允价值计量且其变动计入其他综合收益的金融资产"。但对于有关联营企业、合营企业投资涉及的或有对价,尚未有明确规定。

业绩补偿安排目前主要是现金补偿和股份回购补偿两种方式,即根据实现业绩与承诺业绩的差额,承诺方以支付现金补足差额或以约定的价格回购股份进行补偿。业绩补偿形成的原因主要有两个:一个是标的资产质量。若标的资产质量较低,而预期业绩承诺金额较高,收购后容易触发业绩承诺补偿。二是资产评估依据的假设。若评估依据假设在收购后发生了重大不利变化且影响标的资产的正常经营,也容易触发业绩承诺补偿。会计学者对于公司收到现金补偿的会计处理建议亦存在不同的观点,如"损益性交易""权益性交易"和"价款调整机制"(段爱群,2013;周清松、陈婷和苏新龙,2014;张国昀,2015),分别将其作为营业外收入计入当期损益,作为资本性投入计入资本公积,作为转让对价的一部分冲减长期股权投资初始成本;亦有学者认为,应结合并购交易状况及补偿形成原因分析后再进行相应会计处理,且会计处理方式也不一致(汪月祥和杨俊欣,2014;余芳沁和薛祖云,2015)。收到现金补偿的会计处理与或有对价的初始确认相关联,按照《企业会计准则第22号——金融工具确认和计量》规定,非同一控制下的企业合并中确认的或有对价构成金融资产的,即确认为以公允价值计量且其变动计入当期损益的金融资产,其后续变动计入公允价值变动损益,收到现金补偿时则冲减该项金融资产。

可见,关于涉及业绩补偿的或有对价,在会计理论界由于不同观点从不同角度得出的会计处理建议不尽相同。而政府监管部门的规范要求,散见于各个企业会计准则、准则讲解及部门文件中,尚未有针对性的梳理归纳,所以笔者建议尽快出台专门政策规范或有对价的业绩承诺补偿。

 案例分析

### 涉及业绩补偿的或有对价如何处理

A公司系第三方支付服务公司,其主营业务为互联网支付、银行卡收单业务等。B公司的主营业务为移动支付系统软件、电子支付系统、网络设备的研发等。2017年1月,A公司向B公司增资并获取了10%股权,同时派驻董事参与其日常经营决策。因此,A公司对B公司构成重大影响,并作为长期股权投资采用权益法进行会计处理。由于B公司具备一定商户资源,故B公司与A公司达成业务合作,使用B公司移动平台及软件的商户将使用A公司的第三方支付服务,并于2018年3月签署《投资协议》约定A公司将以现金对价支付增资款2 000万元,并约定如下:

1. 于协议生效之日起10日支付投资款人民币2 000万元。本次增资前,A公司享有B公司10%股权;本次增资完成后,A公司享有B公司15%股权。

2. 根据协议约定,B公司应实现以下经营目标:

（1）2018 年净利润不低于 300 万元。

（2）2019 年净利润不低于 500 万元。

（3）2020 年净利润不低于 700 万元。

（4）2018 年、2019 年、2020 年 3 年累计净利润不低于 2 000 万元。

（5）B 公司实际控制人 C 公司承诺：若 B 公司未能达成上述经营目标中约定的净利润指标，A 公司有权要求 C 公司于 2018 年、2019 年、2020 年每一年度审计报告出具之日起 15 个自然日内向 A 公司进行差额部分的现金补偿。

☞ **依据及相关法规**

1.《企业会计准则讲解（2010）》第二十一章企业合并。

2.《企业会计准则第 22 号——金融工具确认和计量》（2017 年修订）。

☞ **案例思考题**

1. A 公司对 B 公司的增资初始确认时应如何进行会计处理？

2. 在 3 年业绩承诺期内，A 公司应如何进行会计处理？

☞ **讨论与分析**

1. A 公司对增资的会计处理涉及或有对价的初始确认和计量。

本案例中 A 公司于 2017 年取得 B 公司 10% 股权，并向其派出董事参与日常经营管理。双方于 2018 年 3 月签署《投资协议》约定 A 公司以现金增资 2 000 万元，此次增资完成后，A 公司享有 B 公司 15% 股权。在该投资协议中，双方还以经营业绩目标为基础，约定了现金补偿条款。根据协议约定，A 公司在 B 公司经营业绩未达标时可获得现金补偿。本案例中承诺业绩补偿的是 B 公司的实际控制人 C 公司，而 B 公司作为被投资企业没有交付现金及其他金融资产的合同义务。因此，从 B 公司角度可以视为权益工具。同时，从 A 公司角度虽然 B 公司业绩未达标时可获得现金补偿具有债权特征，但是在业绩达标时，A 公司亦可作为股东按照持股比例享受收益分配权。A 公司对 B 公司的增资行为属于对联营企业股权投资，由于 A 公司对于 B 公司具有重大影响，故 A 公司对 B 公司的长期股权投资按照权益法进行核算。但 A 公司对 B 公司的增资所付价款中包含或有对价。协议中约定的业绩承诺现金补偿，属于与 B 公司未来经营业绩相关的或有对价，这种因未来一项或多项或有事项发生投资方可收回部分已付对价的权利，实质上属于所付对价的一种调整。因此，A 公司不应在初始确认时将所付对价全部计入长期股权投资成本，而需要将所付对价分拆为长期股权投资与或有对价两项性质不同的资产，以提供相关的会计信息。

我国企业会计准则对于企业合并相关的或有对价有比较明确的规定。《企业会计准则第 22 号——金融工具确认和计量》（2017 年修订）第十九条规定："企业在非同一控制下的企业合并中确认的或有对价构成金融资产的，该金融资产应当分类为以公允价值计量且其变动计入当期损益的金融资产，不得指定为以公允价值计量且其变动计入其他综合收益的金融资产"。但对于与合营或联营企业投资相关的或有对价如何处理未做明确规定，为此，中国证监会《2017 年上市公司年报会计监管报告》中关于合营或联营企业投资相关的或有对价会计处理提供了指导性意见："与合营或联营企业投资相关的或有对价应参照企业合并或有对价的有关规定进行会计处理"。

A公司与合营或联营企业投资相关的或有对价,是一种未来或有事项发生从其他方收取现金的合同权利,这种对股权投资所付对价的调整,符合金融工具的特征,构成金融资产。但其未来发生的现金流量并非仅与本金及利息相关,而与B公司未来经营业绩相关,应分类为以公允价值计量且其变动计入当期损益的金融资产。

A公司在初始确认时不应简单地将或有对价的公允价值认定为零,而将所付对价全部计入长期股权投资的成本,在B公司经营业绩未达标收到现金补偿时直接计入当期损益。或有对价公允价值的计量应基于标的公司未来业绩预测情况,综合考虑盈利预测所基于的假设及其可能的变动、评估盈利预测的可实现程度、或有对价支付方信用风险及偿付能力、其他方连带担保责任、货币的时间价值等因素予以确定。A公司应当在确认追加股权投资时,按照公允价值对该项或有对价进行初始计量。

综上所述,A公司因上述事项涉及的补偿,实质上属于与对联营企业股权投资相关的或有对价,应参照企业合并或有对价的有关规定,分类为以公允价值计量且其变动计入当期损益的金融资产,并按《企业会计准则第22号——金融工具确认和计量》进行会计处理。

在确认追加股权投资时,假定管理层预计该日或有对价的公允价值为1 020 000元。A公司进行会计处理如下:

借:长期股权投资 18 980 000
　以公允价值计量且其变动计入当期损益的金融资产 1 020 000
　贷:银行存款 20 000 000

2. 在3年业绩承诺期内A公司相关会计处理涉及或有对价的后续计量。

《企业会计准则讲解(2010)》第二十一章"企业合并"规定,"购买日后12个月内出现对购买日已存在情况的新的或者进一步证据而需要调整或有对价的,应当予以确认并对原计入合并商誉的金额进行调整;其他情况下发生的或有对价变化或调整,应当区分以下情况进行会计处理:或有对价为权益性质的,不进行会计处理;或有对价为资产或负债性质的,按照企业会计准则有关规定处理,如果属于《企业会计准则第22号——金融工具的确认和计量》中的金融工具,应采用公允价值计量,公允价值变化产生的利得和损失应按该准则规定计入当期损益或计入其他综合收益;如果不属于《企业会计准则第22号——金融工具的确认和计量》中的金融工具,应按照《企业会计准则第13号——或有事项》或其他相应的准则处理。"

B公司未来2018—2020年的经营业绩并非支付增资对价时已存在的情况,因此不属于调整长期股权投资成本的情况。在这种情况下,或有对价的后续会计处理取决于该或有对价的初始分类。因为上述或有对价初始分类为"以公允价值计量且其变动计入当期损益的金融资产",A公司在之后的每个资产负债表日,都需基于最新情况重新对公允价值进行估计,并将公允价值变动计入当期损益。

2018年12月31日,A公司管理层调整盈利预期,假定虽然B公司完成了2018年的业绩承诺,但经营能力有所下滑,或有对价的公允价值为2 490 900元,A公司调整或有对价的公允价值如下:

借:以公允价值计量且其变动计入当期损益的金融资产 1 470 900
　贷:公允价值变动损益(2 490 900－1 020 000) 1 470 900

需要注意的是,当 B 公司业绩未达标时,很可能表明 A 公司对 B 公司的长期股权投资存在减值迹象。触发业绩补偿通常是标的资产减值的一种迹象,"业绩补偿本质上是对这种资产变动进行对冲或抵消"(谢纪刚、张秋生,2016)。B 公司业绩不达标的差距越大,A 公司该项金融资产的公允价值就越高,公允价值变动损益的金额也越大,而 A 公司对 B 公司的长期股权投资发生减值的可能性也相应增大。A 公司应在资产负债表日按照《企业会计准则第 8 号——资产减值》的相关规定对长期股权投资进行减值测试,并根据测试结果进行相应的会计处理。

☞ **参考文献**

1. 中国证监会会计部:《企业合并中或有对价的会计处理问题研究》,《财务与会计》,2013 年第 10 期。
2. 谢纪刚、张秋生:《上市公司控股合并中业绩承诺补偿的会计处理会计研究》,《会计研究》,2016 年第 6 期。
3. 中国证监会会计部:《2017 年上市公司年报会计监管报告》,2018 年 8 月 3 日。
4. 中国证监会会计部:《上市公司执行企业会计准则案例解析(2019)》,中国财政经济出版社,2019 年 4 月。

# 第八节 计提资产减值准备

资产是指过去的交易或事项形成并由企业拥有或者控制的、预期会给企业带来经济利益的资源。资产的主要特征之一是必须能够为企业带来经济利益的流入。企业在经营过程中,其资产面临许多不确定的风险和潜在的损失,因此,为真实地反映其未来经济利益,有效防范和化解资产损失风险,避免虚增资产价值和经营业绩的,需要对资产预期经济利益的潜在风险进行评估。在资产负债表日判断资产是否发生减值,是否应当计提减值准备,是影响会计信息质量的一个重要问题。减值准备的计提体现了谨慎性原则在资产计量中的运用。

由于各类资产的特性不同,并且资产的使用或消耗受到行业特点和经营模式等因素的影响,增加了资产减值计量的复杂性。现行企业会计准则体系在多项准则中对资产减值进行了会计规范,但难以面面俱到,而且对于一些比较复杂的资产减值问题也缺乏操作层面的技术指导,因此留给企业很大的盈余管理空间。盈余管理是指公司管理层在公认会计原则的约束下选择最有利的会计政策,调节财务报告以达到公司管理层期望之目的的活动。我国上市公司存在着较多的盈余管理行为,严重影响了会计信息的真实可靠性,误导了信息使用者的经济决策,其中突出表现在利用计提各种减值准备来调节企业利润,从而达到盈余管理的目的。有时,上市公司所披露的信息真让人看不懂,几家上市公司对同一家公司的长期股权投资,有的计提减值准备,有的不计提;有的全额计提,有的只计提少部分。上市公司既可借助"少提"或"不提"来掩盖风险、虚增利润,又可通过"多提"让我一次亏个够。为来年的利润增长埋下伏笔。资产减值准备的计提和转回成为一些上市公司调节利润的捷径。虽然有关资产减值的会计准则已明确规定对于已确认的长期资产减值损失不得再予转回,在一定程度上压缩了利用减值准备进行盈余管理的空间,但其他形式的盈余管理手段或方式仍然层出不穷。

资产减值计量的复杂性,相关会计准则规定的原则性,有时也让会计人员在进行职业判断的过程中感到困惑。例如,随着近年来企业并购重组活动的频繁发生,公司商誉的账面价值越来越高,商誉减值风险也随着大量的业绩承诺未达标而逐渐显现。A 股上市公司商誉总额从 2013 年的 0.2 万亿元增长到 2018 年的 1.31 万亿元,增长比例达 550%;商誉减值损失从 2013 年的 16.83 亿元增长到 2018 年的 1 667.94 亿元,增长比例达 9 811%。可见,商誉确认与减值对公司经营成果产生重大影响,在一定程度上影响资本市场的稳定性。对商誉的减值测试,包括对于商誉所属资产组的划分、商誉减值的测试方法、商誉减值计算模型的复核等,是当今会计实务的一大难题。又如,近年来随着我们国家对房地产市场调控政策的日益深化,部分地区的房地市场价格出现了波动,给一些房地产企业尤其是那些曾经高价拿地的房地产企业的"去库存"带来较大压力,而一些上市房企因主动降价等原因而计提大额存货跌价准备的现象也屡见不鲜。根据现行企业会计准则的要求,通常应当按照单个存货项目计提存货跌价准备,对于数量繁多、单价较低的存货,可以按照存货类别计提存货跌价准备。这又需要结合房地产行业特点,对"单个存货项目"进行认定。这些实务问题都需要我们深入研究,寻求解决的途径。

 案例分析

## 【案例一】

### 年年岁岁花相似,岁岁年年"报"不同

☞ **案例介绍**

2018 年 1 月 2 日,甲上市公司由于财务造假,法院认定其犯欺诈发行股票罪、伪造金融票证罪等罪责,并处以巨额罚金,中国证监会要求其暂停上市。其后,多家参股甲上市公司的上市公司相继披露 2017 年年报,在 2017 年的年报中就其对甲上市公司的投资事项进行了披露,它们对甲上市公司的长期股权投资计提的减值准备却大相径庭,有关数据,如表 1 所示。

表 1　　　　　不同上市公司对甲公司的长期股权投资计提减值准备比较

| 参股公司名称 | A 上市公司 | B 上市公司 | C 上市公司 |
| --- | --- | --- | --- |
| 投资额(初始成本)(亿元) | 3.96 | 3.96 | 3.2 |
| 参股比例 | 10.41% | 10.41% | 5.9% |
| 2017 年计提减值准备金额 | 5 900 万元 | 2.5 亿元 | 2.1 亿元 |
| 2017 年末长期股权投资账面价值 | 1.9 亿元 | 0 | 0.2 亿元 |
| 2017 年净利润 | 6 692 万元 | 15.1681 亿元 | 6.264 7 亿元 |
| 2017 年每股收益(元/股) | 0.06 | 0.602 | 0.421 |

注:A 上市公司和 B 上市公司是甲上市公司的初始投资者,C 上市公司于 2016 年 5 月购买甲上市公司股权,A 上市公司、B 上市公司和 C 上市公司均在甲上市公司董事会中派有董事,均能够对甲上市公司施加重大影响,故均将对甲上市公司的投资作为长期股权投资采用权益法核算。

☞ **案例背景**

1. 甲上市公司建于 2006 年,并于 2016 年 3 月改制成功正式挂牌,2016 年 12 月,因爆

出财务造假被法院立案调查。自从甲上市公司被法院立案调查后,其主要管理人员逐步离职或被撤职,2017 年 6 月开始除自营和委托理财业务陷于停顿外,甲上市公司的投资银行部业务及其他经纪业务依然照常进行。但经纪业务量已大大减少,财务、资金状况继续恶化。

2. 2017 年 6 月,C 上市公司曾经发布过一则公告,该公告中提到"由于甲上市公司爆出财务造假及被法院立案调查,甲上市公司的经营已经出现了明显的困难,我公司对甲上市公司的长期股权投资计提减值准备",为此,C 上市公司在甲上市公司被处罚及暂停上市事发之前 3 个月即 2017 年 9 月底,已对该项投资累计计提了 5 175 万元的减值准备。但 2018 年 1 月前,其他上市公司股东在甲上市公司被处罚及暂停上市之前均未对其计提过减值准备。

☞ **资料来源**

1. 甲上市公司 2017 年年报及 2018 年公告。
2. A 上市公司 2017 年年报。
3. B 上市公司 2017 年年报。
4. C 上市公司 2017 年年报。

☞ **依据及相关法规**

1.《企业会计准则第 8 号——资产减值》。
2.《企业会计准则第 2 号——长期股权投资》。

☞ **案例思考题**

1. 同样是甲上市公司的持股公司,2018 年 1 月前,C 上市公司对甲上市公司投资计提了减值准备,而其他上市公司股东却在甲上市公司被处罚及暂停上市之前均未对其计提过减值准备,你认为谁的做法正确? 试结合谨慎性原则谈谈何时应计提减值准备。

2. A 上市公司和 B 上市公司作为对甲上市公司投资比例相同的两大股东,2017 年计提减值准备金额却差异较大,试根据上述数据资料,结合盈余管理的内容,分析该计提差异的深层次原因。

☞ **讨论与分析**

1. 谨慎性是会计信息的质量要求,它要求企业对交易或者事项进行会计确认、计量和报告时保持应有的谨慎,不应高估资产或者收益、低估负债或者费用。计提长期投资减值准备正是会计谨慎性原则的具体体现。一般来说,长期投资减值准备的计提通常依据对被投资企业投资的账面价值与其可收回金额孰低来计量。由于市价持续下跌或被投资单位经营状况恶化等原因导致可收回金额低于账面价值的,按可收回金额低于账面价值的差额计提。

在本案例中,从投资角度看,A 上市公司、B 上市公司和 C 上市公司对甲上市公司股权投资的会计处理均采用权益法,需按投资比例确认相应损失;但是,公司仍需在该项投资出现减值迹象时进行减值测试,只要被投资单位经营状况恶化导致可收回金额低于账面价值的就必须计提减值准备。C 上市公司在甲上市公司经营出现困难时就已经对相关投资的可收回金额进行合理预计,计提了 5 175 万元减值准备,这说明在处罚及暂停上市之前已经有明显的迹象表明对甲上市公司的投资存在风险,并可以合理估计损失了。甲上市公司的其他股东在其被处罚及暂停上市之前,也应该根据谨慎性原则合理地估计损失并计提减值准备。

2. 从 A 上市公司和 B 上市公司计提的减值准备来看,同样是依据会计的谨慎性原则行事,为什么对于同一家公司的长期投资,计提减值准备金额却相差甚远呢? 由于长期投资减值准备计提计入当期损益,冲减当年的经营利润,因此,其计提比例的高低将直接影响到上市公司的当期损益。A 上市公司和 B 上市公司对甲上市公司的投资额均为 3.96 亿元,而且都是甲上市公司的初始投资者,其对甲上市公司投资的会计处理理论上应该是一致的,但在计提减值准备时,B 上市公司全额计提了对甲上市公司的长期股权投资减值准备,而 A 上市公司对甲公司的长期股权投资账面价值仍保留了 1.9 亿元,即说明 B 上市公司认为对甲上市公司的投资可收回金额为 0,而 A 上市公司认为对甲上市公司的投资可收回金额为 1.9 亿元,为何相差如此巨大? 分析两家公司当年利润及每股收益,可以发现 B 上市公司当年的利润和每股收益均较高,在对长期股权投资全额计提减值准备后,并未对其造成实质性的影响;而 A 上市公司在当年计提 5 900 万元的减值准备后,其利润只有 6 692 万元,如果其也如 B 上市公司全额计提对甲上市公司长期股权投资的减值准备,则 A 上市公司当年就要由盈利变为亏损 1.23 亿元了,这显然对 A 上市公司非常不利。B 上市公司"家大业大",可以承受大额的长期股权投资减值准备,但 A 上市公司却很难承受,而且企业会计准则规定,一旦对长期股权投资计提减值准备,以后期间不得转回,所以 A 公司就会更加"谨慎"地计提长期股权投资减值准备。对于同一事项,由于两家公司的自身经营状况不同,各自都选择对自己有利的会计处理,A 上市公司通过少提减值准备制造出当年盈利的假象,造成了会计数据一定程度的失真,达到了其盈余管理的目的。而 B 上市公司当年在提足减值准备的情况下仍有 15 亿元的利润,这也是其愿意选择 100% 计提减值准备的一个关键原因,这是管理层进行盈余管理的另一种表现。计提减值准备这项旨在使会计信息更加客观、真实的政策,在这里却成了上市公司实行盈余管理,进行利润操纵的秘密武器。

【案例二】
## 房产商开发的楼盘如何计提跌价准备更合理

☞ **案例介绍**

甲公司为房地产开发企业,其开发的 A 楼盘位于某市郊区,开发建筑面积 2.1 万平方米(共 200 套住宅),预计开发总成本 6.3 亿元(含土地成本)。该项目于 2018 年 6 月取得了该楼盘的预售许可证,并开始预售,预计于 2019 年 1 月末完工交房,截至 2018 年年末账面累计已发生开发成本 6.3 亿元。

由于某市房地产市场持续低迷,A 楼盘周边类似楼盘开始出现打折促销现象,为应对市场竞争,甲公司也不得不进行一定的价格优惠,截至 2018 年年末,公司 A 楼盘累计已预售 80 套住宅(总建筑面积 0.84 万平方米),其中 20 套住宅(总建筑面积 0.21 万平方米)的预售价格低于开发成本价格约 10%,但甲公司 2018 年签订的预售合同整体还是盈利的。2019 年起,该市房地产市场开始逐步回暖,A 楼盘及其周边类似楼盘销售价格开始逐步回升,与 2018 年度的平均预售价格基本持平(假设其他税费占销售收入的比例为 5%)。

☞ **案例背景**

　　房地产企业在制定销售策略时通常会考虑的内容主要包括开发项目所在地楼市的基本情况及同类产品的价格水平、所在地经济发展水平、人口基数及消费习惯、所开发项目的具体产品定位、针对的客户群,项目预计销售周期、资金回笼速度以及项目资金成本等;通过这些因素综合考虑项目的预期平均售价及需要达到的利润水平,并具体制定销售策略过程中,会结合项目中每套物业的具体楼层、位置、朝向等因素,确定"一房一价"价目表,基本原则是对那些楼层、位置、朝向等相对好物业会制定相对高的售价;反之,则制定相对较低的售价,目的都是为了促进销售和获取最大回报。

　　当然,房地产企业所制定销售策略并不是一成不变,会根据市场环境变化而进行调整,而为杜绝房地产企业肆意涨价的行为,大多数地方政府监管部门要求房地产企业在预售时上报所开发项目的销售备案价格,其最终售价不能超过销售备案价格的一定比例(视各地情况不同),所以,房地产企业一旦备案后,其未来的最终售价就只能向下调整而不能向上调整,这也加大了房地产企制定销售策略的难度。

☞ **依据及相关法规**

　　《企业会计准则第 1 号——存货》。

☞ **案例思考题**

　　1. 预计楼盘销售整体盈利,就无需计提存货跌价准备吗?

　　2. 对楼盘单项计提跌价准备时,如何认定单个存货项目?

☞ **讨论与分析**

　　从本案例的介绍来看,A 楼盘已有 80 套预售,占其可售总套数的 40%;从公司预售的情况来看,2018 年签订的预售合同整体是盈利的,但其中有 20 套住宅预售价格低于开发成本价格约 10%,也就是说出现了亏损的情况,那就引发讨论的第一个问题——预计楼盘销售整体盈利,就无需计提存货跌价准备吗?

　　1. 预计楼盘销售整体盈利,就无需计提存货跌价准备吗?

　　首先,根据企业会计准则规定,企业通常应当按照单个存货项目计提存货跌价准备,这样,可以避免跌价存货的损失被增值存货未确认的价值增加所掩盖。而只有对于那些数量繁多、单价较低的存货,一般才会采用按照存货类别计提存货跌价准备。

　　其次,房地产企业为开发项目投入的成本金额一般都较大,分摊到每套物业的价值也较大,所以一旦发生减值损失,往往会对会计报表产生重大影响。

　　综上所述,认为预计楼盘销售整体盈利就无需计提存货跌价准备,显然是不够谨慎的,不符合企业会计准则的要求。因此,对于 A 楼盘项目需进一步计算和分析其是否需要计提跌价准备,那就会引发我们讨论的第二问题——对楼盘单项计提跌价准备时,如何认定单个存货项目?

　　2. 对楼盘单项计提跌价准备时,如何认定单个存货项目?

　　本案例中,甲公司 A 楼盘项目已有 80 套住宅已签预售合同,表明其售价已经确定,而剩余 120 套住宅因尚未签订销售合同,其最终的售价也尚未确定,因此,应当把已售部分和未售部分分开,分别考虑其是否需计提存货跌价准备。

根据企业会计准则规定,为执行销售合同或者劳务合同而持有的存货,其可变现净值应当以合同价格为基础计算。因此,A楼盘项目已售部分的80套住宅应当以其签约的价格(即合同价格)作为其可变现净值的计算基础。

另外,企业会计准则也规定,企业通常应当按照单个存货项目计提存货跌价准备。如何理解"单个存货项目"也将对存货跌价准备的计提产生较大影响。一般房地产企业,虽然同期开发项目每套房屋的单位成本是一致的,但每套房屋的总成本均较大,且已售部分的每套房屋都有相应的销售价格与之对应,部分楼盘项目还会遇到同期项目各种类型房型混搭风,那就不仅仅是一房一价了,成本还会因为房型的不同而不同,因此,将每套房屋作为"单个存货项目"更为合理,也是更为谨慎的。从企业会计准则有关规定来看,存货跌价准备的计提应在最低层级进行,其目的如前所述,为避免部分存货的跌价损失被掩盖。

从本案例来看,虽然该80套住宅所签订的预售合同价格整体还是盈利的(即可变现净值高于存货成本),但其中有20套住宅预售价格却低于开发成本价格约10%,加上税费等因素,其可变现净值低于存货成本金额15%左右,因此需对该20套住宅单独考虑并计提相应的存货跌价准备。

那么,对于甲公司A楼盘项目剩余尚未签订的120套住宅又该如何考虑其是否需计提存货跌价准备呢?

根据企业会计准则规定,企业持有存货的数量多于销售合同订购数量的,超出部分的存货的可变现净值应当以一般销售价格为基础计算。因此,如何确定"一般销售价格"是判断是否需计提存货跌价准备的关键。对房地产企业而言,可以作为"一般销售价格"参考的有公司制定的销售价格策略,如为项目制定的销售"一房一价"表,项目开盘至今的平均销售均价等。

本案例中,甲公司A楼盘项目剩余尚未签订的120套住宅没有明确的销售计划价格,但A楼盘项目在2018年中出现了波动,并出现了销售价格低于成本的情况,因此,需要判断这种销售价格低于成本的情况是属于暂时性的,还是属于持续性的,以确定选用哪一种销售价格作为计算基础更为合理。本案例,考虑到项目的销售价格波动情况,需要进一步结合宏观经济、房地产市场总体趋势以及周边楼盘的价格走势,需要考虑选择确定"一般销售价格"。可以考虑选用项目开盘至今的销售均价,或是接近资产负债表日的平均销售价格,或是参考周边楼盘价格、已售房屋价格确定的一房一价表等。若公司没有迅速销售回笼资金的打算,在预判价格走势还是总体趋回暖的情况下,观察已售房屋的数量、价格波动,本案例可能考虑接近资产负债表日的平均销售价格会更加贴近市场情况。

房地产企业的存货主要为已开发或正在开发的楼盘,楼盘的位置、房型、结构、面积、朝向、楼层和装修等不同,不仅售价不一样,而且成本也很可能有差异,甚至差异很大。对于存货成本的计量,房地产企业通常会按一定方法(如建筑面积)将建造成本在各套房产之间分摊,但不会十分精确。例如,地基成本更多的是服务于高层房产,绿化成本更多的是服务于景观房。在成本计算时难以充分考虑各种因素逐一分配,对某些影响较小的因素,多数采用平均分摊的方法。针对这种情况,有人提出,在商品房售价已反映这些因素而成本未能充分反映的情况下,基于每一套房产计提减值显然是不合理的,同一楼盘的不同房产属于"难以与其他项目分开计量的存货"，可以合并计提存货跌价准备。我们认为，成本计算方法固然需要改善，但成本计算的准确性也是相对而言，对于影响较小的费用并非就不可以平均分摊，不能因此就把整个楼盘认定为"难以与其他项目分开计量的存货"。如果对楼盘计提跌价准备不坚持"开小灶"而"烧大锅饭"，则所提供的资产价值信息更加不准确，而且企业进行盈余管理的空间更大。

关于房地产企业计提存货跌价准备的问题相对比较复杂，然而计提是否恰当往往会对企业的会计报表产生重大影响，因此，在计提存货跌价准备时，一方面要保持适当谨慎性，另一面也要防止通过减值计提来调节利润的现象，以合理和审慎的态度做出准确的判断。

【案例三】

## LJ 光电的商誉减值计提合理吗？

☞ **案例介绍**

LJ 光电股份有限公司（以下简称"LJ 光电"）于 2003 年在深圳成立，于 2011 年在深圳交易所创业板上市，上市之初是一家中高端 LED 设备商，在国内中高端 LED 行业处领军地位。公司股权比较分散，公司第一大股东为董事长刘某军，2017 年年报显示其持股比例为 18.81%。

自上市以来，LJ 光电依据自身的核心竞争力和长期发展规划，一方面，加大对 LED 小间距产品的研发投入，继续保持其设备业务的领先地位；另一方面，通过多元化和横向一体化并购活动，为客户提供品牌管理全生命周期服务。通过自主研发和投资并购等方式，完善公司数据挖掘、采集、分析方面的能力，实现精准广告投放与精准营销领域，打造数据驱动的整合营销服务集团。通过内生式和外延式扩张并举，公司 2017 年比上市初收入增长超过 7 倍，已基本形成以设备制造和营销服务为双引擎的发展模式。设备制造板块 2017 年实现营业收入 11.70 亿元，实现的利润约为 1.63 亿元。营销服务板块 2017 年实现营业收入 27.66 亿元，实现的利润约为 3.55 亿元。

LJ 光电 2011—2017 年的成长能力与盈利能力，如表 2 所示。

表 2　　　　　　　　2011—2017 年 LJ 光电成长能力与盈利能力表

| 指标 | 2011 | 2012 | 2013 | 2014 | 2015 | 2016 | 2017 |
|---|---|---|---|---|---|---|---|
| 净资产收益率 | 18.05% | 4.75% | 2.85% | 11.05% | 9.34% | 9.15% | 2.05% |
| 收入增长率 | 46.36% | 4.30% | 9.63% | 64.49% | 54.30% | 86.73% | 42.40% |
| 净利增长率 | 26.25% | −48.59% | −44.58% | 804.25% | 26.90% | 57.77% | −59.94% |

一、LJ 光电并购情况简介

近年来，LJ 光电收购了十几家轻资产属性的营销公司，在合并资产时形成了较大金额的商誉。从 LJ 光电年报中披露的信息，汇总各年收购标的公司的业务性质、确认商誉的金额，如表 3 所示。

表3                2012—2017 年 LJ 光电收购子公司情况表

| 标的企业 | 标的企业业务性质 | 购买时间 | 商誉/百万 | 占比 |
|---|---|---|---|---|
| 香港 LJ | LED 销售与维修 | 2012 | 1.31 | 0.03% |
| FS 传媒 | 广告业务 | 2013 | 710.57 | 15.58% |
| YT 公关 | 公关策划 | 2014 | 401.95 | 8.81% |
| Y 事达 | LED 生产与销售 | 2014 | 352.74 | 7.73% |
| LM 网络 | 计算机软硬件及网络产品的技术开发 | 2015 | 813.12 | 17.83% |
| HH 文化 | 广告业务 | 2015 | 327.91 | 7.19% |
| YY 传媒 | 广告业务 | 2015 | 260.58 | 5.71% |
| LT 营销 | 公关业务 | 2015 | 412.40 | 9.04% |
| LY 传媒 | 广告业务 | 2016 | 227.27 | 4.98% |
| 上海 CG | 广告业务 | 2016 | 162.23 | 3.56% |
| JZ 分众 | 广告业务 | 2015 | 157.71 | 3.46% |
| FD 博信 | 广告业务 | 2015 | 83.09 | 1.82% |
| BS 文化 | 广告业务 | 2016 | 111.87 | 2.45% |
| AP 新媒 | APP 业务广告 | 2017 | 538.83 | 11.81% |
| 合计 | | | 4 561.58 | 100.00% |

LJ 光电上市之初,其主营业务是为客户提供中高端 LED 全彩显示应用产品的系统方案,上市后通过一系列横向并购和多元化并购,目前 LED 显示应用产品年营业收入占比只排在第二位,公司第一大营收占比是公共关系服务。

二、LJ 光电商誉减值与监管问询

LJ 光电公司在 2018 年年报中披露:"公司源于对巨额商誉未来盈利能力的担心,对各子公司商誉进行了全面商誉减值测试,对触发商誉减值的子公司坚决进行商誉减值处理,在此基础上,公司对 2017 年度做了 7.95 亿的商誉减值,并且在 2018 年度继续商誉减值 27.3 亿元,2 年内公司商誉减值额超过总商誉额的 75%。商誉减值措施的实施,公司净资产为 19.86 亿元,使公司的资产质量更为良性,投资回报能力大幅提升,预计未来公司净资产回报率将超过 10%。"

LJ 光电因近年来商誉占资产比重较高,并频繁计提大额商誉减值损失而引发了监管机构与社会公众的广泛关注。

(一)深交所对 LJ 光电 2017 年年报的商誉减值的问询

2017 年期末,公司商誉余额 46.38 亿元,占净资产比重高达 94.80%,累计计提商誉减值 7.95 亿元,其中 2017 年计提 5.58 亿元。针对上述情况,2018 年 5 月 11 日,深交所创业板公司管理部对 LJ 光电出具年报问询函,请 LJ 光电:

(1)逐一说明子公司商誉减值测试和会计处理过程,说明商誉减值计提是否充分。

(2)说明前期未计提大额商誉减值的原因及合理性。

（3）说明近3年公司商誉减值测试过程及会计处理过程。

（4）结合前期股权收购协议、后续补充协议等说明各交易对手方需要承担的补偿义务，包括但不限于补偿金额、补偿方式、补偿股份数的计算过程、股份公允价值的确认与计量、相关履约保障措施及时间安排、股份补偿的会计处理等。

（二）深交所对LJ光电2018年业绩预告中商誉减值的问询

2019年1月30日晚间，LJ光电披露《2018年度业绩预告》，预计亏损28.02亿~28.07亿元，主要原因是对多家子公司计提商誉减值准备合计27亿元，计提坏账准备合计3.2亿元。深交所创业板公司管理部对此表示关注，请公司认真核查后就以下事项做出书面说明并对外披露：

（1）公司本次计提商誉减值准备依据、计提金额的合理性、商誉资产发生减值迹象的时点，是否已及时进行减值测试并履行相应信息披露义务和风险提示，相关会计估计判断和会计处理是否符合《企业会计准则》的规定。

（2）深交所在2017年年报问询函中要求公司说明商誉减值是否充分，你公司回复商誉减值计提充分。请结合子公司行业发展状况、经营环境、财务指标变化等情况，说明公司2017年度是否存在商誉减值计提不充分的情况，2018年度是否利用计提大额商誉减值准备进行业绩调节……

（三）深交所对LJ光电2018年年度报告中商誉减值的问询

2018年年末，LJ光电公司商誉账面原值46.38亿元，2018年度对并购四川FS广告传媒有限公司等12家公司形成的商誉计提减值准备27.32亿元，累计计提商誉减值准备35.27亿元，见表4，对公司及合并财务报表的影响重大，会计师对此出具了带强调事项段的无保留审计意见。请公司说明：

（1）结合前述12家子公司的收购价格、行业发展形势、盈利能力变化以及业绩承诺完成率等情况，说明本报告期对并购前述子公司的商誉计提大额减值的原因及合理性，是否与相关子公司的本期及历史业绩变动情况相符，是否存在利用商誉减值调节利润的情形。

（2）本报告期全部子公司商誉减值测试的具体过程，是否聘请了相关中介机构进行辅助测试，相关资产预计可回收金额的确定方法，与前期减值测试（如有）采用的估值方法是否存在差异，减值测试程序是否符合《企业会计准则第8号——资产减值》的相关规定。

（3）报告期内将并购上海LT营销管理有限公司形成的商誉账面原值调减1.47亿元的原因，是否履行了董事会、股东大会的审议程序和信息披露义务。

三、LJ光电对深交所2018年商誉减值问询的部分回复

1.（略）。

2.本报告期全部子公司商誉减值测试的具体过程。

公司根据《企业会计准则第8号——资产减值》的相关规定，制定了《商誉减值测试内部控制制度》。根据制度规定，公司需于每年年度终了对商誉进行减值测试。公司在进行商誉减值测试时，充分考虑相关资产组产生现金流入的独立性，以及商誉所在资产组或资产组组合的宏观环境、行业环境、实际经营状况及未来经营规划等因素，同时考虑少数股东的商誉是否需要调整计入相关资产组或资产组组合账面价值等问题，结合可获取的内部与外部信

息,判断本报告期末公司商誉相关资产组存在减值迹象。据此,公司聘请了具有证券期货从业资格的评估机构——深圳市 PX 资产评估房地产土地估价有限公司,采用收益法对相关资产组的可回收价值进行评估,即评估该等资产组预计未来现金流量的现值,并对商誉相关资产组出具了资产组可回收价值资产评估报告,为公司商誉减值测试提供价值参考依据。

关于评估方法——收益法的公式如下:

$$P = \sum_{t=1}^{n} FCFF_t (1+r)^{-t}$$

其中:税前 $FCFF_t$:未来第 $t$ 年资产组所创造的税前自由现金流。

$r$:对应的税前折现率。

$t$:资产组未来持续经营期限。

本次评估中,资产组所创造的税前自由现金流(税前 FCFF)定义为:

$$税前 FCFF = EBITDA - 资本性支出 - 净营运资金的增加$$

其中:$EBITDA =$ 利润总额+折旧摊销+财务费用中的利息支出。

关于收益年限,本次评估中,对资产组的收益期限确定为无限年。

关于折现率,本次评估中,根据前述税前净现金流量的计算口径(税前 FCFF),折现率采用税前加权平均成本模型(税前 WACC)确定。税前 WACC 是在计算得出税后 WACC 后再相应换算成税前 WACC。税后 WACC 的计算,其中付息债务资本的回报率根据实际借款利率进行计算,股东权益资本的回报率根据资本资产定价模型(CAPM)确定,付息债务资本和股东权益资本的权重根据实际情况进行计算。

据此,公司按照《企业会计准则第 8 号——资产减值》的相关要求进行商誉减值测试,并根据减值测试结果,对各资产组所涉及的商誉计提了商誉减值。本次所采用的收益法与商誉形成时采用的评估方法、以前年度减值测试采用的评估方法一致。相关资产组减值测试计算过程,如表 4 所示。

综上所述,公司制定了《商誉减值测试内部控制制度》,充分识别了各个独立资产组以及该资产组所对应的商誉,重新预测了各资产组的未来盈利情况,聘请专业评估机构评估了各商誉相关产组的可收回金额,并做了商誉减值测试。相关减值测试程序符合《企业会计准则第 8 号——资产减值》的相关规定。

3. 报告期内将并购上海 LT 营销管理有限公司形成的商誉账面原值调减 1.47 亿元的原因,履行的董事会、股东大会的审议程序和信息披露义务。

LT 营销于 2018 年 12 月 21 日召开第一届董事会第十次会议,审议通过了《关于转让全资子公司 PT 文化传播(上海)有限公司 100% 股权的议案》,同意将 LT 营销全资子公司 PT 文化传播(上海)有限公司(以下简称"PT 文化")100% 股权转让给自然人邹某、刘某斌。转让价格根据深圳市 PX 资产评估土地房地产估价有限公司出具的评估报告(PX 资评报字〔2018〕第 S116 号),PT 文化股权全部权益价值于评估基准日 2018 年 8 月 31 日的评估价值为 4 093.07 万元。经各方协商,确定本次转让 PT 文化 100% 股权的价格为 4 940 万元。同时,公司于 2018 年 12 月 23 日召开 2018 年第十五次总经理办公会,审议通过了《关于转让全资孙公司 PT 文化传播(上海)有限公司 100% 股权的议案》。

**表4**　　**LJ光电商誉减值计提情况**

单位：万元

| 相关资产组 | 商誉分配的金额（原值）① | 参与分配商誉的资产组或资产组组合期末的价值② | 归属于资产组的少数股东权益的商誉③ | 资产或资产组预期未预计可收回金额④ | 商誉减值金额=①+②+③-④ | 商誉已提减值金额（截至2017年底） | 2018年底应计提商誉减值额 |
|---|---|---|---|---|---|---|---|
| FS传媒 | 710 566 278.56 | 51 380 893.33 | — | 50 942 599.52 | 710 566 278.56 | 267 252 743.93 | 443 313 534.63 |
| YT公关 | 401 946 631.92 | 166 359 221.06 | — | 422 966 288.12 | 145 339 564.86 | — | 145 339 564.86 |
| Y事达 | 352 737 761.63 | 90 130 876.69 | — | 331 316 001.16 | 111 552 637.16 | — | 111 552 637.16 |
| LM网络 | 813 123 310.50 | 128 393 296.22 | — | 308 970 845.20 | 632 545 761.52 | 180 533 703.67 | 452 012 057.85 |
| HH文化 | 327 914 468.01 | 95 797 696.05 | — | 114 193 115.28 | 309 519 048.78 | 66 137 271.38 | 243 381 777.40 |
| YY传媒 | 260 582 426.98 | 32 234 239.46 | — | 32 005 272.50 | 260 582 426.98 | 109 492 091.21 | 151 090 335.77 |
| LT营销 | 412 402 818.14 | 65 194 056.23 | — | 63 866 980.54 | 412 402 818.14 | 134 376 346.08 | 278 026 472.06 |
| FD博信 | 83 086 463.65 | 27 545 203.34 | — | 113 567 548.63 | — | — | — |
| BS文化 | 111 873 072.42 | 29 984 527.38 | — | 94 969 308.85 | 46 888 290.95 | — | 46 888 290.95 |
| LY传媒 | 227 272 672.85 | 58 129 888.95 | — | 121 379 020.66 | 164 023 541.13 | — | 164 023 541.13 |
| 上海CG | 162 227 112.28 | 50 810 256.53 | — | 77 884 062.18 | 135 153 306.63 | — | 135 153 306.63 |
| JZ分众 | 234 391 461.27 | 45 173 742.37 | — | 90 044 703.95 | 189 520 499.69 | 36 268 124.37 | 153 252 375.32 |
| AP新媒 | 538 832 322.36 | 32 944 051.22 | — | 163 643 409.75 | 408 132 963.82 | — | 408 132 963.82 |
| 合计 | 4 638 263 304.60 | 874 077 948.83 | — | 1 985 749 156.34 | 3 527 533 642.26 | 795 366 784.67 | 2 732 166 857.59 |

2018 年 12 月 27 日,PT 文化在工商局完成了此次股权转让的变更手续。PT 文化自 2018 年 12 月 27 日起不再纳入 LT 营销合并范围。

本公司根据并购日 PT 文化净资产占 LT 营销净资产比例,将并购 LT 营销时形成的商誉价值在 LT 营销和 PT 文化之间进行分摊,并在本公司合并层面转销分摊至 PT 文化的商誉以及商誉减值。

本次股权转让成交价格为 4 940 万元,占公司截至 2017 年 12 月 31 日(最近一期)经审计净资产的 1.01%,未达《深圳证券交易所创业板股票上市规则》规定的应披露的交易的条件。公司总经理办公会根据董事会授权,于 2018 年 12 月 23 日召开 2018 年第十五次总经理办公会,审议通过了《关于转让全资孙公司 PT 文化传播(上海)有限公司 100%股权的议案》。

综上所述,本次并购子公司 LT 营销形成的商誉账面原值调减 1.47 亿元系因报告期内 LT 营销转让其全资子公司 PT 文化 100%股权所致,公司根据相关法律法规及内控制度履行了相应的审批程序。此外,公司已于《2018 年年度报告全文》将本次股权转让事项进行披露。

☞ **资料来源**

2015—2018 年度 LJ 光电的年度报告。

☞ **依据及相关法规**

1.《企业会计准则第 8 号——资产减值》。

2.《会计监管风险提示第 8 号——商誉减值》,2018。

☞ **案例思考题**

1. LJ 光电 2017—2018 年年报问询函中监管方对商誉及其减值的主要关注方面。

2. LJ 光电在 2015—2018 年年报中商誉减值核算及其信息披露的不足。

☞ **讨论与分析**

1. LJ 光电 2017—2018 年年报问询函中监管方对商誉减值的主要关注包括以下方面:

(1)商誉减值的会计处理关注公司是否定期或及时进行商誉减值测试,是否在此过程中重点考虑了特定减值迹象的影响。具体包括:

第一,对因企业合并所形成的商誉,不论其是否存在减值迹象,都应当至少在每年年度终了进行减值测试。例如,2017 年年报问询函中第(1)与第(2)个问题。

第二,公司应结合可获取的内部与外部信息,合理判断并识别商誉减值迹象。当商誉所在资产组或资产组组合出现特定减值迹象时,公司应及时进行商誉减值测试,并恰当考虑该减值迹象的影响。与 LJ 光电商誉减值相关的特定减值迹象主要包括:①现金流或经营利润持续恶化或明显低于形成商誉时的预期,特别是被收购方未实现承诺的业绩;②所处行业产能过剩,相关产业政策、产品与服务的市场状况或市场竞争程度发生明显不利变化;③相关业务技术壁垒较低或技术快速进步,产品与服务易被模仿或已升级换代,盈利现状难以维持;④客观环境的变化导致市场投资报酬率在当期已经明显提高,且没有证据表明短期内会下降等。例如,2018 年报业绩预告的问询函中第(2)个问题,以及 2018 年年报问询函中第

(1)个问题。

第三,公司应合理区分并分别处理商誉减值事项和并购重组相关方的业绩补偿事项,不得以业绩补偿承诺为由,不进行商誉减值测试。例如,2017年年报问询函中第(4)个问题。

(2)合理将商誉分摊至资产组或资产组组合进行减值测试。关注公司是否恰当认定商誉所在资产组或资产组组合,是否在将商誉账面价值合理分摊的基础上进行减值测试。具体包括:

第一,公司在认定资产组或资产组组合时,应充分考虑管理层对生产经营活动的管理或监控方式和对资产的持续使用或处置的决策方式,认定的资产组或资产组组合应能够独立产生现金流量。需要说明的是,一个会计核算主体并不简单等同于一个资产组。例如,2017年年报问询函第(3)个问题与2018年年报问询函中第(2)个问题。

第二,公司在确认商誉所在资产组或资产组组合时,不应包括与商誉无关的不应纳入资产组的单独资产及负债。公司应在充分考虑能够受益于企业合并的协同效应的资产组或资产组组合基础上,将商誉账面价值按各资产组或资产组组合的公允价值所占比例进行分摊。例如,2017年年报问询函第(3)个问题与2018年年报问询函中第(2)个问题。

第三,因重组等原因,公司经营组成部分发生变化,继而影响到已分摊商誉所在的资产组或资产组组合构成的,应将商誉账面价值重新分摊至受影响的资产组或资产组组合,并充分披露相关理由及依据。例如,2018年年报问询函中第(3)个问题。

第四,公司应在购买日将商誉分摊至相关资产组或资产组组合,并在后续会计期间保持一致。当形成商誉时收购的子公司后续存在再并购、再投资、处置重要资产等情形时,除符合上述第三点的条件外,不应随意扩大或缩小商誉所在资产组或资产组组合。例如,2018年年报问询函中第(3)个问题。

(3)商誉减值测试过程和会计处理。关注公司是否按规定步骤进行了商誉减值测试并恰当计提了商誉减值损失,是否合理估计了相关资产组或资产组组合的可收回金额,是否恰当利用了资产评估机构的工作成果。具体包括:

第一,公司应严格按照《企业会计准则第8号——资产减值》的规定进行商誉减值测试,不得忽略或错误地实施减值测试程序。若商誉所在资产组或资产组组合存在减值,应分别抵减商誉的账面价值及资产组或资产组组合中其他各项资产的账面价值。例如,2017年年报问询函第(3)个问题与2018年年报问询函中第(2)个问题。

第二,采用公允价值减去处置费用后的净额估计可收回金额时,公司应恰当选用交易案例或估值技术确定商誉所在资产组或资产组组合的公允价值,合理分析并确定相关处置费用,从而确定可收回金额。采用预计未来现金净流量的现值估计可收回金额时,公司应正确运用现金流量折现模型,充分考虑减值迹象等不利事项对未来现金净流量、折现率、预测期等关键参数的影响,合理确定可收回金额。例如,2017年年报问询函第(3)个问题与2018年年报问询函中第(2)个问题。

第三,对未来现金净流量预测时,应以资产的当前状况为基础,以税前口径为预测依据,并充分关注选取的关键参数(包括但不限于销量、价格、成本、费用、预测期增长率、稳定期增长率)是否有可靠的数据来源。对折现率预测时,是否与相应的宏观、行业、地域、特定市场、特定市场主体的风险因素相匹配,是否与未来现金净流量均一致采用税前口径。在确定未来现金净流量的预测期时,应建立在经管理层批准的最近财务预算或预测数据基础上,原则上最多涵盖 5 年。在确定相关资产组或资产组组合的未来现金净流量的预测期时,还应考虑相关资产组或资产组组合所包含的主要固定资产、无形资产的剩余可使用年限,不应存在显著差异。需要注意的是,若以前期间对商誉进行减值测试时,有关预测参数与期后实际情况存在重大偏差的,应充分关注管理层是否识别出导致偏差的主要因素,是否在本期商誉减值测试时充分考虑了相关因素的影响,并适当调整预测思路。例如,2017 年年报问询函第(3)个问题与 2018 年年报问询函中第(2)个问题。

第四,利用资产评估机构的工作辅助开展商誉减值测试时,公司应聘请具有证券期货相关业务资格的资产评估机构,明确约定该工作用于商誉减值测试。在利用资产评估机构的工作成果时,应充分关注资产评估机构的评估目的、评估基准日、评估假设、评估对象、评估范围和价值类型等是否与商誉减值测试相符;对存在不符的,在运用到商誉减值测试前,应予以适当调整。例如,2018 年年报问询函中第(2)个问题。

(4) 商誉减值的信息披露。关注公司是否充分、准确、如实、及时地披露了与商誉减值相关的重要信息。具体包括:

第一,公司应在财务报告(包括年度报告、半年度报告、季度报告)中披露与商誉减值相关的且便于理解和使用财务报告的所有重要、关键信息:①商誉所在资产组或资产组组合的相关信息,包括该资产组或资产组组合的构成、账面金额、确定方法,并明确说明该资产组或资产组组合是否与购买日、以前年度商誉减值测试时所确定的资产组或资产组组合一致。②详细披露商誉减值测试的过程与方法,包括但不限于可收回金额的确定方法、重要假设及其合理理由、关键参数(如预计未来现金流量现值时的预测期增长率、稳定期增长率、利润率、折现率、预测期等)及其确定依据等信息。③形成商誉时的并购重组相关方有业绩承诺的,应充分披露业绩承诺的完成情况及其对商誉减值测试的影响。例如,2018 年业绩预告问询函的第(1)个问题。

第二,公司应根据商誉减值测试的具体过程,准确、如实披露相关信息,不应有虚假记载、误导性陈述或重大遗漏的情形。当商誉减值损失构成重大影响时,公司应严格按照公司章程等规定及内部授权,履行商誉减值计提的内部审批流程,及时进行信息披露。例如,2018 年年报问询函中第(3)个问题。

2. LJ 光电在 2015—2018 年年报中商誉减值核算及其披露的不足之处如下:

(1) 2015—2016 年商誉减值计提不及时。表 5 列示了 2014—2018 年 LJ 光电商誉减值及其财务影响。可以看出,2015—2016 年期间,LJ 光电年报中商誉金额高达 13.84 亿元与 38.62 亿元,占资产的比重分别为 43.30% 与 53.20%,且当年度未计提任何商誉减值准备,累计商誉减值准备计提率不足 1%。

表 5 　　　　　　　　2014—2018 年 LJ 光电商誉减值及其财务影响表　　　　　　　单位:万元

| 项目 | 2014 年 | 2015 年 | 2016 年 | 2017 年 | 2018 年 |
|---|---|---|---|---|---|
| 收入 | 96 328.29 | 148 638.22 | 277 545.69 | 395 236.64 | 405 337.34 |
| 净利润 | 12 806.13 | 16 259.7 | 25 653.54 | 10 275.75 | −288 720.37 |

（续表）

| 项目 | 2014 年 | 2015 年 | 2016 年 | 2017 年 | 2018 年 |
|---|---|---|---|---|---|
| 毛利率 | 33.12% | 36.88% | 35.08% | 31.46% | 27.15% |
| 净利润率 | 13.29% | 10.94% | 9.24% | 2.60% | −71.23% |
| ROE | 11.05% | 9.34% | 9.15% | 2.05% | −83.67% |
| 商誉净额 | 71 056.63 | 138 382.63 | 386 226.49 | 384 289.65 | 111 072.97 |
| 资产总计 | 204 643.91 | 319 579.46 | 725 939.89 | 832 168.05 | 465 482.5 |
| 商誉/资产 | 34.72% | 43.30% | 53.20% | 46.18% | 23.86% |
| 商誉减值准备 | 130.65 | 130.65 | 130.65 | 79 536.68 | 338 016.14 |
| 商誉减值准备计提率 | 0.18% | 0.09% | 0.03% | 17.15% | 75.27% |
| 商誉减值损失 | 0 | 0 | 0 | 55 820.07 | 273 216.69 |
| 商誉减值损失/净利润 | 0 | 0 | 0 | 543.22% | −94.63% |

注：商誉减值准备计提率＝商誉减值准备/（商誉净值＋商誉减值准备）。净利润率＝净利润/收入。2017 年度商誉减值损失与商誉减值准备差额为 2.37 亿元,2017 年会计期末通过报表重述的方式重新确认了 2015—2016 年度商誉减值损失,分别是 0.81 亿元和 1.56 亿元。

但是在 2018 年 4 月 27 日,LJ 光电发布《关于前期会计差错及追溯调整的公告》,对子公司 FS 传媒、JZ 分众、YY 文化的 2014 年度至 2016 年度期间的财务数据进行更正。

FS 传媒差错更正前后的业绩承诺完成情况,如表 6 和表 7 所示。

表 6 　　　　　　2013—2017 年 FS 传媒业绩承诺完成情况表 　　　　　单位:万元

| 年度 | 业绩承诺数 | 业绩承诺实现数 | | 差异百分比 | 业绩承诺实现率 | |
|---|---|---|---|---|---|---|
| | | 调整前 | 调整后 | | 调整前 | 调整后 |
| 2013 年 | 8 700.00 | 9 031.58 | 9 031.58 | | 103.81% | 103.81 |
| 2014 年 | 10 000.00 | 10 260.53 | 9 579.02 | −6.64% | 102.61% | 95.79 |
| 2015 年 | 11 300.00 | 11 129.73 | 7 508.30 | −32.54% | 98.49% | 66.45 |
| 2016 年 | 12 200.00 | 11 997.24 | 9 904.79 | −17.44% | 98.34% | 81.19 |
| 2017 年 | 12 800.00 | 7 282.38 | 7 282.38 | | 56.89% | 56.89 |
| 累计数 | 55 000.00 | 49 701.46 | 43 306.07 | −12.87% | 90.37% | 78.74 |

表 7 　　　　　　2013—2017 年收购子公司业绩承诺的达标情况表 　　　　　单位:万元

| 子公司 | 2013 年 | 2014 年 | 2015 年 | 2016 年 | 2017 年 | 累计数 |
|---|---|---|---|---|---|---|
| FS 传媒 | 103.81% | 95.79% | 66.45% | 81.19% | 56.89% | 78.74% |
| Y 事达 | | 113.03% | 115.34% | 99.76% | 85.14% | 102.19% |
| YT 公关 | | 115.50% | 139.85% | 85.83% | 89.93% | 104.75% |
| LM 网络 | | | 101.26% | 104.55% | 89.53% | 97.12% |

（续表）

| 子公司 | 2013 年 | 2014 年 | 2015 年 | 2016 年 | 2017 年 | 累计数 |
|---|---|---|---|---|---|---|
| HH 文化 | | | 103.53% | 98.16% | 76.11% | 91.56% |
| YY 传媒 | | | 111.52% | 90.82% | 50.70% | 80.63% |
| LT 营销 | | | 126.95% | 106.16% | 79.78% | 101.43% |
| JZ 分众 | | | 114.95% | 82.81% | 81.76% | 89.49% |
| LY 传媒 | | | | 103.70% | 89.94% | 96.43% |
| 上海 CG | | | | 112.15% | 82.54% | 95.23% |

表 7 列示各子公司业绩承诺的完成情况。2015 年度分时传媒未完成业绩承诺,2016 年度有 5 家子公司未完成业绩承诺,分别是 FS 传媒、Y 事达、LT 公关、HH 文化、YY 传媒。根据我国企业会计准则关于商誉减值的相关规定,LJ 光电 2015—2016 年度应当对收购子公司时产生的商誉进行减值测试,并依据减值测试的结果调整商誉的账面价值。但是,LJ 光电 2015 年和 2016 年均未对此计提商誉减值准备。

（2）2017 年年报商誉减值的信息披露不完整。LJ 光电 2017 年年报中计提商誉减值 5.58 亿元,占当年净利润的 543.22%。但是公司并没有说明商誉减值测试过程、参数及商誉减值损失的确认方法。

（3）2018 年年报中商誉减值存在"洗大澡"的迹象。LJ 光电在 2018 年年报中披露:"报告期内公司计提商誉减值准备 27.32 亿元,主要是由于受市场总体经济环境低迷及主要客户业务发展规划调整等因素的影响,客户广告需求及支付能力减弱,导致部分并购子公司经营业绩完成情况与收购时承诺业绩有一定差距。基于谨慎性原则,公司根据会计准则的相关要求,对与商誉相关的各收购子公司资产组进行商誉减值测试,并根据商誉减值测试结果对合并报表层面由收购所产生的商誉计提商誉减值准备。"

2018 年年底,LJ 光电商誉账面原值 46.38 亿元,2018 年计提商誉减值准备 27.32 亿元,累计计提商誉减值准备 35.27 亿元,LJ 光电合并财务报表中的商誉净值为 11.11 亿元。当年计提的商誉减值损失占当年净利润（亏损）的 94.63%,累计资产减值准备计提率达 75.27%。

2018 年 LJ 光电公司进行商誉减值测试时,在预计未来现金流量的现值时使用的关键假设采用折现率为 14.81%～16.87%,远高于上一年度的平均折现率 12.39%,也高于同期同行业的雷曼股份的折现率 13.5%。这一方面使得当年商誉减值准备的计提"过多",可能是公司对以前年度的减值准备计提不足的补偿;另一方面,公司通过一次"提足"准备,为未来企业的净资产收益率的提升打下基础。

☞ **参考文献**

1. 中国证券监督委员会,《2017 年上市公司年报会计监管报告》,2018,http://www.csrc.gov.cn/pub/newsite/kjb/gzdt/201808/t20180803_342219.html。

2. 中国证券监督委员会,《会计监管风险提示第 8 号——商誉减值》,2018,http://www.csrc.gov.cn/pub/newsite/kjb/kjbzcgf/xsjzj/sjpgjggz/201811/t20181116_346845.html。

负　债

# 第一节　票据贴现与融资

　　融资是一个企业筹集资金的行为与过程。对于上市公司而言,融资也就是公司根据自身的生产经营状况、资金拥有的状况,以及公司未来经营发展的需要,通过科学的预测和决策,采用一定的方式,从一定的渠道向公司的投资者和债权人筹集资金,组织资金的供应,以保证公司正常生产需要、经营管理活动需要的理财行为。企业筹集资金无非有三大目的:企业要发展或扩张、企业要还债以及混合动机(发展与还债混合在一起的动机)。公司筹集资金的行为应该遵循一定的原则,通过一定的渠道和一定的方式进行。

　　融资的方式除了向银行借贷外,还可通过各种票据的贴现、应收账款的保理等方式进行,不论采用何种融资方式,均需按规定进行会计核算,以及做适当的信息披露,但有的企业在操作过程中存在不合规的情况,有的为避免披露关联交易,对融资行为不纳入账面反映,甚至采用账外银行的做法,欲瞒天过海,从而加大了财务及投资风险。

案例分析

## Z公司的资金从何而来

☞ **案例介绍**

　　M公司是一家上市公司,Z公司系M公司控股60%的子公司,Z公司尚处筹建期,正在进行大规模的基建建设。

　　审计人员在对M公司的审计中,通过企业贷款信息,以及已向银行发函询证的形式了解存款情况、借款情况、贷款情况、担保情况和相关票据的开具情况等后发现,贷款信息中反映公司有开具银行票据的情况,但企业账面并没有反映;同时,在对Z公司的审核中,发现账面记载对一公司有大额应付款项,公司解释为企业间的资金拆借,并有相关的借款合同,经查验记账凭证后附的原始凭证,发现款项系由建设银行直接划入,同时附有建设银行开具的票据贴现单据。

　　经对上述事项的进一步调查,资金的真实流转情况为:M公司寻找了一家无关联关系的第三方企业S公司,由M公司与其签订了物资采购合同,同时,由M公司在建设银行新开设一个银行账户,并通过该银行账户,以M公司的银行信用,采用了30%的保证金形式,开具银行汇票给S公司,由S公司进行贴现,并将贴现款项汇往Z公司,使得Z公司取得相应的资金。

☞ **案例思考题**

　　1. 如果你是注册会计师,对于此类不纳入账面反映的融资行为,可以实施哪些审计程序去发现问题?

　　2. M公司的处理存在什么问题? 对上述业务应如何进行会计处理?

☞ **依据及相关法规**

1.《中华人民共和国会计法》。

2.《中华人民共和国票据法》。

3.《企业会计准则》(2006)。

☞ **讨论与分析**

1. 由于受市场宏观调控影响,银行贷款困难,而 Z 公司又处在筹建期,信用等级尚未建立,银行汇票等银行信用融资方式无法实施,面临基建资金紧张的局面。M 公司作为 Z 公司的母公司,欲在资金上予以帮助,但为避免关联交易,寻找了一家无关联关系的第三方企业 S 公司,完成了上述融资行为。在该融资业务中,M 公司新设一个银行账户,将其作为账外银行核算,不纳入会计报表系统,而 Z 公司在取得 S 公司划入的款项时,仅作为一般的公司借款处理,贴现利息也处理为一般借款利息(或作为往来款项的支付)。

2. 针对上述情况,首先,应对 M 公司的银行开户情况进行全面了解,通过向当地银行的查询,获取 M 公司的全部开户银行情况,并与报表所反映的银行存款进行核对,同时通过获取企业贷款信息及向银行发函询证的形式了解存款情况、借款情况、贷款情况、担保情况以及相关票据的开具情况等。其次,在对 Z 公司审核中,应关注由 S 公司划入的款项,查验该记账凭证后附的原始凭证,是否与企业间借款性质吻合,如单据的付款方是否为 S 公司,日期是否与借款协议一致。同时,也应对入账的相关利息支付原始单据进行关注,如为企业间拆借资金,应系 Z 公司支付给 S 公司的付款单据(支票存根、贷记凭证等);如为银行开具的利息结算单(甚至是票据贴现单据),则该款项必定与银行借贷有关,应重点关注并进一步追查。

3. M 公司未对上述业务进行会计账务处理,未能反映由此产生的大额预付账款及应付票据,未能真实反映资产负债情况和财务风险。作为上市公司,M 公司对金额如此之大的关联交易未进行披露,会误导报表使用者。

上述融资业务中各公司所涉及的会计处理如下:

M 公司:

开具银行汇票:

借:预付账款——S 公司

　　贷:应付票据

S 公司:

取得汇票:

借:应收票据

　　贷:预收账款——M 公司

贴现并将贴现款直接汇入 Z 公司:

借:其他应收款——Z 公司

　　贷:应收票据

Z公司：

取得资金并承担贴现利息：

借：银行存款

借：管理费用——开办费（利息支出）
　　贷：其他应付款——S公司

资金筹措完毕后，Z公司的基建得以按时完工，并通过销售获得收益，在票据到期时按时归还了所筹集的资金，各公司进行的会计处理如下：

Z公司：

归还所欠S公司的款项：

借：其他应付款——S公司
　　贷：银行存款

S公司：

收回Z公司欠款：

借：银行存款
　　贷：其他应收款——Z公司

退还预收M公司的款项：

借：预收账款——M公司
　　贷：银行存款

M公司：

收回原预付款项：

借：银行存款
　　贷：预付账款——S公司

此外，还应对于其中的关联交易做适当披露。

本案例给我们如下启示：

某些上市公司为了规避关联方交易会计及披露，在交易过程中人为地多设了一家过桥公司，使关联交易非关联化；甚至通过各种办法，隐瞒关联方关系，规避关联方交易的披露及监管。

关联交易非关联化，也是对注册会计师执业的挑战。因此，在执业过程中，应充分保持谨慎性和敏感性，重视对公司的内控测试，加大外部信息的取证及印证。

## 第二节　应交增值税、所得税及税收返还

增值税是对生产者或经营者在货物加工或经营过程中所产生的增值额进行征收的一种

流转税。它是以销售额作为计税依据,以增值额作为课税对象,是一种内在的、主动的调节机制,能较好地适应经济发展变化。

增值税一般是以发票注明的税款为依据实行税款抵扣。进项税额是企业购进货物时对方开出的增值税专用发票上的税额,且已经付款并已经到货为前提方可抵扣,工业企业必须在购进货物验收入库后,商业企业必须在购进货物支付货款后,才能申报可以抵扣的进项税额,这对化解票到扣税法的负面影响起到了一定的作用,但不符合会计核算的权责发生制原则和及时性原则;销项税额是企业销售货物时给对方开出的增值税专用发票上的税额,它的确认是只要销售成立,无论是否收回货款,这一规定使得进项税和销项税缺乏配比性。当期应交的增值税就是本期销项税额减去本期进项税额的差额,这就使具有购销关系的两个纳税人之间形成一种相互牵制的关系,使得税收的征收管理较为严密,能有效地防止偷税漏税。但是,目前我国在增值税管理方面的矛盾还十分突出,税收流失较为严重,必须加大增值税规范化管理的力度。另外,由于增值税所特有的会计处理方法,使得增值税不能作为费用进入利润表,不能完整再现企业获取利润的过程,以至于信息使用者无法确知增值税对本期损益的影响程度。

企业所得税的税收优惠,是指国家根据经济和社会发展的需要,在一定的期限内对特定地区、行业和企业的纳税人应交纳的企业所得税,给予减征或者免征的一种照顾和鼓励措施。税收优惠政策,在特定的历史时期对扶持重点企业、促进地方经济的发展起到了积极的作用。但是,这样做会导致盈利越多的企业受益越多,而效益持平或亏损的企业不受益。

中国加入世界贸易组织以后,为了调动企业积极性,创造统一的竞争平台,国务院要求在 2000 年 1 月 1 日起停止执行所得税先征后返的优惠政策。考虑到上市公司的特殊性,上市公司的这一税收优惠至 2002 年 1 月 1 日起停止。

这次政策变更对不同企业业绩影响程度是不一样的。盈利水平越高的企业受政策变更的影响越大,对亏损类企业暂无影响或影响不大(可以用以后 5 个年度的税前所得弥补)。在分析公司受政策变更影响程度大小时,不仅要考虑它对利润总量的影响额,还应综合考虑公司的股本规模。政策变更可能对公司利润总额的影响并不大,而由于其股本规模比较小,很可能对每股收益的影响较大。

2002 年起停止执行税收返还政策的只是部分享受地方自定政策的上市公司,对那些享受其他所得税优惠政策的上市公司不会带来影响。这要求受此影响的上市公司未雨绸缪,积极进行产业调整,及时培育新的利润增长点;同时,认真研究国家现行税收政策,尽可能运用税法规定的税收减免等优惠政策。

 案例分析

## 上市公司业绩增长依赖什么

☞ **案例介绍**

某上市公司利润表中"主营业务收入"与"净利润"有关各期数据,如表 1 所示。

表1　　　　　　　　　　某上市公司 2001—2003 年利润表（部分项目）　　　　　　　单位：万元

| 项目 | 2001 年中期 | 2001 年度 | 2002 年中期 | 2002 年度 | 2003 年中期 |
|---|---|---|---|---|---|
| 一、主营业务收入 | 85 800.22 | 154 070.36 | 88 357.43 | 169 417.54 | 119 021.99 |
| 减：主营业务成本 | 67 917.64 | 122 895.33 | 65 404.78 | 126 942.89 | 81 912.98 |
| 主营业务税金及附加 | 405.27 | 804.01 | 385.93 | 757.16 | 383.64 |
| 二、主营业务利润 | 17 477.31 | 30 371.02 | 22 566.72 | 41 717.49 | 36 725.37 |
| 加：其他业务利润 | −78.63 | −8.55 | −110.33 | −326.39 | −79.62 |
| 减：营业费用 | 3 653.29 | 6 238.21 | 6 124.07 | 10 046.03 | 8 230.89 |
| 管理费用 | 5 463.68 | 12 200.65 | 5 751.87 | 13 905.94 | 7 198.76 |
| 财务费用 | 2 681.78 | 4 982.33 | 1 888.96 | 3 872.92 | 1 458.17 |
| 三、营业利润 | 5 599.90 | 6 941.28 | 8 691.46 | 13 566.21 | 19 757.93 |
| 加：投资收益 | 2 132.27 | 3 468.72 | 280.17 | 372.63 | −40.54 |
| 补贴收入 | | 2 852.01 | 2 382.73 | 2 382.73 | 45.55 |
| 营业外收入 | 36.91 | 73.95 | 37.26 | −70.31 | 26.19 |
| 减：营业外支出 | 60.05 | 358.33 | 45.66 | 1 065.39 | 125.33 |
| 四、利润总额 | 7 709.03 | 12 977.63 | 11 345.96 | 15 185.86 | 19 663.77 |
| 减：所得税 | 2 078.51 | 1 847.02 | 495.25 | 1 063.92 | 3 661.42 |
| 少数股东收益 | 1 070.44 | 737.52 | 1 849.68 | 2 705.39 | 4 604.78 |
| 五、净利润 | 4 560.08 | 10 393.06 | 9 001.03 | 11 416.54 | 11 397.55 |

注：以上报表根据当时会计制度规定的格式进行编制。

公司曾于 2001 年 8 月公告，根据有关文件通知，公司及控股子公司生产销售的尿素将在 2001 年、2002 年两年实行增值税先征后返政策。其中，2001 年全额退还，2002 年退50％，自 2003 年起停止退还政策。执行该项政策后，2002 年上半年，该公司收到属于 2001年度生产销售尿素的增值税返还 2 382.73 万元，已做相关会计处理，并且，还获得了于 2002年 4 月初实际收到的 2001 年度所得税返还 1 474 万元。这两项共计 3 800 余万元，占该公司 2002 年度净利润的 33％。在 2003 年度，收到两项税收返还款项金额共计 2 500 万元，占该公司 2003 年中期净利润的 22％。

☞ **案例背景**

1. 某上市公司原是国有特大型企业，始建于 1959 年 11 月，1995 年 9 月改制为某某（集团）有限责任公司。它是一家主要生产销售化肥、化工原料、有机化工产品的企业，是全国最大的尿素生产企业之一，是我国生产化肥的龙头企业；在西部大开发中，该公司所在地区规划为“西部化工城”，西部化工城是国家政策重点扶持的特大型化工基地。

2. 财政部就关于上市公司企业所得税先征后返政策执行时间，做出了新的规定，即对上市公司所得税按 33％的税率征收，再返还 18％，其实际征收 15％的优惠政策，执行到2001 年 12 月 31 日止。但 2002 年财政部、国家税务总局、海关总署联合下发的财税〔2001〕202 号文件，通知属西部大开发企业仍享有税收的优惠。

☞ **资料来源**

1. 2003 年 2 月 25 日《中国证券报》。

2. 某上市公司有关财务报表。

☞ **依据及相关法规**

1.《关于执行〈企业会计制度〉和相关会计准则有关问题解答(二)》(财会〔2003〕10 号)。

2.《股份有限公司税收返还等有关会计处理规定》(财政部财会〔2000〕3 号)。

3.《关于西部大开发税收优惠政策问题的通知》(财税〔2002〕202 号)。

4.《财政部关于上市公司企业所得税先征后返政策执行时间的复函》(财税〔2001〕128 号)。

☞ **案例思考题**

1. 对于上市公司取得的税收返还应如何进行会计处理?

2. 某上市公司在 2001 年和 2002 年确认的税收返还款项对公司业绩有何影响?

3. 试分析有关所得税先征后返的优惠政策停止执行对该上市公司 2003 年盈亏的影响。

☞ **讨论与分析**

1. 根据《股份有限公司税收返还等有关会计处理规定》的精神,实行所得税先征后返的公司,应当在实际收到返还的所得税时,冲减收到当期的所得税费用。

借:银行存款

　　贷:所得税

公司收到先征后返的增值税,应于实际收到时,计入补贴收入。

借:银行存款

　　贷:补贴收入

注:按照《企业会计准则第 16 号——政府补助》(2017 年修订)的规定,公司收到先征后返的增值税属于政府补助,计入其他收益。

2001 年度的财务会计报告已经报出,不能再调整 2001 年度的财务会计报表。并且对于返还的 2001 年度所得税,按规定应冲销 2002 年度的所得税,作为对 2002 年度所得税的调整,不能调整 2002 年度会计报表的期初留存收益。

2. 税收返还款到账后,对公司业绩的提升有积极帮助;还可以增加公司的现金流,缓解资金面上的压力。该上市公司 2002 年中期主营业务收入同比增长仅为 3%[(88 357.43－85 800.22)÷85 800.22×100%];同时,其净利润却从 2001 年中期的 4 560.08 万元增至 2002 年中期的 9 001.03 万元,增幅达到 97%,主要是因为该公司收到 2001 年度生产销售尿素的增值税返还 2 382.73 万元,计入了补贴收入,并还获得在 2001 年年末办理,实际于 2002 年度收到的所得税返还 1 474 万元。这两项共计 3 800 万余元,占公司利润总额的1/3,这是公司在主营业务收入同比增长 3% 的情况下,净利润增幅达到 97% 的主要原因。

3. 2003 年,停止执行增值税退还政策,公司次年就不再拥有这份"外快";对于所得税返还方面,虽然财政部对上市公司所得税先征后返政策执行时间,做了新的规定,但该公司由于属西部大开发企业,仍享有税收优惠政策。而且,在 2003 年中期公司仍然会有一笔来自去年的税收返还到账,对公司业绩仍然有着积极的意义。

分析企业的盈亏情况,首先应当关注企业的营业利润。营业利润是企业生产、销售商品及提供劳务活动取得的利润,它等于销售净额减去销售成本、相关的经营费用之后的差额。这部分的利润是企业基本经营活动所取得的经营成果,也是企业在一定时期内取得的利润中最主要、最稳定的来源。所以,在分析盈亏情况时,应当关注这部分利润额在净利润中所占比重的大小,因为利润构成及其各部分之间比率对于利润质量有着直接的影响。如果企业的营业利润在净利润中所占比重不大,而非营业利润所占比率比较大,呈现一种主营业务利润与非主营利润本末倒置的状态,说明企业的利润构成不合理,其利润质量就不够稳定。该公司主营业务利润占利润总额的比重很大,说明该公司更多地依靠主营业务活动取得利润,这种盈利能力具有可持续性。

## 第三节 应交土地增值税的计算及其与收入的配比

土地增值税是我国对国有土地使用权转让行为征收税收的一种税种,通常为转让国有土地使用权或土地上的建筑物及附属物取得收入后需要缴纳的税费。近年来,国家积极调控房地产市场,以遏制其价格过快上涨,从而保证房地产行业的健康发展,在各种调控措施中税收调控是最重要的措施之一,而土地增值税又是各项税收调控中最主要的税种,也逐渐成了一种"反房地产暴利税"。

根据《土地增值税暂行条例》及相关征管办法的规定,土地增值税按照超率累进的方法计算应缴纳的税金,同时也要求房地产企业根据实际的销售情况进行预缴,且在项目销售到一定程度时需要对项目整体进行土地增值税清算。土地增值税的核算过程中,项目成本或费用项目是否可以据实予以扣除以及具体扣除标准都需要准确把握,对于房地产每一个项目来说,情况又是各不相同的,因此,土地增值税的核算难度较大,而其核算结果对房地产企业的财务报表影响较大。房地产企业土地增值税核算应当考虑以下几点:

1. 开发项目的基本情况,包括项目分期开发情况(一次开发还是分期开发)、项目的具体类型(住宅、商业、别墅等)等,住宅项目还需关注是否属于普通住宅。

2. 开发项目的销(预)售情况及其所在地区所规定的土地增值税预缴税率。

3. 开发项目的开发成本和相关费用情况,包括开发项目的土地成本情况,项目建设直接成本情况、开发间接费用情况及各项成本项目的分摊情况,开发项目的利息资本化情况等。

4. 开发项目的其他可扣除费用,如销售费用、管理费用、利息支出的发生情况。

土地增值税清算应该以国家有关部门审批的房地产开发项目为单位进行清算。对于分期开发的项目,以分期项目为清算单位。如果开发项目中同时包含普通住宅和非普通住宅的,应分别计算增值额。

## 应交土地增值税及其与销售收入的配比

☞ **案例介绍**

甲公司为房地产开发企业,其开发的 B 楼盘位于某市市内,该楼盘共分两期开发,一期项目为普通住宅,开发建筑面积 3 万平方米,预计开发总成本 15 亿元(其中资本化利息为 1亿元,其他均为土地和建造成本),一期项目于 2017 年 10 月 1 日开始预售,但项目尚未达到结转收入条件,截至 2017 年年末,已预售建筑面积为 0.5 万平方米,销售均价为 6 万元/平方米(不含增值税);2018 年 1～12 月又预售建筑面积为 2 万平方米,销售均价为 6.50 万元/平方米(不含增值税),并于 2018 年 12 月 1 日开始交房并确认收入,预计剩余房产仍按销售均价为 6.50 万元/平方米(不含增值税)销售,截至 2018 年年末,已经预售的 2.5 万平方米中已交房并确认收入的建筑面积为 2 万平方米(包含 2017 年预售的 0.5 万平方米),该市的土地增值税预缴规定为按销售收入 2% 预缴土地增值税,应预缴的土地增值税在各期均已缴纳。

二期项目为非普通住宅(精装修住宅),开发建筑面积 4 万平方米,预计开发总成本 28亿元(其中资本化利息为 2 亿元,其他均为土地和建造成本),二期项目预计销售均价在 15万元左右(不含增值税),截至 2018 年年末,二期项目尚在建设,未取得预售许可证,截至2018 年账面累计已发生开发成本 3 亿元。

土地增值税的预缴:按甲公司所在地的规定,土地增值税预征率为 2%。

甲公司在计算应交土地增值税的可扣减三项费用(管理费用、销售费用、财务费用)限额时,其三项费用的实际支出均大于可抵扣开发成本的 10%,故可扣减三项费用限额均直接按可抵扣开发成本的 10% 扣除。

☞ **案例背景**

1. 我国土地增值税实行四级超额累进税率。

(1) 增值额未超过扣除项目金额 50% 的部分,税率为 30%。

$$土地增值税税额 = 增值额 \times 30\%$$

(2) 增值额超过扣除项目金额 50%、未超过 100% 的部分,税率为 40%。

$$土地增值税税额 = 增值额 \times 40\% - 扣除项目金额 \times 5\%$$

(3) 增值额超过扣除项目金额 100%、未超过 200% 的部分,税率为 50%。

$$土地增值税税额 = 增值额 \times 50\% - 扣除项目金额 \times 15\%$$

(4) 增值额超过扣除项目金额 200% 的部分,税率为 60%。

$$土地增值税税额 = 增值额 \times 60\% - 扣除项目金额 \times 35\%$$

2. 计算土地增值税时扣除项目的内容。

（1）取得土地使用权所支付的金额。

（2）开发土地的成本、费用。与房地产开发有关的销售费用、管理费用和财务费用不按成本核算对象进行分摊，故不按纳税人房地产项目实际发生的费用进行扣除，而按取得土地使用权所支付的金额和按规定计算的房地产开发成本两项金额之和的10％以内计算扣除。

（3）新建房及配套设施的成本、费用，或者旧房及建筑物的评估价格。

（4）与转让房地产有关的税金。

（5）财政部规定的其他扣除项目。

对从事房地产开发的纳税人可按取得土地使用权所支付的金额和按规定计算的房地产开发成本两项金额之和，加计20％的扣除。

☞ **依据及相关法规**

1.《中华人民共和国土地增值税暂行条例》（2011年修订）。

2.《中华人民共和国土地增值税暂行条例实施细则》（财法字〔1995〕6号）。

3.《关于土地增值税清算有关问题的通知》（国税函〔2010〕220号）。

4.《关于进一步做好土地增值税征管工作的通知》（税总发〔2013〕67号）。

☞ **案例思考题**

1. 甲公司在预缴2017年土地增值税时，应该如何对其进行会计处理？预缴的土地增值税是否会影响2017年的损益？

2. 对于2018年已完工并销售的一期项目，甲公司如何计算应计入当期损益的土地增值税金额，并进行相应的会计处理？

3. 假定甲公司在2020年内将B楼盘的一二期项目全部出售完毕，最终销售和成本情况与预计情况保持一致，请比较B楼盘的一二期项目采用汇总清缴或单独清缴土地增值税的情况分别应缴纳多少土地增值税？

☞ **讨论与分析**

因此，2017年是对土地增值税的预缴情况进行核算，2018年12月则需对"将预缴的土地增值税转入损益"进行会计核算。

1. 根据甲公司2017年10~12月的预售情况，可以计算出应该预缴的土地增值税600万元（5 000×6×2％）。

2017年年末，公司一期项目尚未达到结转收入条件，根据预售金额计算并预缴的土地增值税只是预缴金额，并非代表最终的应交土地增值税金。预缴土地增值税时不能直接记入损益类账户，而应将预缴金额记入"应交税费——应交土地增值税"账户的借方，即：

借：应交税费——应交土地增值税        6 000 000

    贷：银行存款          6 000 000

预缴税款是为了保证税款均衡入库的一种手段，预缴土地增值税并非缴税当期房地产销售收入实际应当承担的税款。因此，预缴土地增值税的多少，并不会直接影响公司的当期损益。

2. 对于2018年已完工并销售的一期项目，甲公司需要根据配比性要求计算应计入当期损益的土地增值税。由于 B 楼盘项目分两期项目开发,实务中存在土地增值税是按项目分期清缴还是两期项目合并清缴的问题,在此探讨两种不同清算口径的不同影响。

(1) 假设 B 楼盘按一期项目和二期项目分别进行土地增值税清算。

首先,计算 2018 年度甲公司根据销售情况应预缴的土地增值税额,即 2 600 万元(20 000×6.50×2%),也在预缴时将预缴金额记入"应交税费——应交土地增值税"账户的借方,即:

借:应交税费——应交土地增值税           26 000 000
  贷:银行存款                26 000 000

截至 2018 年年末甲公司累计缴纳的土地增值税为 3 200 万元(2 600+2017 年已预缴的土地增值税 600),并在"应交税费——应交土地增值税"账户的借方反映。

其次,根据公司收入结转情况,按土地增值税清算口径计算当期应缴纳的土地增值税额。假设 B 楼盘按一期项目和二期项目分别进行土地增值税清算,那么一期项目 2018 年应交增值税计算,如表 1 所示。

表1         B 楼盘一期项目应交土地增值税计算表

| 内容 | 金额(万元) | 计算过程 | 备注 |
|---|---|---|---|
| 预计一期项目收入总额 | 192 500.00 | 5 000×6+25 000×6.5 | 需考虑项目的预计收入总额 |
| 减:可抵扣的开发成本 | 140 000.00 | 150 000−10 000 | 开发成本需剔除利息资本化金额 |
| 可扣减三项费用限额 | 14 000.00 | 140 000×10% | 按可抵扣开发成本的 10% |
| 加计可扣除 20% | 28 000.00 | 140 000×20% | 房地产企业建造普通住宅成本可加计扣除 20% |
| 预计的增值额 | 10 500.00 | 192 500.00−(140 000+14 000+28 000) | |
| 预计增值额占扣除项目金额的比率 | 5.77% | 10 500÷(140 000+14 000+28 000) | |
| 适用税率 | 30% | | |
| 预计应交土地增值税 | 3 150.00 | 10 500×30% | |
| 截至 2018 年累计确认收入 | 127 500.00 | 5 000×6+15 000×6.50 | |
| 占预计总收入的比例 | 66.23% | 127 500.00÷192 500.00 | |
| 2018 年年末应交土地增值税额 | 2 086.25 | 3 150.00×66.23% | |

经上述计算,2018 年根据公司收入结转情况配比土地增值税额为 2 086.25 万元,故作如下账务处理:

借:税金及附加——土地增值税          20 862 500
  贷:应交税费——应交土地增值税        20 862 500

最后,根据土地增值税的应交和实缴情况,计算得出 2018 年年末"应交税费——应交土地增值税"账户有借方余额 1 113.75 万元(3 200－2 086.25)。

另外,由于二期项目尚在建设过程中,也未开始预售,故暂无需考虑其土地增值税的账务处理。

(2) 假设 B 楼盘按一期、二期项目汇总进行土地增值税清算。

首先,B 楼盘无论按哪种清算方式,都不影响其应预缴的土地增值税额,因此,截至 2018 年年末公司累计缴纳的土地增值税余额仍为 3 200 万元,并在"应交税费——应交土地增值税"账户余额的借方反映。

其次,若 B 楼盘按一期、二期项目汇总进行土地增值税清算,那么必须同时考虑一期、二期的项目收入及预计成本、费用情况,以预计 B 楼盘在一期、二期项目汇总清算口径下应交土地增值税,如表 2 所示。

表 2         **B 楼盘项目应交土地增值税计算表**

| 内容 | 金额(万元) | 计算过程 | 备注 |
|---|---|---|---|
| 预计一期项目收入总额 | 192 500.00 | 5 000×6＋25 000×6.5 | |
| 预计二期项目收入总额 | 600 000.00 | 40 000×15 | 二期项目收入总额 |
| B 楼盘项目收入合计 | 792 500.00 | | |
| 减:可抵扣开发总成本 | 400 000.00 | (150 000＋280 000)－(10 000＋20 000) | 一、二期开发成本之和扣除利息资本化费用 |
| 可扣减三项费用限额 | 40 000.00 | 400 000×10% | 按可抵扣开发成本的 10% |
| 加计可扣除 20% | 28 000.00 | 140 000×20% | 房地产企业建造普通住宅成本可加计扣除 20%(仅一期项目适用) |
| 预计的增值额 | 324 500.00 | 792 500.00－(400 000＋40 000＋28 000) | |
| 预计增值额占扣除项目金额的比率 | 69.34% | 324 500÷(400 000＋40 000＋28 000) | |
| 适用税率 | 40% | | |
| 预计应交土地增值税 | 106 400.00 | 324 500×40%－(400 000＋40 000＋28 000)×5% | |

通过上述计算,可以得出 B 楼盘两期项目预计应交土地增值税总额为 106 400 万元,那么,下一步该如何计算 B 楼一期项目已结转收入部分应承担的土地增值税呢?

由于土地增值税是以土地增值额的多少为计算土地增值税依据,因此,以一期、二期各自增值额占总增值额的比例去计算一期项目已结转收入部分应承担的土地增值税较为合理,具体计算,如表 3 所示。

表 3      **B 楼盘一期项目已结转收入部分应交土地增值税计算表**

| 内容 | 金额(万元) | 计算过程 | 备注 |
|---|---|---|---|
| 截至 2018 年累计确认收入 | 127 500.00 | 5 000×6＋15 000×6.50 | |

（续表）

| 内容 | 金额(万元) | 计算过程 | 备注 |
|---|---|---|---|
| 预计一期项目收入总额 | 192 500.00 | | |
| 占预计一期项目收入的比例 | 66.23% | 127 500.00÷192 500.00 | |
| 一期项目总增值额 | 10 500.00 | 192 500.00－140 000.00－14 000－28 000 | |
| 占预计总增值额比例 | 3.24% | 10 500÷324 500 | |
| 2018 年末应交土地增值税额 | 2 283.19 | 106 400.00×66.23%×3.24% | |

经上述计算，若公司 B 楼盘按一期、二期项目汇总进行土地增值税清算，那么，截至 2018 年年末公司按收入结转情况配比土地增值税额为 2 283.19 万元，故作如下会计处理：

借：税金及附加——土地增值税      22 831 900
    贷：应交税费——应交土地增值税      22 831 900

所以，根据应交土地增值税和实缴土地增值税情况，可计算得出 2018 年年末"应交税费——应交土地增值税"账户余额为借方余额 916.81 万元（3 200－2 283.19）。

通过上述讨论，可以看出 B 楼盘在不同的土地增值税清算方式下，应交土地增值税额及配比计入当期损益的金额存在一定差异。因此，在实务操作中应当按照税法规范要求，与地方所属税务机关积极沟通，准确计算土地增值税，并按照权责发生制原则、配比性原则进行会计处理。

3. 假定甲公司在 2020 年内将 B 楼盘的一期、二期项目全部出售完毕，并且最终销售和成本情况与预计情况保持一致，采用汇总清缴和单独清缴的两种口径分别计算应缴纳土地增值税如下所述。

（1）若 B 楼盘的一期、二期项目按汇总清缴土地增值税的应纳税款，如表 4 所示。

表 4                  **B 楼盘项目应交土地增值税计算表**

| 内容 | 金额(万元) | 计算过程 | 备注 |
|---|---|---|---|
| 一期项目收入总额 | 192 500.00 | 5 000×6+25 000×6.5 | |
| 二期项目收入总额 | 600 000.00 | 40 000×15 | |
| B 楼盘项目收入合计总额 | 792 500.00 | | |
| 减：可抵扣的开发总成本 | 400 000.00 | (150 000＋280 000)－(10 000＋20 000) | 一、二期开发成本之和扣除利息资本化费用 |
| 可扣减三项费用限额 | 40 000.00 | 400 000×10% | 按可抵扣开发成本的 10% |
| 加计可扣除 20% | 28 000.00 | 140 000×20% | 房地产企业建造普通住宅成本可加计扣除 20%（仅一期项目适用） |
| 增值额 | 324 500.00 | 792 500.00－(400 000＋40 000＋28 000) | |

（续表）

| 内容 | 金额(万元) | 计算过程 | 备注 |
|---|---|---|---|
| 预计增值额占扣除项目金额的比率 | 69.34% | 324 500÷(400 000+40 000+28 000) | |
| 适用税率 | 40% | | 适用税率40%,速算扣除额5% |
| 应交土地增值税 | 106 400.00 | 324 500×40%－(400 000+40 000+28 000)×5% | |

通过上述计算,可以得出若B楼盘的一期、二期项目按汇总清缴土地增值税的应纳税款金额为106 400万元。

（2）若B楼盘的一期、二期项目按单独清缴土地增值税的应纳税款,如表5和表6所示。

表5　　　　　　　　B楼盘一期项目应交土地增值税计算表

| 内容 | 金额(万元) | 计算过程 | 备注 |
|---|---|---|---|
| 一期项目收入总额 | 192 500.00 | 5 000×6+25 000×6.5 | |
| 减:可抵扣的开发成本 | 140 000.00 | 150 000－10 000 | 开发成本需剔除利息资本化金额 |
| 可扣减三项费用限额 | 14 000.00 | 140 000×10% | 按可抵扣开发成本的10% |
| 加计可扣除20% | 28 000.00 | 140 000×20% | 房地产企业建造普通住宅成本可加计扣除20% |
| 增值额 | 10 500.00 | 192 500.00－(140 000+14 000+28 000) | |
| 预计增值额占扣除项目金额的比率 | 5.77% | 10 500÷(140 000+14 000+28 000) | |
| 适用税率 | 30% | | |
| 应交土地增值税 | 3 150.00 | 10 500×30% | |

表6　　　　　　　　B楼盘二期项目应交土地增值税计算表

| 内容 | 金额(万元) | 计算过程 | 备注 |
|---|---|---|---|
| 二期项目收入总额 | 600 000.00 | 40 000×15 | |
| 减:可抵扣的开发成本 | 260 000.00 | 280 000－20 000 | 开发成本需剔除利息资本化金额 |
| 可扣减三项费用限额 | 26 000.00 | 260 000×10% | 按可抵扣开发成本的10% |
| 增值额 | 314 000.00 | 600 000.00－(260 000+26 000) | |
| 预计增值额占扣除项目金额的比率 | 109.79% | 314 000÷(260 000+26 000) | |

（续表）

| 内容 | 金额(万元) | 计算过程 | 备注 |
|---|---|---|---|
| 适用税率 | 50% | | 适用税率50%,速算扣除额15% |
| 应交土地增值税 | 114 100.00 | 314 000.00×50%－(260 000＋26 000)×15% | |

　　通过上述计算,可以得出 B 楼一期项目单独清算应交纳的土地增值税为 3 150.00 万元,二期项目单独清算应交纳的土地增值税为 114 100.00 万元,故 B 楼盘的一期、二期项目合计应交纳的土地增值税 117 250.00 万元。这一结果与按一期、二期项目汇总清缴应缴纳土地增值税金额 106 400.00 万元相比,需多缴纳 10 850.00 万元,不同汇算清缴口径下对房地产企业应缴纳的土地增税金额存在一定差异。其原因在于:采用一期、二期项目汇总清缴方式虽然提升了一期项目适用的土地增值税税率(单独清缴适用税率 30%,汇总清缴适用税率 40%),但降低了二期项目适用的土地增值税税率(单独清缴适用税率 50%,汇总清缴适用税率 40%),而二期项目的规模远远超过一期项目,所以,显著减少了应交土地增值税款总额。当然,最终如何清算属于税务问题,需服从税法规定。

## 第四节　借款利息资本化与费用化

　　借款费用是指企业因借款而发生的利息及其他相关成本,包括借款利息、折价或溢价的摊销、辅助费用以及因外币借款而发生的汇兑差额等。借款费用发生后,应当将其确认为当期费用,还是作资本化处理? 这个问题处理得恰当与否,会直接影响企业资产和费用的确认与计量,进而影响到企业财务状况和经营业绩的正确衡量。

　　借款费用费用化的观点认为,将所有借款费用于发生的当期确认为费用,计入当期损益,可以避免相同的资产因筹资方式的不同而出现不同的价值,可以提高会计信息的可比性,简化会计工作量,使资产和损益的确认更具稳健性。借款费用资本化的观点认为,将所有借款费用都费用化,不大符合实际成本原则和收入与费用配比的原则。首先,为购置或建造符合资本化条件的资产(固定资产)而借入的资金所发生的借款费用,与其他计入资产成本的购置或建造费用没有什么区别,也应该构成资产购建成本的有机组成部分。其次,从收入与费用配比的原则来看,这些借款费用将在所购置或建造资产的使用期间为企业带来未来经济利益,应该与以后期间的收入相配比,而非与借款费用发生当期的收入相配比,否则就会导致企业收益因购置或建造资产而下降的情况,影响收益的合理反映和会计信息使用者的盈利预测(引自《企业会计准则——借款费用》,中国财政经济出版社 2001 年第一版)。

　　2007 年之前的国际会计准则对于借款费用的处理是有选择性的,它提供了借款费用的基准处理方法和允许选用的处理方法两种。在基准处理方法下,不管借款如何使用,借款费用均应于发生的当期确认为费用,计入当期损益。在允许选用的处理方法下,对于可直接归属于符合资本化条件的资产(指需要经过相当长时间才能达到预定可使用状态或可销售状态的资产)的购置、建造或生产的借款费用,应当予以资本化。但是,2007年3月,国际会计准则理事会发布了《国际会计准则第23号——借款费用》的修订版,出于国际协调和逐渐减少备选方法的战略考虑,取消了企业可以立即将借款费用确认为费用的选择,将资本化作为唯一的处理方法。我国《企业会计准则第17号——借款费用》(2006)中对于借款费用资本化处理的方法是,借款费用予以资本化处理的条件是"可直接归属于符合资本化条件的资产的购建或者生产"。这一表述实际上包括三个方面的具体要求:一是相关的借款必须是用于符合资本化条件的资产的购建或生产。其中符合资本化条件的资产,是指需要经过相当长时间(通常为1年以上,含1年)的购建或生产活动才能达到预定可使用或者可销售状态的资产,包括固定资产、投资性房地产和存货等。二是借款费用可以资本化的借款范围包括为购建或生产符合资本化条件的资产的专门借款发生的借款费用,或者为购建或生产符合资本化条件的资产而占用的一般借款所发生的借款费用。三是只有在资本化期间,符合资本化条件的借款费用才能予以资本化,并规定了资本化期间开始和停止资本化时点的具体条件,强调只有当同时满足"资产支出已经发生,借款费用已经发生和为使资产达到预定可使用或可销售状态所必要的购建或生产活动已经开始"这三个条件时,借款费用才可以开始资本化;当购建或生产符合资本化条件的资产达到预定可使用或可销售状态时,借款费用应当停止资本化。其目的是为了防范上市公司企图通过将大量的借款费用计入资产,从而虚增企业的资产价值以及企业的盈利水平,以达到粉饰财务报表的目的。

 案例分析

## 几千万利息的会计处理之争

☞ **案例介绍**

2013年7月12日,T公司在深交所挂牌上市。公司上市时正值其钛白粉项目建设期,而上市仅融资14 000万元,近20亿元的工程建设资金几乎全靠银行贷款,平均每年负担银行利息高达16 000多万元。仅就2017年而言,为该项工程发生的借款利息及应付债券利息就有16 128万元。

钛白粉项目为国家重点项目,目标是建成年产3万吨硫酸法金红石型钛白粉工程,工程于2012年1月破土动工,2015年6月完成主体工程建设,8月18日投料试生产,11月20日生产出金红石型高档钛白粉产品,并经国家指定检验部门检测,质量达到国家标准。T公司在2015年年报中指出:"公司2015年度的建设项目主要反映为已于2015年6月份竣工并试车投产成功的金红石型钛白粉工程的建设,钛白粉项目的建设已于本年度全部完成。"由于该钛白粉装置还不够完善和当时缺乏流动资金及与英国某公司合资谈判的需要,公司自2016年3月起停车整改,直至2017年7月开始批量生产。2017年度共生产出3 360吨钛白粉。

注册会计师在审计中发现并认为,从该事项的经济实质来看,工程既已投入使用,而且能够生产合格产品,创造效益,说明该工程已经达到预定可使用状态;而2017年发生的借款利息及应付债券利息16 128万元,T公司将其资本化计入了钛白粉工程成本,应调整计入财务费用。而T公司则认为,钛白粉工程项目不同于一般的基建项目。一方面,钛白粉这种基

础化工产品不同于普通商品,对各项技术指标的要求非常严格,需要通过反复试生产,逐步调整质量、消耗等指标,直到生产出合格的产品才能投放市场,而试生产期间的试产品性能不稳定,是不能投放市场的。另一方面,原料的腐蚀性很强,如生产钛白粉的主要原料是硫酸,一旦停工,就会淤积于管道、容器中,再次开车前,就必须进行彻底的清洗、维护,并调试设备。因此,钛白粉项目交付使用进入投资回报期、产生效益前,还有一个过渡期,即整改和试生产期间,这仍属于工程在建期。因此,项目建设期的借款利息及应付债券利息 16 128 万元理应资本化计入钛白粉工程成本。

2018 年 4 月 29 日,T 公司公布了其 2017 年年报,并刊登了 C 会计师事务所于 2018 年 3 月 8 日出具的否定意见审计报告。导致注册会计师出具否定意见审计报告的根源主要就在于对渝钛白 2017 年度发生的借款利息及应付债券利息 16 128 万元的不同会计处理之争。

T 公司注册资本为 26 000 万元,2016 年净利润亏损 2 000 多万元,2017 年净利润亏损 6 272 万元,2017 年股东权益为 6 580 万元。T 公司 2014—2017 年年度报告部分财务数据,如表 1 所示。

表 1 　　　　　　　T公司 2014—2017 年年度报告部分财务数据 　　　　　　　单位:元

| 年份 　 项目 | 流动资产合计 | 流动负债合计 |
|---|---|---|
| 2013 | 236 229 088 | 430 893 678 |
| 2014 | 380 011 192 | 118 779 878 |
| 2015 | 147 023 402 | 138 600 092 |
| 2016 | 161 314 774 | 293 971 144 |
| 2017 | 165 876 728 | 1 830 400 348 |

☞ **资料来源**

T 公司 2013—2017 年年报及 2017 年度审计报告。

☞ **依据及相关法规**

1.《企业会计准则第 17 号——借款费用》(2006)。

2.《国际会计准则第 23 号——借款费用》(2007 年修订)。

☞ **案例思考题**

注册会计师为何认为 16 128 万元利息不能计入钛白粉工程成本,而应该计入财务费用?

☞ **讨论与分析**

根据《企业会计准则第 17 号——借款费用》(2006)第十二条规定:当所购建或生产符合资本化条件的资产达到预定可使用或者可销售状态时,借款费用应当停止资本化,以后发生的借款费用在发生时根据其发生额确认为费用计入当期损益。从 T 公司该项交易的经济实质来看,钛白粉工程于 2012 年 1 月破土动工,2015 年 6 月完成主体工程建设,8 月 18 日投料试生产,11 月 20 日生产出金红石型高档钛白粉产品,并经国家指定检验部门检测,质量达到国家标准,说明该工程已达到预定可使用状态。且公司在 2015 年年报中指出:"公司 2015 年度的建设项目主要反映为已于 2015 年 6 月份竣工并试车投产成功的金红石型钛白粉工程的建设,钛白粉项目的建设已于本年度全部完成。"所以,工程应当被判定为已经完工交付使用,按照"实质重于形式"原则,有关 16 128 万元利息费用应当停止资本化,作为财务费用计入当期损益。

至于工程未能达到设计生产能力,特别是 2017 年的产量只有 3 360 吨,这一产量与设计能力 3 万吨相差很远,并非"工程未完工"所致,主要原因是缺乏流动资金。根据公司 2014—2017 年年度年报显示,如表 2 所示。

表 2             T 公司 2014—2017 年营运资金           单位:元

| 年份 \ 项目 | 流动资产合计 | 流动负债合计 | 营运资金 |
|---|---|---|---|
| 2013 | 236 229 088 | 430 893 678 | −194 664 590 |
| 2014 | 380 011 192 | 118 779 878 | 261 231 314 |
| 2015 | 147 023 402 | 138 600 092 | 8 423 310 |
| 2016 | 161 314 774 | 293 971 144 | −132 656 370 |
| 2017 | 165 876 728 | 1 830 400 348 | −1 664 523 620 |

由此可见,该公司的流动资金在 2017 年时严重不足,因此,在批量生产时,远远满足不了钛白粉项目设计要求的产量对流动资金的需求。

另外,由公司 2016 年年报和 2017 年年报可知,2016 年其已出现 2 000 多万元的亏损,而 2017 年在未对该笔利息费用进行调整的情况下,又出现了 6 272 万元的亏损,可见这笔利息费用不管是否调整,T 公司当年都属于亏损,只不过是亏多亏少的问题。所以,表面上这一笔利息费用如何处理,对 T 公司来说似乎并不重要。但实际上,如果这笔 16 128 万元的会计事项按公司会计处理方法,最多只是一般性的亏损,但如按照会计师事务所的方法来处理,对该会计事项调整之后,2017 年亏损额则高达 22 400 万元,而现有的股东权益仅为 6 580 万元,与其原有的注册资本 26 000 万元相比,仅剩下 25% 左右,这样,其持续经营的能力就值得怀疑,整个公司就将资不抵债,则属于另一种性质的亏损了。因而,这一笔业务的处理就显得非常重要了。对会计报表使用者来说,作为证券市场的投资者,他们投资证券的意图是非常清楚的,即试图通过证券市场获得利益。如果上述会计事项不调整,就会严重误导依赖财务报表进行投资决策的证券买卖者。因此,从各方面因素来考虑,C 会计师事务所的决定是相对合理的。

☞ **参考文献**

1. 李晓慧:"会计报表风险审计实务分析系列之十"。

2. http://e521.com.cn/ckwk/shenji/2 00010/1226102240.htm"能否对上市公司的会计信息说声'不'——由渝钛白事件看规范中国证券市场审计业务"。

叶 敏 指导并修改

040110201 班 茹 洁 董 芳 江含璐 诸瑶佳

## 第五节　租赁与表外融资

租赁是指在约定的期间内,出租人将资产使用权让予承租人以获取租金的协议。根据租赁的目的,以租赁资产所有权相关的风险和报酬归属于出租人或承租人的程度为依据,将其分为融资租赁和经营租赁。融资租赁是出租人实质上将与资产所有权有关的几乎全部风险和报酬转移给承租人的租赁。其他没有实质上风险和报酬转移的租赁都归属于经营租赁。在实务中,企业一般根据会计准则中规定的一系列标准来判断租赁的类型。

融资租赁和经营租赁的会计核算方式不同。在融资租赁下,由于承租企业享有与资产所有权相关的风险和报酬,实质上控制了租入资产,因此需要将相应的资产和义务在资产负债表中反映。在租赁期开始日,承租人通常应将租赁资产原账面价值与最低租赁付款额的现值两者中较低者作为租入资产的入账价值,将最低租赁付款额作为长期应付款确认为负债,将确认的资产和负债的差额作为未确认融资费用,并且在租赁期间按照一定的比例将其分期确认为财务费用。

在经营租赁下,由于与租赁资产所有权有关的风险和报酬并没有实质上转移给承租人,承租人不承担租赁资产的主要风险,因此承租人不需将所租入的资产资本化,也无需将所承担的付款义务列作负债。在这种情况下,虽然承租人在租赁期间使用租入的固定资产,并且承担偿付租金的义务,但是并不需要将租入的资产和承担的义务在资产负债表上反映。

另外还有一种特殊形式的租赁业务,即售后租回,是指卖主(即承租人)将一项自制或外购的资产出售后,又将该项资产从买主(即出租人)处租回。通过这项业务,承租人在保留资产使用权(售后租回为融资租赁时还保留控制权)的前提下,通过放弃所有权将原先的固定资本转化为货币资本,获得了所需的资金,而租金却是在日后分期支付的。售后回租交易根据租回性质的不同,可以分为售后经营性租回和售后融资性租回。

以上这几种形式的交易都具有融资的性质,经营租赁,尤其是售后租回经营租赁,由于不需要在资产负债表中反映相应的资本使用权利和租金支付义务,而被视为典型的表外融资形式。

表外融资(Off-balance Sheet Finance)是企业在资产负债表中未予反映的融资行为,可以理解为融资人为获得所需资金或资产使用权,但又不改变其资产负债表反映的债务状况,而采取的一种资金融通方式。这是西方国家的公司常用的一种融资策略,它在使资产负债率等指标下降、粉饰资产负债表的同时,规避了许多借款合同的限制,有效地解决了资金短缺的困难,防止信用等级下降。

表外融资可以开拓融资渠道,调整企业资本结构,优化企业的财务状况。表外融资筹措的资金以及形成的资产并不在资产负债表内直接反映,而其所形成的费用及所取得的经营成果却在利润表中反映出来,扩大了企业的经营成果。当企业未来资产收益率高于负债成本率时,表外融资加大了财务杠杆作用,提高了净资产收益率以及其他一些反映盈利能力的比率。

但是,表外融资对企业来说是一把双刃剑,表外融资掩盖了企业的真实投资规模和投资收益率,以及真实的负债情况,而且经营者可能会出于自己的利益而通过一些表外融资方式,来提高资本收益率,以达到掩盖亏损、美化企业经营成果的目的。这无疑会对企业投资者和债权人的利益带来损失。

虽然现行会计准则要求承租人对于重大的经营租赁在会计报表附注中披露不可撤销经营租赁所承担的未来应付租赁费的情况,这在一定程度上有助于报表使用者了解企业有关信息,但将这部分融资业务排除在财务报表之外,毕竟不利于完整反映企业的融资规模和相关财务风险。

国际会计准则理事会 2016 年 1 月发布了《国际财务报告准则第 16 号——租赁》(IFRS16),我国财政部 2018 年 12 月发布修订后的《企业会计准则第 21 号——租赁》,与 IFRS16 基本趋同。其中最主要变化是:除准则规定的豁免外,承租人不需要区分经营租赁和融资租赁,对所有承租业务(包括交易中资产转让不属于销售的售后租回,但作为简化处理的短期租赁或低价值租赁除外)均需确认使用权资产和租赁负债,即"入表"。

作为重资产行业,不少航空公司的资产来源于租赁。本文选取了多家上市航空公司,汇总发现其经营租赁飞机的数量在总资产中所占比重不低,具体情况见表1。除了东方航空和南方航空经营租赁飞机占比低于 40%,其余三家航空公司的占比接近或超过 50%,尤其是民营的吉祥航空,其经营租赁飞机占比高达 66.7%。而在现行租赁准则下,这些占比不低的重要资产,由于是以经营租赁方式租入,并不在资产负债表中反映。此外,汇总经营租赁承诺情况,如表 2 所示。其中,海南航空经营租赁最低付款额总计超过 960 亿元,而经营租赁最低付款额最少的东方航空也达到 320 亿元。在现行准则下,这些未来应偿付的经营租赁租金并不在资产负债表中反映。

表 1 截至 2018 年 12 月 31 日运营飞机情况表 单位:架

| 航空公司 | 经营租赁架数 | 融资租赁架数 | 自购飞机架数 | 报告期末合计 | 经营租赁占比 |
|---|---|---|---|---|---|
| 南方航空 | 326 | 232 | 282 | 840 | 38.8% |
| 春秋航空 | 40 | 1 | 40 | 81 | 49.4% |
| 东方航空 | 190 | 260 | 230 | 680 | 27.9% |
| 海南航空 | 268 | 49 | 146 | 463 | 57.9% |
| 吉祥航空 | 60 | 8 | 22 | 90 | 66.7% |

表 2 截至 2018 年 12 月 31 日经营租赁承诺情况表 单位:千元

| 项目 | 最低经营租赁付款额 | | | | |
|---|---|---|---|---|---|
| | 南方航空 | 春秋航空 | 东方航空 | 海南航空 | 中国国航 |
| 1 年以内(含 1 年) | 9 217 000 | 1 060 821 | 5 073 000 | 10 107 022 | 7 977 480 |
| 1 年以上 2 年以内(含 2 年) | 9 978 000 | 1 284 969 | 15 272 000 (1 年至 5 年) | 9 779 119 | 7 323 558 |
| 2 年以上 3 年以内(含 3 年) | 8 850 000 | 1 120 957 | 12 418 000 (5 年以上) | 9 606 167 | 6 743 612 |

（续表）

| 项目 | 最低经营租赁付款额 | | | | |
|---|---|---|---|---|---|
| | 南方航空 | 春秋航空 | 东方航空 | 海南航空 | 中国国航 |
| 3年以上 | 47 684 000 | 3 711 678 | | 66 784 751 | 29 350 789 |
| 合计 | 75 729 000 | 7 178 425 | 32 763 000 | 96 277 059 | 51 395 439 |

可以预见，当航空公司开始执行 2018 年颁布的《企业会计准则第 21 号——租赁》之后，将会有大量的资产和负债从表外移至表内，势必会对航空公司的资产负债率等财务指标造成影响。仅以资产负债率为例，一位中小航空公司的负责人表示，经营租赁入表对公司资产负债率的影响在 10% 以上。另外，由于入表的租赁资产需要计提折旧，应付租赁负债需要确认融资费用，企业的利润和所有者权益势必会受到影响。

 案例分析

## 看不清的负债

☞ **案例介绍**

XD 航空股份有限公司（简称 XD 航空）是在深圳证券交易所上市的公司，为民用航空运输企业，主营国内的航空客货运输业务兼营与航空有关的服务和经营性项目。航空业属于资本密集型行业，中国的航空公司普遍处于高负债经营状态，XD 航空同样面临着如何融通资金的问题，承受着机型结构不合理等因素所带来的经营压力。

2015 年，XD 航空为从根本上降低运营成本，逐步实现主力机型单一化，提高盈利能力，公司加快推进机队调整。XD 航空将一架 CRJ200 飞机转租给 ZF 航空；2015 年 6 月 7 日，又与某国际飞机租赁公司签订了短期租赁 2 架 B737-300 飞机的协议，租赁期限不少于 28 个月。2015 年 7 月 4 日，XD 航空与深圳 JK 租赁有限公司（简称 JK 租赁）签订《四架 SAAB 340 B 飞机买卖协议》《四架 SAAB 340 B 飞机租赁协议》，将 4 架 SAAB 340 B 飞机及相关航材设备等出售给 JK 租赁，出售价格为 360 000 000 元人民币，飞机出售后公司以经营租赁的方式回租，租期为 5 年。

2016 年，XD 航空将 2 架 CRJ-700 飞机出售给 JK 租赁并以经营租赁的方式回租，租期为 8 年，交易价格为 1 000 000 000 元人民币。报告期内公司已全部收到上述飞机出售所得款项。该公司在年报中称："上述交易实施后公司债务结构进一步合理与优化，资产负债率降低，公司偿债能力有所提高，有利于公司持续健康发展。"

XD 航空 2015 年年末与年初相比，负债总额上升 22.85%，主要是由于流动负债增加51% 所致，该年度长期借款和长期应付款略有下降。2016 年年末同年初相比，负债总额下降 9.4%，但是由于受长期借款大幅度增加和递延收益的影响，长期负债总额同比上涨高达72.5%。该公司在 2016 年年报中的解释是："长期借款期末数比期初数增加 208%，主要是本期由于购买 3 架 B737-700 飞机向中国银行 XX 分行、中国银行 XX 分行借款折人民币622 476 458 元，购买 4 架 B737-800 向中国民生银行借款人民币 1 152 080 000 元所致。"

XD 航空 2015 年与 2016 年年报中关于经营租赁付款承诺，以及售后回租产生递延收益的情况如下所述。

1. 2015 年飞机及相关设备不可撤销经营租赁的最低租赁付款额，如表 3 所示。

表 3　　　　　2015 年飞机及相关设备不可撤销经营租赁的最低租赁付款额 单位：人民币千元

|  | 年末数 | 年初数 |
|---|---|---|
| 资产负债表日后第一年 | 434 412 | 374 364 |
| 资产负债表日后第二年 | 440 804 | 328 426 |
| 资产负债表日后第三年 | 385 994 | 326 422 |
| 以后年度 | 740 396 | 994 850 |
| 合　计 | 2 001 606 | 2 024 062 |

2. 2015 年支付的其他与经营活动有关的现金，如表 4 所示。

表 4　　　　　2015 年支付的其他与经营活动有关的现金　　　　单位：人民币元

|  | 本年累计数 | 上年累计数 |
|---|---|---|
| 支付经营租赁飞机及发动机的押金 | 41 399 538 | 65 246 400 |
| 支付其他销售及管理费用的项目 | 388 998 822 | 230 293 722 |
| 合　计 | 430 398 360 | 295 540 122 |

3. 2016 年飞机及相关设备不可撤销经营租赁的最低租赁付款额，如表 5 所示。

表 5　　　　　2016 年飞机及相关设备不可撤销经营租赁的最低租赁付款额 单位：人民币千元

|  | 期末数 | 期初数 |
|---|---|---|
| 资产负债表日后第一年 | 562 220 | 434 412 |
| 资产负债表日后第二年 | 558 744 | 440 804 |
| 资产负债表日后第三年 | 555 268 | 385 994 |
| 以后年度 | 1 570 068 | 740 396 |

4. 2016 年支付的其他与经营活动有关的现金，如表 6 所示。

表 6　　　　　2016 年支付的其他与经营活动有关的现金　　　　单位：人民币元

|  |  |
|---|---|
| 支付往来款 | 74 750 640 |
| 支付赔偿款 | 25 358 746 |
| 支付的费用项目 | 436 337 002 |
| 合　计 | 536 446 388 |

5. 2016 年递延收益，如表 7 所示。

| 表7 | | | 2016年递延收益 | | 单位:人民币元 |
|---|---|---|---|---|---|
| 项　目 | 原值 | 期初数 | 本期摊销 | 累计摊销 | 期末数 |
| CRJ-700售后回租收益 | 19 483 492 | — | 1 391 688 | 1 391 688 | 18 091 804 |
| 合　计 | 19 483 492 | — | 1 391 688 | 1 391 688 | 18 091 804 |

6. 2017年XD航空将3架B737-800飞机交由JK租赁代为引进,并以经营租赁方式租入。首架飞机已于2017年6月21日到位投入运营。2017年该公司分别与BC公司和RA公司各签订短期经营租赁1架B737-300飞机的协议,2架飞机已分别于2017年1月和5月到位并投入运营。XD航空2017年半年报中没有关于最低经营租赁付款承诺的内容。

7. 2016年提前终止4架SAAB 340 B飞机及配套航材的经营租赁协议,向JK租赁支付赔偿款25 358 746元。

8. XD航空的利润构成,如表8所示。

| 表8 | | 2015—2017年利润构成 | |
|---|---|---|---|
| 项目　　　　　　年度 | 2017年度 | 2016年度 | 2015年度 |
| 营业收入(万元) | 236 465.26 | 207 850.24 | 136 228.52 |
| 营业成本(万元) | 193 714.18 | 160 609.06 | 130 557.32 |
| 销售费用(万元) | 14 943.48 | 15 862.44 | 9 192.82 |
| 财务费用(万元) | 9 713.04 | 11 974.86 | 12 526.24 |
| 管理费用(万元) | 11 653.3 | 9 356.58 | 6 272.86 |
| 投资收益(万元) | 173.94 | 439.34 | 60.2 |
| 利润总额(万元) | 1 003.94 | 5 231.44 | −24 528.56 |

9. XD航空的部分现金流量表项目,如表9所示。

| 表9 | | 2015—2017年部分现金流量表项目 | |
|---|---|---|---|
| 项目　　　　　　年度 | 2017年度 | 2016年度 | 2015年度 |
| 处置固定资产、无形资产和其他长期资产收回的现金净额(元) | 47 490 | 1 010 100 942 | 199 535 830 |

☞ **资料来源**

XD航空2015年年报、2016年年报、2017年年报。

☞ **依据及相关法规**

《企业会计准则第21号——租赁》(2018年修订,自2019年1月1日起分批施行)。

☞ **案例思考题**

1. 分析本案例有关资料,指出XD航空2015—2017年可能存在的表外融资事项。透过报表,能否说出这些融资项目产生的现金流入、未来应承担的负债总额,以及这些融资项目所负担的资金成本?并试分析表外融资与表内融资的区别。

2. 结合经济环境和公司内部情况,分析 XD 航空采用这些表外融资方式的原因。试论述是否如报表中所说,XD 航空采取这些措施达到了优化企业财务状况的目的。

☞ **讨论与分析**

1. XD 航空的表外融资主要来自售后经营性回租和经营性租入固定资产。2015—2017年,具体表现为 2015 年经营性租入 2 架 B737-300 飞机,售后租回(经营租赁)4 架 SAAB340B 飞机及相关航材设备;2016 年售后租回(经营租赁)2 架 CRJ-700 飞机;2017 年经营性租入 3 架 B737-800 飞机(1 架投入运营)和 2 架 B737-300 飞机的协议(全部投入运营)。

2015 年售后租回交易,交易价格为 360 000 000 元人民币,如果全部收到将会产生 3.6亿元的处置固定资产现金流入。而 2015 年年报中对该笔交易货币资金的收入及其产生递延收益的情况没有披露,只能从现金流量表中看到 2015 年处置固定资产、无形资产和其他长期资产收回的现金净额接近 2 亿元。2016 年售后租回交易,总金额为 10 亿元,按报表中所述已经全部收到。而 2016 年处置固定资产、无形资产和其他长期资产收回的现金净额高达 10.1 亿元。可见两次售后租回交易都对当年该公司维持资金链顺畅做出了较大的贡献。对比售后经营性租回,单纯的经营租赁这种表外融资形式在初期不会为企业带来大量的现金流入,但是它为企业省去了初期购买固定资产的一笔巨大的资金投入。

对于这些表外融资所产生的负债,尽管报表附注中有关于经营租赁付款承诺的表述,但是应付经营性租金是综合列示,并且只反映不可撤销经营性租赁最低付款额,因此,对于表外融资所引起的负债总额以及这些负债的资金成本却很难单纯从报表分析中得出结果。例如,2015 年飞机及相关设备不可撤销经营租赁的最低租赁付款总额年末数小于年初数,很难判断 2015 年表外融资事项产生的负债是否包含在其中。另外,XD 航空在 2017 年半年报中没有披露最低经营租赁付款承诺。

表内融资如借款购买固定资产和融资性租赁,其相关的资产和负债都在报表中反映,并且纳入各种财务指标的计算,在报表附注中对负债的细节还进行说明。而表外融资相关的资产和负债只在报表附注中概括说明,财务分析中使用的各种财务指标(包括偿债能力)一般不考虑表外融资项目,即表外融资带来的如租金支付等未来负债在财务指标中很难得到反映。

2. XD 航空从 2015 年开始采用的表外融资措施与其面临的一系列问题是分不开的。2015 年 XD 航空面临主营业务收入锐减,经营性现金流量呈现入不敷出的局面。此时,XD 航空采取售后租回的措施,带来的现金流入可谓雪中送炭。2015 年年末,XD 航空流动负债大幅增加,总额达 49.8 亿元,2016 年该公司必须尽可能筹资偿还到期流动负债。另外,2016年 XD 航空有大笔的飞机采购计划,同样面临巨大的资金需求,此时该公司其他方面的融资受限,且不满足发行债券的条件,于是公司一方面寻求银行借款(包括抵押借款);另一方面又采取售后租回方式,获得了 10 亿元的现金流入,解决了融资问题,同时还不影响企业的经营。

XD 航空采用表外融资方式引入固定资产,与公司的机型结构不合理等因素有关。由于受资金限制,公司不可能在短期内大量自主购买以调整机型结构,只能通过经营性租赁等方式来满足需求。2015 年,XD 航空转租 1 架 CRJ200 飞机,售后回租 4 架 SAAB340B 飞机(2016 年退租),以及通过表外融资方式引进安全性高、经济性好的 B737-300 飞机。以上措施都可能是从调整机型结构、增强 XD 航空安全保障能力和提升经营业绩角度考虑,而且也在一定程度上帮助 XD 航空走出亏损困境。

虽然 XD 航空通过经营性租赁和售后经营性租回等表外融资方式解决了这几年面临的问题,但是这些措施从某些方面看只是暂时解决了表层问题。由于剔除了表外融资产生的负债,这些措施使报表中反映的资产负债率等财务指标得到优化,但并没有解决该公司面临的资产负债率过高、财务风险较大、偿债能力较低等深层次的问题。

例如,从 2016 年报表中得知,XD 航空在 2016 年提前中止了 4 架 SAAB 340B 飞机及配套航材的经营性租赁协议,为此 XD 航空支付了 25 358 746 元的赔偿款。对于这个事项,XD 航空在报表中没有解释原因,可能是根据市场状况调整机型结构的结果。但这一事项说明表外融资也面临风险,其可能承担的负债不但包括租金支出还包括未来的违约赔款,而这些债务都没有纳入报表,在附注中的反映也不全面,因此,相应的财务风险没有充分体现,可能会导致企业管理者和投资者盲目乐观。如果不加节制发展表外融资,潜在财务风险会越聚越大,对企业本身以及股东等利益相关者都会带来危害。例如,在安然事件中,安然公司就是通过与特殊目的实体之间错综复杂的关联交易来达到转移、隐匿负债,粉饰其本身财务报表的目的,最终导致众多投资者遭受无法挽回的巨大损失。

对于 XD 航空要解决资金需求以及内部机型结构不合理等问题,不仅要优化债务结构、改善财务状况以及提升经营业绩,还需要从提高经营效益、降低成本以及扩大收入来源等多方面努力。例如,2017 年中期 XD 航空的利润总额为 1 003.94 万元,相比 2016 年同期下降不少,主要由于 2017 年油价大幅上涨,使营运成本上升以及投资收益不好。可见一味采取表外融资方式,不注重从根本上降低成本、提高经济效益,经营业绩就无法保持稳定增长,并且会使财务风险越聚越多,最终可能危及公司的持续经营以及广大股东和债权人的利益。

从 XD 航空的报表中可以看出,企业虽然在一定程度上披露了表外融资,但是其披露不够规范和充分。要想杜绝企业通过表外融资的方式隐匿负债、粉饰报表,从会计规范角度来看,除了加强以租赁方式进行融资的信息披露外,还应将该类融资纳入表内,全面反映企业因租赁交易取得的权利和承担的相关义务,以便将租赁导致的负债纳入反映企业财务状况、偿债能力、信用风险特征的指标体系,提升财务报表信息的透明度和可比性,更好地满足报表使用者的需求,有利于企业实施业务管理与财务管理联动,加强风险的防范及化解。

会计准则规范经济业务的确认、计量和列报,而社会经济和会计实务的发展又推动会计准则的改革与完善。案例中反映的经营租赁业务所产生的表外融资问题,引起了会计准则制定机构的高度重视,对租赁准则做了重大修订。2016 年 1 月,国际会计准则理事会(IASB)发布了《国际财务报告准则第 16 号——租赁》,于 2019 年 1 月 1 日起生效。2018 年12 月,我国财政部发布了《企业会计准则第 21 号——租赁(修订)》(以下简称新租赁准则),

自 2021 年 1 月 1 日起施行。新租赁准则要求承租人不再区分经营租赁和融资租赁,采用单一模型,确认使用权资产和租赁负债。只要不满足特殊情况的要求,承租人对租赁产生的使用权资产和负债都要在报表中反映。通过经营租赁进行表外融资,隐瞒负债,美化财务指标的做法将不再可行。

鉴于案例中显示的航空公司租入资产中经营租赁所占的比重不小,新租赁准则的实施会对航空公司的财务报表和相关指标等带来很大影响,特别是那些经营租赁方式引进飞机居多的中小航空公司。但是将经营租赁方式的融资"入表"只是还其本来面目罢了。除影响资产和负债之外,新租赁准则预计对航空公司的费用、利润、所得税会计处理也将会产生一定的影响。

☞ **参考文献**

聂琳:"新租赁准则对航空公司的影响",中国注册会计师,2019 年 01 期。

刘睿洁 指导并作重大修改

04017001 班 都 灵 04017002 班 陈 蓓 04017004 班 秦学英

## 第六节 债务重组及其对财务影响

任何公司不会因为上市成功就从此一劳永逸,面对政策、市场、管理等不断变化的情形,即使是上市公司也可能面临挑战和困境。最常见的现象就是公司的"造血功能"出现问题,诸如面临无法偿还到期债务,流动资金短缺,违约债务增加等资金链周转危机。面对债务偿还危机,可能出现债务人以资产清偿债务、将债务转为权益工具清偿债务,当然也会采用调整债务本金、改变债务利息、变更还款期限等方式修改债权和债务的其他条款等形式解决危机,这些就形成了重组债权和重组债务。

当债权人对债务人做出一定让步,此时是有利于债务人的,因此,通过修改偿还条件是会影响到债务人的财务状况和经营成果的,这也导致了由于重组产生的利得会被债务人用来进行盈余管理。也因此,该情形在企业会计准则的多次修订中,一波几折,是计入当期损益还是计入权益项下也是颇多争议。在最新的修订后的《企业会计准则第 12 号——债务重组》(2019 年修订)准则中,明确了债务人获得的债务重组收益,根据与交易对手的不同,区分债权人或债务人中的一方是否存在股权或控制关系及交易的性质,分别计入当期损益或适用权益性交易。

通过积极的债务重组,可以降低企业的资产负债率,改善企业的财务结构;可以盘活资产;可以恢复上市公司的融资功能;可能使有的企业"起死回生"。

在实务中,那些偿债发生困难的企业家家有本难念的经。因为公司的经营状况恶化,其能拿得出手的抵债资产也是相当有限的。债权债务关系通常牵涉复杂的多角关系:债权人(多方)、债务人(含大股东、子公司或其他关联公司)、连带债务人、担保人等。债务重组协议也往往不是仅仅甲乙两方之间的协议,而是经多方协商签订的一揽子协议。债务重组能否成功,就要取决于所有债权人是否都肯妥协和让步。只要有一方不同意,重组协议就会流产。因此,债务重组的过程,是与各方关系人不断协调的过程,也是各方利益均衡的过程,常常历经艰难。但毕竟通过积极的债务重组,可以降低企业的资产负债率,改善企业的财务结构;可以盘活资产;可以恢复上市公司的融资功能;可能使有的企业"起死回生"。由于债务重组产生的豁免收益可以计入当期损益,这使得债务人尤其是那些被标记为 ST 的上市公司会在危急关头极尽所能地去促成重组协议,以达到改善财务报表的目标,从而"凤凰涅槃",成功摘帽。

 案例分析

## "捆绑式"债务重组使 A 公司"起死回生"

☞ **案例介绍**

A 公司由于被其大股东 A 集团及关联公司长期占用资金,最高峰时期,以 A 公司名义借款达 9 亿多元,其向银行借入的资金基本上是一个口袋进,一个口袋出,致使 A 公司应收 A 集团及关联公司的债权也越来越多。相应由借款产生的担保、反担保、被担保的连环债务使得 A 公司及其关联公司都陷在套里,谁也动不了。A 集团不得不考虑与 A 公司一起通过债务重组来摆脱彼此的财务困境。A 公司及其股东于 2016 年年末开始实施债务重组方案。A 公司在 2016 年年末,全年利润只有 500 多万元,资产负债率近 80%,留存收益为 -1.41 亿元。

截至 2016 年 12 月 31 日,A 公司在其所有借款中需要进行债务重组的款项达 8.29 亿元,同时 A 公司应收大股东及其他关联方的款项高达 10.6 亿元。期间,A 公司需要和 13 家银行及其分支机构签订各类债务重组协议。

1. 部分债务重组交易介绍。

(1) A 公司及 A 集团与 W 信用合作社联合社的债务重组。A 公司与 W 信用合作社联合社签订债务重组协议:由 A 公司归还 4 480 万元以及利息 520 万元,其余的罚息和部分利息予以免除,不做追索。

A 公司于 2019 年 1 月支付了本息 5 000 万元。A 公司账面剩余的计提利息 1 040 万元,实际由 A 集团以土地折价 733.7 万元补偿银行,同时 A 公司减少对 A 集团 733.7 万元的债权,转回坏账准备 73.37 万元(根据 A 公司会计政策,对关联公司应收债权按余额的 10% 计提特别准备)。

(2) A 公司及 A 集团与 J 银行的债务重组。A 公司与 J 银行签订债务重组协议:A 公司原贷款 6 272 万元,由 A 集团的子公司 B 公司承担担保责任归还 993 万元,由 A 集团的子公司 C 公司承担担保责任归还 985 万元,剩余贷款由 A 公司归还本金 894 万元,剩余 3 400 万元由该银行办理借新还旧。

2019 年 1 月,各方履行了协议约定,但实际操作中,缘由 B、C 公司承担的连带责任 1 978 万元继续以 A 集团的名义向 A 公司索讨,同时,A 公司抵减了对 A 集团的应收债权 1 978 万元。

(3) A 公司和 A 集团的一揽子债务重组协议。A 公司和 A 集团从 2016 年开始一直在

以各种方式解决资金占用问题,截至 2019 年 3 月 30 日,A 集团仍欠 A 公司 42 800 万元(账面已计提特别准备 4 280 万元),净额为 38 520 万元。于是,又签订了一系列的债务重组协议:A 公司以其拥有的对 A 集团的债权 38 520 万元(账面价值)与 A 集团及其下属企业持有的 D 公司 20% 的股权、E 公司 46.84% 的股权、F 公司 40% 的股权、1 381 117 平方米土地使用权以及 680 万元现金资产进行资产置换,具体如表 1 所示。

表 1 A公司投入资产和换出债权情况

| A 公司换入资产 | 公允价值(万元) |
|---|---|
| D 股权 | 26 000.00 |
| E 股权 | 220.00 |
| F 股权 | 680.00 |
| 土地使用权 | 14 000.00 |
| 小计 | 40 900.00 |
| 现金 | 680.00 |
| 合 计 | 41 580.00 |
| A 公司换出债权 | 账面价值(万元) |
| 债权账面余额 | 42 800.00 |
| 减:减值准备 | 4 280.00 |
| 账面价值 | 38 520.00 |

注:A 公司已对该债权提足减值准备,相关债权账面价值基本与其公允价值一致。

2. 实施一系列债务重组的整体情况。

A 公司实施的债务重组均与 A 集团有关,同期并未单独与无关联的其他方进行债务重组。根据所有披露的债务重组信息,2016—2019 年 A 公司分别以下列资产进行债务重组以偿还银行债务,如表 2 所示。

表 2 2016—2018 年 A 公司债务重组资产

| 抵债资产及抵债方式 | 偿债金额(万元) |
|---|---|
| 以土地抵债 | 8 005 |
| 以土地、股权抵债和以现金清偿组合 | 45 664 |
| 以债权抵债和以现金清偿组合 | 12 212 |
| 以现金清偿 | 16 998 |
| 合 计 | 82 879 |

注:土地、拍卖的房产均为 A 集团所拥有的资产;股权为 A 集团所拥有的对 A 公司的股份。A 公司已对上述债权提足减值准备,相关债权账面价值基本与其公允价值一致。

2016—2019 年,A 公司签订并实施完成的债务重组协议所涉及的欠银行债务,如表 3 所示。

| 表3 | | 2016—2019 年 A 公司债务重组的银行借款金额 | | | 单位:万元 |
|---|---|---|---|---|---|
| 项　目 | 2016 年 | 2017 年 | 2018 年 | 2019 年 | 合计 |
| 债务重组的银行借款金额 | 29 705.00 | 47 995.70 | 4 678.30 | 500.00 | 82 879.00 |

由于本案例情况比较复杂,债务重组牵涉的债务人多、银行多、时间长、金额大,并由多种不同方式混合重组,与作为债权人的银行签订债务重组协议以及实施协议均花费了相当大的精力,从 2016 年 12 月开始一直到 2019 年 9 月才基本结束,A 公司基本走出资金链的怪圈,在债务重组的过程中,Λ 公司还对公司的治理结构进行了整顿和梳理。所有债务重组协议完成后,A 公司共计享受到豁免利息 1 371.10 万元。A 公司 2019 年中期已实际完成净利润达 10 029.61 万元。

3. A 公司 2016—2019 年的财务状况。

A 公司 2016—2019 年的财务状况,如表 4 所示。

| 表4 | 2016—2019 年 A 公司财务数据 | | | 单位:万元 |
|---|---|---|---|---|
| 项　目 | 2016 年<br>12 月 31 日 | 2017 年<br>12 月 31 日 | 2018 年<br>12 月 31 日 | 2019 年<br>6 月 30 日 |
| 应收债权——关联债权 | 106 156.40 | 43 298.28 | 40 097.44 | — |
| 流动资产 | 119 592.55 | 63 979.34 | 63 524.84 | 33 336.18 |
| 总资产 | 134 127.57 | 124 163.47 | 129 627.81 | 155 591.56 |
| 借款余额 | 88 407.00 | 55 676.12 | 48 907.35 | 66 713.74 |
| 负债总额 | 106 043.66 | 83 464.69 | 84 246.53 | 98 452.24 |

☞ **案例背景**

某上市公司 A 公司,由 16 家国有企业采用定向募集方式组建成立。1996 年 5 月,经中国证监会批准,向社会公众公开发行 3 250 万股 A 股,于 1996 年正式挂牌上市。A 公司属于综合类型的股份制企业,截至 2004 年 12 月 31 日,股本总额为 237 934 848 元,其中:国有股为 105 262 848 元,国有法人股为 46 080 000 元,人民币普通股为 86 592 000 元。A 公司原经营范围比较广泛,无突出主营业务,上市以后因公司治理结构不完善,A 公司董事长身兼 A 集团公司以及集团所控制子公司的董事长,A 集团为 A 公司国有股的股东。以 A 公司名义向银行借入达数亿元的资金却被 A 集团及关联公司长期占用并投向房地产项目,由于经营不善形成烂尾工程,致使资金无法归还 A 公司。A 公司连续几年均因股东占用巨额资金而被注册会计师出具保留意见的审计报告。

☞ **资料来源**

A 上市公司 2016—2019 年年报。

☞ **依据及相关法规**

1.《企业会计准则第 12 号——债务重组》(2019 年修订)。

2.《企业会计准则第 20 号——企业合并》。

3.《企业会计准则第 22 号——金融工具确认和计量》(2017 年修订)。

4.《企业会计准则第 39 号——公允价值计量》。

5.《关于做好执行企业会计准则企业 2008 年年报工作的通知》(财会函〔2008〕60 号)。

6.《关于做好上市公司 2009 年年度报告及相关工作的公告》(证监会公告〔2009〕34 号)。

☞ **案例思考题**

1. 以 A 公司及 A 集团与 W 信用合作社联合社及 J 银行的债务重组为例,说明 A 公司清理三角债获得的让步收益应该如何确认。

2. A 公司和 A 集团在一揽子债务重组协议中以多项资产清偿债务或者组合方式进行了债务重组,A 公司作为债权人应如何确认和计量受让资产的成本?

3. 本案例中债务重组完成后对 A 公司财务状况的影响如何?

☞ **讨论与分析**

1. 清理三角债对 A 公司确定债务重组收益的影响。

由于债务重组背景的复杂性,本案例中除了 A 公司是银行的债务人外,A 公司还是 A 集团及关联公司的债权人,即 A 公司、银行、A 集团及关联公司形成了三角债关系。而清理三角债最有效的方法就是将所涉及的债权债务各方捆绑在一起解决。本案例中,A 集团用部分资产进行了三角债的处置,从而获得银行的豁免。

根据《企业会计准则第 12 号——债务重组》(2019 年修订)的规定:债权人或债务人中的一方直接或间接对另一方持股以股东身份进行债务重组的,或者债权人与债务人在债务重组前后均受同一方或相同的多方最终控制,且该债务重组的交易实质是债权人或债务人进行了权益性分配或接受了权益性投入的,适用权益性交易的有关会计处理规定。以下以 A 公司及其关联方与 W 信用合作社联合社及 J 银行的债务重组为例分别进行分析。

(1) A 公司及 A 集团与 W 信用合作社联合社的债务重组。A 公司与某信用合作社联合社签订债务重组协议:由 A 公司归还 4 480 万元以及利息 520 万元,其余的罚息和部分利息予以免除,不做追索。A 公司于 2019 年 1 月支付了本息 5 000 万元。A 公司账面剩余的计提利息 1 040 万元,实际由 A 集团以土地折价 733.7 万元补偿银行,剩余利息 306.3 万元由此得以免除,如果该利息豁免是与无关联第三方进行的公允交易达成的,则属于 A 公司作为债务人的重组利得计入当期损益,由于 A 集团与 A 公司存在关联关系,而同期 A 公司并未单独与无关联的其他方进行债务重组,缺乏参照,基于谨慎性原则,A 公司需将该交易视作权益性交易,将相关重组收益计入资本公积。同时减少对 A 集团 733.7 万元的债权,转回坏账准备 73.37 万元也需计入资本公积。因为本案一揽子重组协议中,A 公司作为其关联股东的债权人,由 A 集团代为偿还了 A 公司的债务,并由此获得了银行的豁免利息收益,该交易符合 A 公司、A 集团以及银行的三方利益诉求,是真实交易,因此,根据准则规定相关收益部分应适用权益性交易的会计处理。除了因该交易 A 公司获得豁免的利息应计入资本公积外,由于 A 集团作为 A 公司的债务人,是与 A 公司及其债权人——银行捆绑在一起进行债务重组的,A 集团以其资产抵减 A 公司的债务相应减少了 A 公司对 A 集团的债权,原来计提的坏账准备应在抵减 A 公司银行债务的同时,也转入资本公积,而不应视同坏账准备的转回计入当期损益,即 A 公司在整个债务重组事件中,增加的资本公积为银行豁免的利息与转销对 A 集团相关债权所提坏账准备之和。

(2) A 公司及 A 集团与 J 银行的债务重组。A 公司与 J 银行签订债务重组协议:公司原贷款 6 272 万元,由 B 公司承担担保责任归还 993 万元,由 C 公司承担担保责任归还 985 万元,剩余贷款由公司归还本金 894 万元,剩余 3 400 万元由该银行办理借新还旧。从表面上看,由担保方承担的义务 1 978 万元(993+985)对 A 公司而言似乎应形成债务重组收益。差矣! 因为在实际操作中,由于 B 公司、C 公司与 A 集团为关联公司,通过 A 集团与 B、C 公司的协议,原由 B 公司、C 公司承担的连带责任 1 978 万元继续以 A 集团的名义向 A 公司索讨,这样一来就变成了 A 公司抵减了对 A 集团的应收债权 1 978 万元。A 公司、B 公司、C 公司同受 A 集团控制,仍属于适用权益性交易的规则,整个协议实施完毕后,尽管 A 公司实际上并未从该项债务重组中获得让步收益,但其因减少债权相应转回的坏账准备仍应计入资本公积。

《企业会计准则第 12 号——债务重组》(2019 年修订)适用于 2019 年 1 月 1 日起发生的债务重组交易,2019 年 1 月 1 日之后,A 公司及其关联方与银行的债务重组收益需作为权益性交易收益计入资本公积,那么 A 公司如何确认在 2019 年 1 月 1 日之前发生的债务重组收益? 我们认为,A 公司在 2019 年 1 月 1 日之前获得的债务重组收益也不能计入当期损益,而需计入资本公积。因为权益性交易的会计处理原则并非财政部 2019 年才提出的,早在 2008 年财政部就通过《关于做好执行企业会计准则企业 2008 年年报工作的通知》(财会函〔2008〕60 号)规定:"如果接受控股股东或控股股东的子公司直接或间接的捐赠,从经济实质上判断属于控股股东对企业的资本性投入,应作为权益性交易,相关利得计入所有者权益(资本公积)",证监会也在《关于做好上市公司 2009 年年度报告及相关工作的公告》(证监会公告〔2009〕34 号)中规定:"上市公司的控股股东、控股股东控制的其他关联方、上市公司的实质控制人等与上市公司之间发生的交易,如果交易价格显失公允,上市公司对于取得的超过公允价值部分的经济利益流入应比照上述原则处理",A 公司通过与 A 集团及其下属子公司的债务重组而获得债务重组收益,实际上是 A 集团对 A 公司的资本性投入,按照权益性交易会计处理原则,此部分债务重组收益本就该计入资本公积。

2. 在本案例中,A 公司既是债务人又是债权人,A 公司在处置清偿欠银行债务的同时,也要求 A 集团清偿欠 A 公司的债务。

A 公司和 A 集团签订一揽子债务重组协议:A 公司以其拥有的对 A 集团的债权 38 520 万元(账面价值)与 A 集团及其下属企业持有的 D 公司 20% 的股权、E 公司 56.84% 的股权、F 公司 70% 的股权、1 381 117 平方米土地使用权以及 680 万元现金资产进行资产置换。

但由于本案债务人 A 集团是债权人 A 公司的控股股东,该交易涉及关联方的利益输送,我们认为,A 公司获得的债务重组收益是具有权益性投入性质的,该交易适用于权益性交易的会计处理,A 公司需将本次交易中取得的超过公允价值部分的经济利益流入计入资本公积。假如不考虑应支付的相关税费,A 公司受让的现金、联营企业 D 公司、E 公司、F 公司以及无形资产分别按照各自的公允价值入账,共计 41 580 万元,该入账价值与置出债权的账面价值 38 520 万元的差额 3 060 万元需计入资本公积。

3. 债务重组对 A 公司的财务状况的影响。

债务重组实施完成后,对公司的财务指标将产生重大影响,对公司进一步发展起到了至关重要的作用。那么从 2016 年 12 月到 2019 年 6 月期间,债务重组对 A 公司财务状况的影响,如表 5 所示。

| 表 5 | 债务重组对 A 公司财务状况的影响 | | | 单位:万元 |
|---|---|---|---|---|
| 项　目 | 2016 年<br>12 月 31 日 | 2017 年<br>12 月 31 日 | 2018 年<br>12 月 31 日 | 2019 年<br>6 月 30 日 |
| 应收债权——关联债权 | 106 156.40 | 43 298.28 | 40 097.44 | |
| 流动资产 | 119 592.55 | 63 979.34 | 63 524.84 | 33 336.18 |
| 应收债权/流动资产 | 88.77% | 67.68% | 63.12% | 0 |
| 总资产 | 134 127.57 | 124 163.47 | 129 627.81 | 155 591.56 |
| 应收债权/总资产 | 79.15% | 34.87% | 30.93% | 0% |
| 借款余额 | 88 407.00 | 55 676.12 | 48 907.35 | 66 713.74 |
| 负债总额 | 106 043.66 | 83 464.69 | 84 246.53 | 98 452.24 |
| 借款余额/负债总额 | 83.37% | 66.71% | 58.05% | 67.76% |
| 资产负债率 | 79.06% | 67.22% | 64.99% | 62.63% |

从以上数据看到,A 公司应收关联债权占流动资产以及总资产的比例从 2016 年年末的 88.77%、79.15%,到 2019 年中期完全无关联方占用上市公司资金;借款占总负债的比例由 2016 年年末的 83.37% 下降到 2019 年中期的 67.76%。通过类似协议进行债务重组,A 公司资产负债率迅速下降,从 2016 年的近 80% 下降到 2019 年的 62%。资产结构也发生了重大变化,原来作为流动资产的应收债权实际变现能力几乎为零,经过重组后,换回了有升值潜力的土地,重新注入了有造血功能的子公司以及现金。A 公司在 2016 年年末,全年利润只有 500 多万元,资产负债率近 80%,留存收益为 −1.41 亿元,但在 2019 年中期就已实际完成净利润达 10 029.61 万元。同时我们注意到,在债务重组的过程中,A 公司对公司的治理结构进行了整顿和梳理。

通过对以上案例的分析,可以发现企业的债务重组,往往还涉及资产整合、清理三角债等其他重大事项,我们不能孤立地、就事论事地对待会计问题,只有将整个事件联系起来分析和处理,才可能处理得更合理,才可能提供更可靠、更相关的会计信息。在关联方之间进行债务重组时,需要关注是否存在关联方利益输送。通常情况下的债务重组交易中,债务人不会支付超过债权公允价值的现金或资产,债权人不会获得债务重组收益。但本案例中债权人与债务人存在关联方关系,则债务人很可能愿意向债权人支付超过债务公允价值的现金或资产,该超过债务公允价值的金额就是债务人对债权人的资本性投入,具有权益性交易的性质,债权人需将债务人支付的超过债务公允价值的金额计入资本公积。

## 第七节　金融负债与权益工具的区分

传统意义上的企业融资行为,通常分为债务融资(发行公司债、向银行借款等)和股权融资(发行普通股等)。然而近年来,企业发行兼具债务和股权特征的复合金融工具的业务日益增多。例如,企业发行永续债、永续票据、优先股等,或者向银行借入可续期借款等。这些金融工具因不是传统意义上的债,也不是传统意义上的股,对于发行方而言,不能因为其名义上称为债而分类为负债,也不能因为其名义上称为股而分类为权益。

企业应当根据《企业会计准则第 37 号——金融工具列报》中有关金融负债和权益工具的区分的规定,对所发行的兼具债和股特征的复合工具进行恰当的分类。

企业发行永续债、优先股或其他类似金融工具,最关键的会计处理问题在于该金融工具应当分类为负债还是权益,其余的会计问题都是由此而衍生的。而由于此类金融工具合同条款的多样化,任何一个条款都有可能会影响到关于分类为负债还是权益的判断。因此,理论上讲,企业发行的此类金融工具进行初始确认时,需要仔细分析发行合同中的所有条款。

 案例分析

## 是“债”还是“股”

☞ **案例介绍**

ABC 公司在 XX 金融交易所发行永续债权融资计划,募集资金 10 亿元。该永续债权融资计划是 XX 金融交易所债权融资计划的含权类子品种,比照永续中票进行条款设计。主要挂牌条款摘录,如表 1 所示。

表 1　　　　　　　　　ABC公司永续债权融资计划主要挂牌条款摘录

| 项目 | 具体条款 |
|---|---|
| 本期债权融资计划期限 | 3＋N 年 |
| 融资人赎回选择权 | 融资人有权于首个赎回日和对应赎回日行使赎回选择权…… |
| 首个赎回日/首个票面利率重置日 | 2020 年 1 月 20 日 |
| 对应赎回日/票面利率重置日 | 指首个赎回日起每满 3 年之对应日,若该年不存在对应的日期,则以特定日期在该年的对应月的最后一日为对应日 |
| 票面利率 | 前 3 个计息年度的票面利率为初始基准利率加上初始利差,初始利差为票面利率与初始基准利率之间的差值。<br>如果融资人不行使赎回权,则从第 3 个计息年度开始,票面利率调整为当期基准利率加上初始利差再加上 300 个基点,在第 4 个计息年度至第 6 个计息年度内保持不变。<br>此后每 3 年重置票面利率,以当期基准利率加上初始利差再加上 300 个基点确定 |

（续表）

| 项目 | 具体条款 |
|------|---------|
| 起息日期 | 2017 年 1 月 20 日 |
| 递延支付利息条款 | 除非发生强制付息事件,在本期债权融资计划的每个付息日,融资人可自行选择将当期应付利息以及按照本条款已经递延的所有利息及其孳息推迟至下一个付息日支付,且不受到任何递延支付利息次数的限制;前述利息递延不构成融资人未能按照约定足额支付利息的违约行为。<br>若融资人选择递延支付利息,则当期应付利息按照当期票面利率加上 300 个基点确定,于下一个付息日支付或继续递延;若融资人于某个付息日继续递延之前未支付的利息,则应付利息的利率不再向上调整 |
| 强制付息事件 | 付息日前 12 个月内,发生以下事件的,融资人不得递延当期利息以及按照本条款已经递延的所有利息及其孳息:<br>(1) 各种形式的股东分红,包括但不限于向普通股、优先股股东分红,上缴利润等。<br>(2) 减少注册资本 |
| 利息递延下的限制事项 | 融资人有递延支付利息的情形时,直至已递延利息及其孳息全部清偿完毕,不得从事下列行为:<br>(1) 各种形式的股东分红,包括但不限于向普通股、优先股股东分红,上缴利润等。<br>(2) 减少注册资本 |

☞ **依据及相关法规**

1.《企业会计准则第 37 号——金融工具列报》(2017 年修订)。

2.《企业会计准则第 37 号——金融工具列报》(2017 年修订)应用指南。

3.《永续债相关会计处理的规定》(财会〔2019〕2 号)。

☞ **案例思考题**

1. ABC 公司发行的永续债权融资计划,是否满足分类为权益的条件,哪些条款会导致该永续债权融资计划无法分类为权益?

2. 如果 ABC 公司拟将发行的续债权分类为权益,你建议对哪些条款进行修改?

☞ **讨论与分析**

1. ABC 公司发行的永续债权不满足分类为权益的条件。

企业不能无条件地避免以交付现金或其他金融资产来履行一项合同义务的,则该合同义务符合金融负债的定义,也就是说,如果企业发行的金融工具合同中存在需要向其他方交付现金(或其他金融资产)的义务,或潜在不利条件下交换金融资产的义务,则该合同条款构成企业的一项负债。ABC 公司发现的永续债权符合金融负债的定义,不满足分类为权益的条件,我们对于主要挂牌条款的具体分析如下:

金融工具的现金流量体现为本金和利息,因此,在分析一项金融工具是否符合权益的定义时,要分析发行人是否可以无条件地避免本金和利息的偿付,换言之,要分析发行人是否可以自主决定本金和利息的偿付。

　　(1) 本金是否需要偿还。该债权融资计划的期限为 3＋N 年,根据发行条款,从计息日 2017 年 1 月 20 日开始,到 2020 年 1 月 20 日,为第一个 3 年。ABC 公司可以在第一个 3 年的到期日,选择是否赎回本金,如果不赎回,则 3 年以后再行使是否赎回的选择权,以此类推。由上述条款本身可以判断,发行人可以自主决定是否偿还本金,该债权融资计划的期限是永续的。本金赎回的条款本身不会导致该计划分类为负债。

　　(2) 利息是否需要支付。根据挂牌条款,除非发生强制付息事件,在本期债权融资计划的每个付息日,发行人可自行选择将当期应付利息以及之前已经递延支付的利息及其孳息推迟至下一个付息日支付,且不受到任何递延支付利息次数的限制;前述利息递延不构成发行人未能按照约定足额支付利息的违约行为。

　　强制付息事件是指,付息日前 12 月内,发生以下事件的,发行人不得递延当期利息以及之前已经递延的所有利息及其孳息。①各种形式的股东分红,包括但不限于向普通股、优先股股东分红,上缴利润等;②减少注册资本。

　　发行人可以自主决定是否偿付利息,但是受制于强制付息事件。这里就需要进一步分析强制付息事件是否是发行人可以自主决定的事项。如果发行人可以自主决定强制付息事件的发生,则发行人可以自主决定是否偿付利息;反之,则不能。强制付息事件中的向普通股分红,和减少注册资本,通常认为是发行人可以自主决定的事项。但是,向优先股股东分红和上缴利润,则不一定。优先股的股利要根据具体合同条款分析,不一定是发行人可以自主决定的,如果发行人之前已经发行过此类优先股,或者发行人将来有可能发行此类优先股,则可能因为向优先股股东分配股利是发行人的一项义务,从而导致该强制付息事件无法由发行人自主决定。同样道理,上缴利润在一些国有企业中是一项按照国资委要求必须履行的义务,也属于企业无法自主决定的强制付息事件。

　　综上,ABC 公司是否可以自主决定利息的偿付,具有很大的不确定性。本条款有可能会导致该债权融资计划分类为负债。

　　(3) 利率跳升机制是否形成间接的合同义务。在分析完本金和利息的偿付义务后,鉴于本金和利息都可以递延支付,通常的发行条款都会因此包括利率跳升机制。所以,需要再分析利率跳升机制是否会形成发行人的一项间接的合同义务。即需要分析利率跳升是否会形成发行人的经济压力从而迫使发行人不再递延偿付本金和利息。

　　首先,需要将利率跳升幅度与同行业同类型其他企业发行的永续债跳升幅度进行比较。

　　其次,上述利率跳升机制的条款存在一定的歧义。以本案例为例,表面上看,似乎利率跳升是有上限的,且最多跳升 300 个基点。300 个基点是实务中通常认为的一个比较安全的跳升幅度,不会因此导致利率过高而形成间接的合同义务。但是,仔细研究利率跳升调整公式后,会发现其实不然。

　　根据条款:票面利率－初始基准利率＝初始利差,即初始利差＝票面利率－初始基准利率。初始基准利率通常为中国人民银行发布的同期贷款基准利率。

　　如果发行人递延支付本金,则第 4～第 6 个计息年度,利率将进行调整。票面利率调整为:当期基准利率＋初始利差＋300 个基点。此后每 3 年重置票面利率为:当期基准利率＋初始利差＋300 个基点确定。

　　上述调整公式中,当期基准利率为中国人民银行发布的同期贷款基准利率,是一个相对稳定的值,不会无限跳升。300 个基点是固定值,且属于一个比较安全的跳升幅度。但是初始利差则内藏玄机,初始利差=票面利率-初始基准利率,而票面利率可能会被理解为调整前的当前票面利率,而不是初始票面利率,在这种理解下,假定当期基准利率一直稳定在 6%,初始票面利率为 9%,则企业如果在 4~6 个计息年度选择递延偿付本金,重置票面利率=当期基准利率+初始利差+300 个基点=6%+3%+3%=12%;如果企业 7~9 个计息年度继续选择递延偿付本金,则由于调整前的票面利率已经比初始票面利率高了 300 个基点,初始利率将调整为 6%,重置票面利率将调整为 15%;如果 10~12 个计息年度,发行人选择继续递延支付本金,利率将重置为 18%。如此类推,如果发行人一直选择递延支付本金(这也体现了永续债的永续本质),该利率将不断上升且没有上限。

综上,如果利率跳升且没有上限,终有一天将导致企业因经济压力迫使不得不偿付本金和利息,该利率跳升机制形成一项间接的合同义务,将导致该债权融资计划分类为负债。

2. 针对部分发行条款的修订建议。

企业发行永续债等类似金融工具,其基本诉求在于能够该金融工具分类为权益,因此,按照上述分析思路,如果将该永续债发行条款进行如下修改,则能够满足分类为权益的条件(在不存在其他导致分类为负债的发行条款存在的前提下)。

(1)强制付息事件的定义。强制付息事件的定义建议修改如下:强制付息事件是指,付息日前 12 月内,发生以下事件的,发行人不得递延当期利息以及之前已经递延的所有利息及其孳息。①向普通股股东分红;②减少注册资本。

删除"向优先股股东分红,上缴利润",以保证发行人递延支付利息是属于完全可自主决定的事项。

(2)利率跳升机制。将初始利差的定义修改为:初始票面利率-初始基准利率=初始利差。

明确初始利率是由初始票面利率计算得出的,以避免产生初始利差无限上升的情况。

# 第三章

# 所有者权益

# 第一节  投入资本

所有者权益是所有者在企业资产中享有的经济利益,其来源包括所有者投入资本和留存收益。所有者投入资本又分为实收资本(或股本)和资本公积。

在有限责任公司中,投资者依其出资份额对企业经营决策享有表决权,依其所认缴的出资额对企业承担有限责任。而在某些情况下,如由于加入时间先后不同、出资方式不同等原因,投资者的实际出资额并不等于其在注册资本中所占有的份额。为了明确反映投资者的实际出资额及其所享有的权利和义务,我国企业会计准则规定将投资者享有的注册资本份额作为实收资本,实际出资额大于享有的注册资本份额的差额作为资本溢价,计入资本公积。

股份有限公司通过发行股票筹集资本,股东以其所持股份享有表决权。为了更明晰地反映企业股本总额及各股东的持股比例等信息,我国企业会计准则规定按发行股份总数与股票面值的乘积计入股本。在采用溢价发行股票的情况下,实际发行收入(扣除发行费用后)超过面值的部分作为股本溢价计入资本公积。

实收资本(或股本)与资本公积虽然都属于投入资本范畴,但两者又有所区别。法律或公司章程对实收资本(或股本)的来源和变动有着严格的限制。例如,为了保护债权人利益,许多国家的法律都规定,不得通过发放股利或向股东回购股票而使所有者权益总额低于法定资本或注册资本。而法规制度对资本公积的限制就较为宽松。在我国,其来源除了投入资本以外,还有股权投资准备、债务重组收益等渠道。资本公积可以用于转增资本(或股本),但不得用于弥补亏损。

投资者可以货币资金出资,也可以固定资产、材料、库存商品等实物资产及专利权、土地使用权等无形资产出资。我国《公司法》规定,作为出资的实物资产及无形资产,必须进行资产评估,不得高估或低估资产价值。我国现行企业会计准则规定,企业接受投资者投入的实物资产及无形资产的成本,按照投资合同或协议约定的价值确定,但合同或协议约定价值不公允的除外,投资各方确认的资产价值与其在注册资本中所享有的份额之间的差额计入资本公积。由于我国目前资产评估市场还不够规范,以上规定就使某些投资方在公司注册中利用资产评估虚增资产价值、进行资本包装有了可乘之机。

案例分析

【案例一】

## 资本的魔力——GLKE 系的两个故事

☞ **案例介绍**

2000 年,顾某投资的 GLKE 在中国香港创业板上市,一举融资 5.5 亿港币,并由此在内地资本市场开始了翻云覆雨。自 2001 年起,顾某控制的 GLKE 系公司先后收购了广东 KL

电器、ML电器、YX客车、ST XZ等多家上市公司,控制的总资产达到130多亿元。2005年1月20日,顾某登上第二届"胡润资本控制50强"榜首。GLKE系是如何扩张的?下面只讲两个小故事:

1. 顺德GLKE的身世。

2001年10月1日,顺德GLKE企业发展有限公司(简称顺德GLKE)成立,注册资本为12亿元人民币,顾某以10.8亿元出资额拥有90%的股权,包括以1.8亿元的货币和9亿元的知识产权出资。顾某鸿(顾某父亲)以货币出资1.2亿元拥有10%的股权。

当月,顺德GLKE收购KL电器20.6%的股权。

2002年5月14日,顾某从KL电器划拨1.87亿元资金到设在天津的GLKE制冷剂(中国)有限公司(简称天津GLKE)的账户上,当日天津GLKE与顺德GLKE发生数额为1.8亿元、1.7亿元、1.6亿元、1.5亿元的四笔资金对倒,合计放大为6.6亿元。顾某将此6.6亿元作为天津GLKE对顺德GLKE的现金出资。同时,顾某及顾某鸿原享有的货币出资3亿元也转让给天津GLKE。随后,顺德GLKE变更工商登记,天津GLKE以货币出资9.6亿元人民币拥有80%股权,顾某则以其专利投入享有20%股权。

2. 江西GLKE的创业史——"资本包装术"的范本。

江西GLKE于2002年6月24日成立。公司最初注册资本为2400万美元,股东为天津GLKE和注册于英属维尔京群岛的GLKE企业控股有限公司(简称GLKE企业控股),两公司均为顾某私人所有的GLKE系公司。前者以现金1080万美元入股,后者以120万美元现金加一项专利入股,专利估值1.26亿元人民币(折合1521万美元),其中1200万美元作为注册资本。

一年后,GLKE企业控股的此项专利(名为"顾氏热力循环热工装置的工作介质"),被再度估值为5.32亿元人民币,作为顾某个人出资,注入2003年6月成立的扬州GLKE创业投资有限公司(简称扬州GLKE)。

江西GLKE创立未久,第三家股东进入。这家股东名为GLKE资本有限公司(简称GLKE资本公司),注册地为英属维尔京群岛,与GLKE企业控股同为顾某私人公司。2002年9月,这家公司在南昌经济技术开发区获得2378亩熟地,GLKE资本公司一次付清476万元土地出让金。当年11月,上述土地被估值为4.71亿元人民币,折合美元5689万元,其作为GLKE资本公司对江西GLKE的注资,其中5100万美元作为实收资本。

2年后的2004年7月,江西GLKE再次增资,新增资本来自GLKE企业控股,其同样以一项专利折资入股,作价2000万美元,全部作为注册资本注入。

☞ **资料来源**

1. 龙雪晴等:《顾雏军全调查》,《财经》2005年第18期。

2. 蔡经:《证监会发布两万字权威报告揭示顾雏军八宗罪状》,2005年10月26日《第一财经日报》。

☞ **依据及相关法规**

《公司法》。

☞ **案例思考题**

1. 顺德 GLKE 的出资存在什么问题？为什么要变更工商登记？如果你是一个注册会计师，通过哪些审计手段可以查出这些错弊？

2. 在江西 GLKE 的案例中，经过两次增资后，最终江西 GLKE 的实收资本和资本公积分别是多少？站在市场监管者的立场，你认为江西 GLKE 资本扩张过程中有哪些不合法以及合法但不合理的地方？

3. 实收资本对于公司的意义何在？顾某为什么要在顺德 GLKE、江西 GLKE 的实收资本上做文章？

4. 在本案例中，你觉得顺德 GLKE、江西 GLKE 资本扩张中出现的问题，相关责任应该由谁来承担？

5. 本案例对你未来的职业生涯有何启示？

☞ **讨论与分析**

1. 出资存在的问题及审计手段。

（1）顺德 GLKE 股东出资存在以下问题：

第一，专利权出资比例不符合公司法规定。根据我国《公司法》规定，无形资产出资比例不得超过注册资本的 20%。而 2001 年 10 月 1 日顺德 GLKE 初始注册时，知识产权的出资比例达到注册资本的 75%，远远超过《公司法》规定的比例。

第二，天津 GLKE 存在虚假出资行为。2002 年 5 月 14 日，顺德 GLKE 为了解决知识产权的出资比例不合法的问题，通过以天津 GLKE 的货币出资置换顾某的知识产权出资，并进行了变更登记。《公司法》规定，股东应当足额缴纳各自所认缴的出资额。但在顾某的操纵下，天津 GLKE 对顺德 GLKE 的货币出资 6.6 亿元根本没有实际到位，是利用资金对倒放大实际出资额以骗取注册。因此，顺德 GLKE 在变更注册中存在严重的虚假出资行为。

（2）如果我是一名注册会计师，通过以下审计手段可以查出以下错弊。

第一，索取公司章程、营业执照，查阅关于出资方式、出资金额的规定。

第二，检查出资额是否经过验资，索取并查阅初始登记和变更登记的验资报告。

第三，对出资期间的资金往来应特别予以关注，核对出资期间的银行存款账和银行对账单，检查该期间大额银行存款往来是否存在异常情况，并追查原因。

通过以上审计手段，可发现无形资产出资比例不合规定以及利用资金对倒虚假出资等问题。

2. 两资增资后的实收资本和资本公积，及不合法或不合理之处。

（1）江西 GLKE 经过两次增资后，其实收资本为 9 500 万元（2 400＋5 100＋2 000），资本公积为 910 万元（321＋589）。

（2）站在市场监管者的立场，我们认为江西 GLKE 资本扩张过程中有以下不合法之处：

第一，江西 GLKE 设立注册时，专利权出资占注册资本的比例达到 50%，超过《公司法》规定的 20%。增资后，全部注册资本中专利权出资作价 8 300 万元，实际现金出资仅为 1 200 万元，专利权出资比例达到 87.4%，大大超过《公司法》规定的 20%。

第二，同一专利重复出资，可能没有办理产权转让手续。根据《公司法》的规定，股东以实物、工业产权、非专利技术出资的,应当依法办理其财产权的转移手续。GLKE企业控股的出资包含专利"顾氏热力循环热工装置的工作介质"。而1年后,这项专利被再度估值为5.32亿元人民币,作为顾某个人出资,注入2003年6月成立的扬州GLKE,上演了"一女二嫁"的怪剧。由此推断,相关专利在出资时可能没有办理产权转让手续。

(3)根据案例资料,我们认为江西GLKE资本扩张过程中还存在如下合法但不合理之处:

第一,作为GLKE资本公司出资的土地使用权取得时仅花费476万元,而出资时评估作价4.71亿元,2个月内升值100倍,明显存在高估嫌疑。

第二,专利权评估存在高估的可能。我国《公司法》规定:"对作为出资的实物、工业产权、非专利技术或土地使用权,必须进行评估作价,核实财产,不得高估或低估作价。"而按照我国会计规范,投资者以非现金资产投入的资本,通常按投资各方确认的价值作为实收资本入账。由于我国的资产评估市场还不规范,而江西GLKE出资方都属于GLKE系,土地使用权、专利评估作价可以自己说了算,这样,顾某就名正言顺地利用资产评估达到了其虚增注册资本的目的。

3. 首先,实收资本的大小直接决定公司的债务融资能力。在公司制下,股东以其出资额为限对公司承担有限责任。也就是说,一旦公司破产,债权人只能对公司实体的资产行使要求权,而不能追及股东个人的资产。实收资本是所有者投入资本中的最稳定的部分,其减少受到严格的限制,因此,对债权人而言是最基本的保障。实收资本的大小直接影响公司的债务融资能力,实收资本越大,债权人的风险就越小,公司进行债务融资的能力就越强。实收资本越小,债权人的风险就越大,公司进行债务融资的能力就越弱。顾某之所以千方百计虚增顺德GLKE、江西GLKE的实收资本,就是为了搭建更多更大的资本运作平台,为其争取更多的银行融资服务。

其次,实收资本的大小也代表了企业的规模和实力。事实证明,顺德GLKE、江西GLKE的外资背景、庞大的注册资本规模在获取地方政府的信任、争取优质项目资源和优惠政策中发挥了重要作用,使顾某收购KL电器、ML电器,建立南昌KL工业园等计划得以顺利实现。

4. 首先,在本案例中,两家公司的股东公司违反《公司法》关于公司股东交付出资的相关规定,应承担相应法律责任。《公司法》规定:"公司的发起人、股东虚假出资,未交付或者未按期交付作为出资的货币或者非货币财产的,由公司登记机关责令改正,处以虚假出资金额百分之五以上百分之十五以下的罚款。"若相关行为触犯《刑法》,相关责任人应负刑事责任。《刑法》规定:"公司发起人、股东违反公司法的规定未交付货币、实物或者未转移财产权,虚假出资,或者在公司成立后又抽逃其出资,数额巨大、后果严重或者有其他严重情节的,处五年以下有期徒刑或者拘役,并处或者单处虚假出资金额或者抽逃出资金额百分之二以上百分之十以下罚金。"

其次,我们还应清醒地看到,在本案例中,除了顾某及其公司应承担法律责任外,也暴露出中介机构和某些行政管理部门的工作存在很多缺陷,甚至触犯了法律。包括:

(1)如果有证据表明本案例中的土地使用权、专利权评估确实存在提供虚假评估结果的情况,相关资产评估机构应承担法律责任。《公司法》规定:"承担资产评估、验资或者验证的机构提供虚假材料的,由公司登记机关没收违法所得,处以违法所得1倍以上5倍以下的罚款,并可以由有关主管部门依法责令该机构停业、吊销直接责任人员的资格证书,吊销营业执照。"

(2) 负责为两家公司验资及年报审计的注册会计师分别在验资和审计过程中存在重大失误或过错,他们均应承担相应的法律责任。

(3) 工商管理部门在工商登记注册管理中,在专利权出资比例、专利权转让等问题上未尽审查职责,也应承担相应责任。《公司法》规定:"公司登记机关对不符合本法规定条件的登记申请予以登记,或者对符合本法规定条件的登记申请不予登记的,对直接负责的主管人员和其他直接责任人员,依法给予行政处分。"

5. 虽然我们还不能肯定将来会从事哪一类职业,但本案例对于我们有很多值得借鉴的地方。如果我们成为注册会计师,我们应该严守职业道德规范,并依据《中国注册会计师审计准则》和《中国注册会计师执业规范指南》等规范开展业务,因为我们的工作关系到广大投资者的利益。如果我们成为企业会计人员,我们首先要明确自己的岗位职责,严格遵守《会计法》的规定。如果遇到像顾某这样的老板,还要有自我保护意识,谨防被人利用。

柳　青　指导并修改

04071701 班　　包怡斌　丁丽琳　陈　艳　蒋丽莉　王　静

## 【案例二】

## D 公司部分股东出资为其购买资产如何处理

☞ **案例介绍**

A 公司、B 公司和 C 公司经协商一致,决议共同出资组建 D 公司,C 公司是该行业的龙头企业,三方在签订的投资协议中列明了以下条款:

(1) A 公司、B 公司各出资 100 万元,C 公司出资 300 万元,共同组建 D 公司,成立后的 D 公司注册资本为 500 万元,各股东按其出资比例享有表决权,D 公司股东会的决议事项均需代表 2/3 以上表决权的股东赞成通过。

(2) 除上述投资款以外,A 公司、B 公司另各自出资 125 万元,共计 250 万元购买 C 公司拥有的土地使用权,并将该土地使用权供 D 公司生产经营使用。

根据投资协议,各公司履行了出资义务,并组建成立了 D 公司,由于土地使用权归 D 公司生产经营使用,故产权办理至 D 公司名下。

☞ **案例思考题**

1. A 公司、B 公司出资为 D 公司购买土地使用权属于何种性质交易?

2. D 公司对于 A 公司、B 公司出资为其购买的土地使用权如何入账?

3. A 公司、B 公司另各自出资 125 万元,共计 250 万元购买 C 公司拥有的土地使用权,应如何入账?

☞ **依据及相关法规**

1.《企业会计准则第 6 号——无形资产》。

2.《企业会计准则第 2 号——长期股权投资》(2014 修订)。

☞ **讨论与分析**

1. A 公司、B 公司出资为 D 公司购买土地使用权交易的性质。

A 公司、B 公司和 C 公司共同出资组建 D 公司，一般情况下，3 公司只需按照认缴的出资比例进行实际出资从而享有相应的权益，不需要承担额外的义务。但是，本案中 A 公司、B 公司很可能是考虑到 C 公司拥有多年的行业管理经验以及先进的专有技术，并且在行业中处于领先的地位，为了获得 C 公司的上述行业优势，A 公司、B 公司愿意出资购买土地使用权无偿投入 D 公司使用，并为 D 公司所拥有，且承诺不因此部分出资在 D 公司的注册资本中享有份额，这实际属于 A 公司、B 公司对 C 公司的资本性投入，需作为权益性交易进行会计处理。

2. D 公司对于 A 公司、B 公司出资为其购买的土地使用权的会计处理。

有的观点认为，对于 D 公司而言，其没有为土地使用权支付任何成本，所以无需进行会计处理。但是，D 公司实际已经拥有该土地使用权的所有权，并已经使用着该土地使用权，享有该土地使用权带来的经济利益，而该项土地使用权的价值也能够可靠地计量，所以，该项土地使用权对于 D 公司而言是符合资产定义及确认条件的，D 公司需将该项土地使用权入账。

结合问题 1 的分析，该项交易属于权益性交易，A 公司、B 公司为购买土地另外共计出资 250 万元，但在 D 公司的注册资本中不享有份额，因而，不能作为实收资本入账，只能作为"资本公积——资本溢价"反映。D 公司取得土地使用权做如下会计处理：

借：无形资产
　　贷：资本公积——资本溢价

3. A 公司、B 公司对于为 D 公司出资购买土地使用权的会计处理。

A 公司和 B 公司出资购买土地使用权的款项，按照问题 1 的分析，属于其对 D 公司的资本性投入，需增加对被投资单位的长期股权投资成本。

# 第二节　股　票　回　购

股票回购属于股本收缩范畴，是国际上成熟资本市场常见的一种资本运作方式和公司理财行为。上市公司以一定的价格购回本公司发行在外的股票，将其注销或作为"库藏股"，称为股票回购或股份回购。在我国，股票回购历史并不长，兴起股票回购的动因与发达国家也有一定区别。

库藏股是公司按照法定的手续发行后被发行公司重新取得而未注销的本公司股票。库藏股不享有投资表决权，不参与每股收益的计算，也不参与分派股利。西方公司设置"库藏股"账户对其进行核算。由于库藏股减少了发行在外的公司股票数量，收回了股东的投入资本，因此，它在资产负债表上表示为股东权益的减项。公司通过股票回购持有库藏股份，可用于员工的奖励。

股票回购通过减少发行在外的股数达到减资和股本结构的目的,并可提高每股收益,提升股票内在价值及市价。例如,1987 年 10 月 19 日被称为"黑色星期一",当天是全世界的股票遭受历史上股价跌幅最大的一天。黑色星期一临结束的几个小时内,许多大的股份有限公司宣布其进入市场的打算,并耗费几亿美元购回它们自己的股票。据评论家称,这些宣布对稳定投资市场起了相当大的作用,避免了可能发生的股票市场的崩溃。

股票回购的产生与上市公司规避政府对现金红利的限制有关。1973—1974 年,美国政府对公司支付现金红利施加了限制条款,许多公司转而采用股票回购方式向股东分利。股票回购作为分派现金股利的一种替代形式,可使股东少纳税,受到部分股东的欢迎。

根据我国 2018 年修正的《公司法》第 142 条规定:"公司不得收购本公司股份。但是,有下列情形之一的除外:(一)减少公司注册资本;(二)与持有本公司股份的其他公司合并;(三)将股份用于员工持股计划或者股权激励;(四)股东因对股东大会作出的公司合并、分立决议持异议,要求公司收购其股份;(五)将股份用于转换上市公司发行的可转换为股票的公司债券;(六)上市公司为维护公司价值及股东权益所必需"。"公司依照本条第一款规定收购本公司股份后,属于第(一)项情形的,应当自收购之日起十日内注销;属于第(二)项、第(四)项情形的,应当在六个月内转让或者注销;属于第(三)项、第(五)项、第(六)项情形的,公司合计持有的本公司股份数不得超过本公司已发行股份总额的百分之十,并应当在三年内转让或者注销"。股票回购既是上市公司进行股权结构调整、防范恶意收购的一种重要手段,又是一项非常规的股利政策,补充或健全有关股票回购以及库藏股的法律法规,对于调整和改善我国上市公司的股权结构,建立和完善公司员工的激励机制,具有重要的现实意义。

 案例分析

## 回购 10 亿股法人股意味着什么

☞ **案例介绍**

1999 年 10 月 19 日,SN 股份有限公司(简称 SN 股份)董事会发布公告,SN 股份有限公司拟以协议回购方式向国有法人股股东 SN(集团)有限公司(简称 SN 集团)回购并注销 SN 股份 10 亿股法人股,占总股本的 37.98%。

此次 SN 股份回购价格以经 W 会计师事务所有限公司审计确认的截至 1999 年 6 月 30 日的调整后每股净资产值 2.51 元作为股份回购价格,回购后,其总股本自 26.33 亿股减至 16.33 亿股。股份回购需要资金量为 25.1 亿元,资金来源为自有货币资金和短期投资变现,全部使用自有资金支付。回购完成后,SN 股份将相应减少注册资本并进行变更注册登记,SN 股份的资产、负债、权益由存续的 SN 股份承继。回购完成后,回购的 10 亿股国有法人股将予以注销,SN 股份保留原有的法人资格,并全部承担公司的资产、负债、权益,公司的注册资本由 263 308.776 9 万元变更为 163 308.776 9 万元。公司名称、注册地址、法人代表、经营范围不变。有关资料如下所示。

1. 股份回购后 SN 股份股本变动情况。

SN 股份回购前后股本情况对比,如表 1 所示。

**表1** SN股份回购前后股本情况对比

| 股份类别 | 回购前 | | 回购后 | |
|---|---|---|---|---|
| | 股数（万股） | 比例 | 股数（万股） | 比例 |
| 国有法人股 | 211 309.670 0 | 80.25% | 111 309.670 0 | 68.16% |
| 募集法人股 | 26 899.906 9 | 10.22% | 26 899.906 9 | 16.47% |
| 社会公众股 | 25 099.200 0 | 9.53% | 25 099.200 0 | 15.37% |
| 其中： | | | | |
| 流通A股 | 16 135.200 0 | 6.13% | 16 135.200 0 | 9.885% |
| 受让转配股 | 8 964.000 0 | 3.40% | 8 964.000 0 | 5.49% |
| 股份总数 | 263 308.776 9 | 100% | 163 308.776 9 | 100% |

2. 本次股份回购完成后，SN股份主要股东持股情况，如表2所示。（按1999年6月30日模拟）

**表2** 股份回购完成后SN股份主要股东持股情况

| 股东名称 | 持股数（万股） | 占总股本比例 |
|---|---|---|
| （1）SN集团 | 111 309.67 | 68.16% |
| （2）上海市DL公司 | 1 798.10 | 1.10% |
| （3）上海SN实业公司 | 1 569.90 | 0.96% |
| （4）GT证券有限公司 | 1 488.26 | 0.91% |
| （5）JH基金 | 1 470.30 | 0.90% |
| （6）乔某 | 1 000.00 | 0.61% |
| （7）上海JS公司 | 814.15 | 0.50% |
| （8）上海国际XX信托投资公司 | 792.95 | 0.49% |
| （9）KY基金 | 729.04 | 0.45% |
| （10）华东DL集团公司 | 670.00 | 0.41% |

3. 本次股份回购前后SN股份财务状况对比。

以1999年6月30日SN股份的主要财务指标模拟回购前财务情况，以1999年年度报告指标作为回购后财务情况，本次股份回购前后SN股份的财务状况对比，如表3所示。

**表3** 股份回购前后SN股份的财务状况对比

| 项目 | 回购前 | 回购后 |
|---|---|---|
| 资产总额（万元） | 1 102 329.34 | 851 329.34 |
| 负债总额（万元） | 429 804.36 | 429 804.36 |
| 股东权益（万元） | 669 502.25 | 418 502.25 |
| 净利润（万元） | 43 206.55 | 43 206.55 |

（续表）

| 项　目 | 回　购　前 | 回　购　后 |
|---|---|---|
| 每股收益（元/股） | 0.164 1 | 0.264 6 |
| 每股净资产（元/股） | 2.51 | 2.51 |
| 净资产收益率 | 6.45% | 10.32% |
| 资产负债率 | 38.99% | 50.49% |

☞ **案例背景**

SN 股份的前身是 SNDL 开发公司，1992 年 6 月经上海市人民政府批准，SNDL 开发公司改制为 SN 股份有限公司，并向社会公开发行股票，并于 1993 年 4 月在上海证券交易所上市，成为全国 DL 能源行业第一家股份制上市公司，也是首批上证 30 指数样本股之一。SN 股份的控股母公司为 SN 集团，是国有独资的大型企业集团。

SN 集团是根据上海市人民政府〔1996〕24 号文《上海市人民政府关于同意组建 SN（集团）有限公司的批复》成立的国有独资的有限责任公司，注册资本为 30 亿元人民币。SN 集团由上海市国有资产管理委员会授权依据产权关系统一经营和管理其下属国有资产。SN 集团作为国有资产代表，是 SN 股份的控股股东。截至 1998 年年末，SN 集团总资产为 127.64 亿元，国家所有者权益为 91.13 亿元。

☞ **资料来源**

1. 上市公司资讯网站。

2. SN（集团）有限公司网站。

☞ **依据及相关法规**

1.《公司法》。

2.《证券法》。

3.《上市公司章程指引》。

☞ **案例思考题**

1. 上市公司为减资等目的回购本公司股票，应如何进行会计处理？

2. SN 股份回购并注销本公司 10 亿股法人股股份，会产生哪些主要影响？

3. 上市公司的股利政策一般有哪几种？分析一下股票回购行为与分派现金股利有何不同。

4. 你认为我国上市公司进行股票回购哪些问题需要解决？有何建议？

☞ **讨论与分析**

1. 企业为减资等目的回购本公司股票的会计处理。

按照企业会计准则规定，企业为减资等目的，在公开市场上回购本公司股票，属于所有者权益变化，回购价格与所对应股本之间的差额不计入损益。

回购本公司股票相关的会计处理为：企业回购股份时，按照回购股份的全部支出作为"库存股"处理，同时进行备查登记。企业将回购的股份注销时，按回购股份的面值，借记"股本"科目,按股票发行时原计入资本公积的溢价部分,借记"资本公积——股本溢价"账户,回购价格超过上述"股本"及"资本公积——股本溢价"账户的部分,应依次借记"盈余公积""利润分配——未分配利润"等账户,贷记"库存股"等账户。

2. SN 股份回购并注销本公司 10 亿股法人股份会产生的主要影响。

(1)改善了公司的股本结构。当时我国《公司法》规定,公司股本总额超过 4 亿元的,社会公众股比例须在 15%以上。SN 股份原有国有股占 80.25%,公众股占 9.53%,不符合《公司法》规定。通过这次股份回购,SN 股份的国有法人股比例下降到 68.16%,社会公众股比例提高到 15.37%。改善股本结构,有利于上市公司建立科学的法人治理结构及规范运作,也有利于股份制优势的充分发挥。

(2)调整了公司的财务结构。SN 股份在进行股票回购以前的资产负债率为 38.99%,比较低,具有充分的债务融资空间。本次股份回购后,其资产负债率提高到 50.49%,才刚刚达到沪市上市公司的平均负债水平,改变了保守的资本结构,利用债务利息减税,有利于充分发挥财务杠杆的作用,降低了企业的资金成本。

(3)提高了公司的资产质量。SN 集团此次 SN 股份回购股份所得资金相当部分将流回上市公司,支持 SN 股份持续、稳健发展,推动公司的长远发展。一是收购置换 SN 股份的非经营性资产,进一步夯实了公司的资产质量;二是为 SN 股份的长远发展培育优质资产,如继续支持公司投资重大在建项目,积极推进上海市能源结构调整、城市天然气项目的开发等。

(4)提升了公司的盈利能力。实施股份回购方案,每股收益从 0.164 1 元上升到 0.264 6元,提升了公司内在价值和市场价值。SN 股份此次股份回购达到"双赢"的效果:国有资产实现增值;公司的中小股东也是受益方,得到更高的回报。股票回购会向社会传递这样的信号,即"该公司的股票价格已被低估",因而使公司的股票价格回升,从而使公司的股票持有者获得资本利得。1999 年,SN 股份以 25.1 亿元回购并注销 10 亿股法人股的消息公布后,SN 股份的股价从 12.46 元上涨超过 10%。

3. 上市公司的股利政策及主要区别。

(1)上市公司的股利政策一般有以下两种。

第一,现金股利。它是指用现金支付的股利。

第二,股票股利。它是指用公司额外发行的股票分派给股东,以代替现金股利或作为现金股利补充的一种股利。

此外,股票回购是一项非常规的股利政策。由于公司回购股票而使公司的每股收益因此而提高,也会使公司股票价格上升。从这个意义上说,股票回购是导致企业资本变动的一种股利形式,即间接支付股利。

西方国家的企业支付股利的形式还有财产股利、负债股利等。

(2)股票回购行为与分派现金股利的主要有以下区别。

第一,对于股本总额的影响不同。分派现金股利,是用现金形式将企业创造的一部分税后利润支付给投资者或股东,不会减少股本。回购本公司股票,会减少公司发行在外的股本,回购价格与所对应股本之间的差额,属于所有者权益的增减变化。

第二,对于纳税的影响不同。在有些国家,对现金红利和来自股票回购的资本利得课以不同的税赋(如现金股利的税赋高于资本利得的税赋),股票回购代替分派现金股利可产生较大的节税效应。从纳税的角度考虑,投资者比较青睐股票回购。股票回购使得股东能够以较低的资本利得税取代现金股息必须缴纳的较高的个人所得税。

第三,分配手段的灵活程度不同。分派现金股利,对上市公司带有强制性,逐年递减的分配政策必然会招致股东们的不满。但上市公司不用承担必须回购的义务,人们不会指望从常规性的回购中获得现金分配,因而股票回购是更为灵活的分配手段。

4. 我国上市公司进行股票回购尚需解决的问题和有关建议。

(1) 尚需解决的问题:

第一,股票回购可能侵害债权人利益与中小股东的利益。股份有限公司的股东以其出资额为限对公司承担责任,公司以其资产为限对外承担责任,因而公司的资产是公司债权人合法利益的重要保障。股份回购在缩减权益资本的同时,扩大了债务资本承担的风险,债权人的利益受股东权益保障的程度降低。另外,由于市场信息的不完全对称,使得中小股东在掌握信息方面处于劣势,博弈力量的严重不对称很可能产生国有大股东操纵回购价格的"内幕交易"或借回购之名转移资金,损害中小股东的利益。为了保护市场各方利益,股票回购价格的合理性是关键所在。

第二,存在支付风险。由于股票回购需要大量的现金支出,因此不可避免地会对上市公司形成很大的支付压力。例如,用于股票回购的现金支出高于其可供分配利润和经营产生的现金净流量,即使公司的流动比率和速动比率较高,具有良好的支付能力,但一次性支付巨额资金用于股票回购,仍将不可避免地会对企业的正常运营带来一定的影响,面临严峻的支付风险。

第三,其他问题。一般来说,股票回购会使资产负债率提高,随着资产负债率的提高,企业的债务负担增加,财务风险加大;股票回购还可能涉及一些内幕交易,损害社会股东的利益;另外,由于股票回购涉及纳税问题,若处理不当,会出现有悖税法规定的行为等。

(2) 有关建议如下:

第一,进一步完善股票回购法规制度,规范公司股票回购的行为。随着中国经济与世界经济一体化进程的加快,证券市场将更加成熟与完善,国有股、法人股的减持及上市流通问题是必须解决的问题。对于股票回购的原则和条件,股票回购的资格、回购的资金来源和数量、回购价格的确定以及回购过程的信息披露都应做出明确的规定,使企业在操作中有法可依、有章可循,防止企业利用股票回购进行内幕交易和操纵股价,保护上市公司中小股东及债权人利益。

第二,创新股份回购的形式。目前上市公司大股东占用上市公司资金的情况较为普遍,不少上市公司存在应收大股东的巨额债权。因此,如果允许上市公司以资产(债权)回购股份,即回购股份所需的资金以大股东的欠款来抵减,并注销大股东相应的股份,则对于解决大股东占用上市公司资金问题,改善上市公司的股权结构和资产结构,具有现实意义。

## 第三节　企业合并的会计处理方法

企业合并作为一种产权交易,自20世纪初以来,已逐步成为影响社会经济发展的重要方式。伴随着我国证券市场的发展,近年来,我国企业越来越多地采用企业合并来实现自身战略发展的目标。1998 年 10 月,清华同方吸收合并山东鲁颖电子,其后,TCL 集团股份有限公司等上市公司相继采用了换股合并的方式,华联商厦和第一百货开创了两个上市公司之间吸收合并的先河。企业合并是指一个企业为获得对另一个或多个企业控制权,以及吸收一个或多个企业净资产的行为,合并的形式主要有控股合并、吸收合并和新设合并。企业合并涉及会计主体的变更或主体范围的扩大。无论是哪种合并方式,都必须预先确定用于记录合并的会计方法。

在会计实务中,记录企业合并的主要会计方法有购买法和权益结合法。购买是指通过转让资产、承担债务或发行股票等方式,由一个企业(购买企业)获得对另一个企业(被购企业)净资产和经营活动控制权的企业合并。权益结合是指参与合并的企业的股东联合控制它们的全部或实际上是全部的净资产和经营活动,以便继续对合并后的实体分享利益和分担风险的企业合并。

购买法与权益结合法主要的不同点有:一是购买法中购买方按公允价值记载所购入的各项资产,将支付的购买价格与公允价值的差额确认为商誉或负商誉;权益结合法则将被并企业的各项资产仍按原账面价值入账,不确认商誉或负商誉。二是购买法下只有在购买日之后的被收购企业的经营成果才能并入收购企业的利润表中;权益结合法下合并后的报告主体应如同在期初及以前会计期间就一直存在,可以将合并有关各方的利润直接相加,即参与合并的企业在报告期初就开始合并入财务报告中。三是如果采用发行股份的办法实行合并,购买法要求按换出股份的市场价格加计到合并后企业的所有者权益中,但不确认被合并企业的留存收益;权益结合法则按被并企业的净资产账面价值加计到合并后企业的所有者权益中,被合并企业的留存收益也全数并入。

按照合并双方是否处于同一控制下,企业合并分为处于同一控制下的企业合并和非同一控制下的企业合并。《国际财务报告准则第 3 号——企业合并》要求在准则范围内的企业合并交易采用购买法核算,权益结合法被弃用;对于同一控制下的企业合并,目前国际财务报告准则中尚无规定。目前中国的企业合并有部分是同一控制下的企业合并,如中央、地方国资委所控制的企业之间的合并,或者同一企业集团内两个或多个子公司的合并,这一类合并更多的是集团战略、结构调整等原因所致,不一定是合并方和被合并方双方完全出于自愿的交易行为,合并对价也不是双方讨价还价的结果,不代表公允价值,此类企业合并类似于股权联营,应以账面价值作为会计处理的基础,以避免利润操纵。非同一控制下的企业合并可以由双方讨价还价,是双方自愿交易的结果,因此,可以按双方认可的公允价值进行会计处理,并可确认合并商誉。因此,企业合并的会计方法应选用购买法还是权益结合法,主要依赖于对所涉及合并业务实质的判断,即通常所说的"合并的经济实质决定其适用的会计方法"。对我国当前的企业合并,不能完全照搬国际准则中的非同一控制下的企业合并方法来进行会计处理。

我国财政部会计司发布的 2007 年、2008 年我国上市公司执行新会计准则情况分析报告中显示:2007 年,我国 1 570 家上市公司中,有 411 家上市公司按照新准则规定,将企业合并分类为同一控制下企业合并和非同一控制下企业合并。其中,同一控制下企业合并的 186 家上市公司中,有 184 家上市公司明确指出以账面价值为计量基础,即采用权益结合法;剩余的 225 家非同一控制下企业合并的上市公司全部采用公允价值计量,即采用购买法。其中,披露了企业合并类型判定依据的有 348 家上市公司,有 63 家上市公司未明确披露企业合并类型的判定依据。2008 年,我国 1 597 家非金融类上市公司中有 433 家公司实现企业合并。其中,同一控制下企业合并的有 185 家,非同一控制下企业合并的有 296 家,53 家的企业合并既有同一控制下的企业合并又有非同一控制下的企业合并,另有 5 家未披露企业合并的类型。披露了企业合并判断依据的有 420 家,另有 13 家未予披露。

可见,我国上市公司发生企业合并相当普遍,而同一控制下企业合并占企业合并的 40% 左右,对其进行会计规范的重要性突显。

 案例分析

## 采用购买法还是权益结合法

☞ **案例介绍**

A 公司是一家大型国营百货商店,后经市政府批准改制成为大型综合性商业股份制企业,主要从事百货等商品零售业务。B 公司也是股份制企业,主要从事百货、专卖、购物中心、连锁超市等商品零售业务的经营。A 公司与 B 公司的最终控股股东为甲公司,甲公司自 A 公司、B 公司设立以来就最终控制着两家公司。经过多年发展,2013 年甲公司出于整个集团"一盘棋"的考虑,拟整合 A 公司和 B 公司的百货业务,故计划将两家公司合并。

A 公司、B 公司于 2013 年 12 月 31 日以吸收合并方式进行合并,其中 A 公司为合并方,B 公司为被合并方。合并前 A 公司受国有集团公司 AA 公司控制,B 公司受国有集团公司 BB 公司控制,集团公司 AA 公司和集团公司 BB 公司均始终受集团公司甲公司控制,即 A 公司和 B 公司在实施合并前及合并时实质上均受集团公司甲公司控制。本案例吸收合并完成后,B 公司的全部资产、负债及权益并入 A 公司,其现有的法人资格因合并而注销,AA 公司、BB 公司为 A 公司的股东。

A 公司、B 公司采用相同的会计政策,并且两者之间不存在关联交易,吸收合并前双方的 2013 年资产负债表、利润表相关数据分别如表 1 和表 2 所示。

表 1　　　　　　　　　　　　资产负债表(部分项目)　　　　　　　　　　单位:万元

| 项　目 | A 公司 | | B 公司 | |
|---|---|---|---|---|
| | 2013. 12. 31 | 2012. 12. 31 | 2013. 12. 31 | 2012. 12. 31 |
| 资产: | | | | |
| 货币资金 | 34 500 000 | 24 000 000 | 3 600 000 | 4 000 000 |
| 应收账款 | 24 000 000 | 11 400 000 | 16 000 000 | 1 720 000 |
| 存货 | 49 600 000 | 48 000 000 | 2 040 000 | 10 220 000 |
| 长期股权投资 | 40 000 000 | 40 000 000 | 17 200 000 | 16 800 000 |
| 固定资产 | 56 000 000 | 60 000 000 | 24 000 000 | 24 800 000 |

(续表)

| 项　目 | A公司 | | B公司 | |
|---|---|---|---|---|
| | 2013.12.31 | 2012.12.31 | 2013.12.31 | 2012.12.31 |
| 无形资产 | 36 000 000 | 43 200 000 | 4 000 000 | 4 800 000 |
| 商誉 | 0 | 0 | 0 | 0 |
| 资产总计 | 240 100 000 | 226 600 000 | 66 840 000 | 62 340 000 |
| 负债和所有者权益： | | | | |
| 短期借款 | 20 000 000 | 16 000 000 | 18 000 000 | 16 000 000 |
| 应付账款 | 30 000 000 | 28 000 000 | 2 400 000 | 2 000 000 |
| 其他负债 | 3 000 000 | 4 000 000 | 2 400 000 | 2 200 000 |
| 负债合计 | 53 000 000 | 48 000 000 | 22 800 000 | 20 200 000 |
| 股本 | 60 000 000 | 60 000 000 | 20 000 000 | 20 000 000 |
| 资本公积 | 40 000 000 | 40 000 000 | 12 000 000 | 12 000 000 |
| 盈余公积 | 40 000 000 | 38 400 000 | 4 030 000 | 3 840 000 |
| 未分配利润 | 47 100 000 | 40 200 000 | 8 010 000 | 6 300 000 |
| 所有者权益合计 | 187 100 000 | 178 600 000 | 44 040 000 | 42 140 000 |
| 负债和所有者权益总计 | 240 100 000 | 226 600 000 | 66 840 000 | 62 340 000 |

表2　　　　　　　　　　　　　　利润表(部分项目)　　　　　　　　单位:万元

| 项目 | A公司 | | B公司 | |
|---|---|---|---|---|
| | 2013年度 | 2012年度 | 2013年度 | 2012年度 |
| 一、营业收入 | 85 000 000 | 72 000 000 | 24 000 000 | 22 000 000 |
| 减:营业成本 | 67 600 000 | 43 800 000 | 19 100 000 | 19 720 000 |
| 税金及附加 | 400 000 | 600 000 | 100 000 | 40 000 |
| 销售费用 | 1 200 000 | 1 600 000 | 400 000 | 300 000 |
| 管理费用 | 3 000 000 | 2 400 000 | 1 000 000 | 600 000 |
| 财务费用 | 800 000 | 1 200 000 | 700 000 | 100 000 |
| 加:投资收益 | 600 000 | 800 000 | 200 000 | 400 000 |
| 二、营业利润 | 12 600 000 | 23 200 000 | 2 900 000 | 1 640 000 |
| 加:营业外收入 | 1 000 000 | 2 000 000 | 900 000 | 1 200 000 |
| 减:营业外支出 | 900 000 | 800 000 | 1 100 000 | 600 000 |
| 三、利润总额 | 12 700 000 | 24 400 000 | 2 700 000 | 2 240 000 |
| 减:所得税费用 | 4 200 000 | 8 400 000 | 800 000 | 640 000 |
| 四、净利润 | 8 500 000 | 16 000 000 | 1 900 000 | 1 600 000 |

☞ **案例思考题**

1. 本案例吸收合并应采用何种会计处理方法?

2. 如果采用权益结合法,本案例 A 公司在对吸收合并进行会计处理时是否会产生商誉? 为什么?

3. 如果采用权益结合法,本案例在吸收合并的当年应如何编制财务报表?

4. 请编制 A 公司吸收合并后的资产负债表和利润表。

☞ **讨论与分析**

1. 判断企业合并应选用购买法还是权益结合法进行会计处理,主要依赖于对所涉及合并业务实质的判断,即通常所说的"合并的经济实质决定其适用的会计方法"。

A 公司和 B 公司在实施合并前、合并时及合并后实质上均受同一股东甲集团最终控制,甲公司出于整个集团"一盘棋"的考虑将 A 公司和 B 公司进行合并从而重新整合。两公司均主要经营百货等商品零售业务。B 公司全部普通股股东最终均参与合并,B 公司的股东通过换取存续方的普通股而成为存续方的股东,从而与 A 公司的原股东联合控制存续方的全部净资产和经营活动,继续存续的主体 A 公司的最终控制方仍为甲集团。

本案例合并方案满足了以下条件:

(1) 合并前后管理层具有延续性。

(2) 合并各方的经营活动类似或具有延续性。

(3) 对价的支付方式为股份交换。

由于实质上所有参与合并的各方在合并前和合并后都受同一方最终控制,而且该控制已超过 1 年并非暂时性的,从最终控制方甲集团的角度来看,本次企业合并并不会造成构成企业集团整体的经济利益流入和流出,最终控制方甲集团在合并前后实际控制的经济资源并没有发生变化,所以,有关交易事项不作为出售或购买,此项吸收合并属于同一控制下的企业合并。我们认为,本案例吸收合并应采取权益结合法进行会计处理。

2. 如果采用权益结合法,对吸收合并进行会计处理时不会产生商誉。因为权益结合法对于吸收合并时的会计处理,基于下列假设:合并形成的报告主体在期初及以前会计期间就一直存在,其在企业合并发生前后能够控制的净资产价值量并没有发生变化,不会产生新的资产。因此,合并方在合并日取得的资产和负债的入账价值,应当按照被合并方的原账面价值确认,不因为合并而确认新的商誉或负商誉,也不存在由于资产估值增加的摊销、折旧或耗用和商誉摊销的影响。

3. 本案例中 A 公司在吸收合并的当年编制财务报表时,如果采用权益结合法,合并实体的财务报表中应包括参与合并的各方在合并发生当期以及披露的任何可比期间的财务报表项目,犹如从列报的最早期间起就已经结合在一起。

吸收合并的当期期末编制存续公司的单独财务报表时,应视同合并后的报告主体在期初及以前会计期间就一直存在,即:

(1) 吸收合并当期的资产负债表相关项目的期初数应为参与合并各方会计报表相关项目期初数之和。

(2) 吸收合并当期的利润表应当包括合并前及合并后的收入、费用和利润,即参与合并各方自合并当年年初(或当期期初)至合并日,以及合并日至当年年末(或当期期末)所发生的收入、费用和利润。但被合并方在合并前实现的净利润应单列项目反映。

(3)吸收合并当期的现金流量表应包括参与合并各方本期合并前及合并后发生的现金流量。

(4)比较报表应视同合并已在前期发生,并以此为基础提供相关的比较数据。

4. 由于 A 公司吸收合并 B 公司,仅为股东之间换股达成的交易,A 公司并未支付对价;A 公司只是接收 B 公司的资产负债,其股份数并未发生变化;由于本次交易构成同一控制下吸收合并,故 A 公司报表不仅需要将 B 公司的资产负债纳入核算范围,还需连续体现 B 公司的留存收益,视同合并主体自受最终控制方控制时一直是一体化存续下来的。所以,A 公司在编制吸收合并后的报表时,仅需将自身的各报表项目与 B 公司的各报表项目相加,但对于 B 公司原股本需计入资本公积。A 公司吸收合并 B 公司后的 2013 年资产负债表及利润表相关数据,如表 3 和表 4 所示。

**表 3　　　　　　　　　　　资产负债表(部分项目)　　　　　　　　　　单位:万元**

| 项　目 | 期末余额 | 年初余额 | 项　目 | 期末余额 | 年初余额 |
|---|---|---|---|---|---|
| 资产: | | | 负债和所有者权益: | | |
| 货币资金 | 38 100 000 | 28 000 000 | 短期借款 | 38 000 000 | 32 000 000 |
| 应收账款 | 40 000 000 | 13 120 000 | 应付账款 | 32 400 000 | 30 000 000 |
| 存货 | 51 640 000 | 58 220 000 | 其他负债 | 5 400 000 | 6 200 000 |
| 长期股权投资 | 57 200 000 | 56 800 000 | 负债合计 | 75 800 000 | 68 200 000 |
| 固定资产 | 80 000 000 | 84 800 000 | 股本 | 60 000 000 | 60 000 000 |
| 无形资产 | 40 000 000 | 48 000 000 | 资本公积 | 72 000 000 | 72 000 000 |
| 商誉 | 0 | 0 | 盈余公积 | 44 030 000 | 42 240 000 |
| | | | 未分配利润 | 55 110 000 | 46 500 000 |
| | | | 所有者权益合计 | 231 140 000 | 220 740 000 |
| 资产总计 | 306 940 000 | 288 940 000 | 负债和所有者权益总计 | 306 940 000 | 288 940 000 |

**表 4　　　　　　　　　　　利润表(部分项目)　　　　　　　　　　单位:万元**

| 项　目 | 本期金额 | 上期金额 |
|---|---|---|
| 一、营业收入 | 109 000 000 | 94 000 000 |
| 减:营业成本 | 86 700 000 | 63 520 000 |
| 税金及附加 | 500 000 | 640 000 |
| 销售费用 | 1 600 000 | 1 900 000 |
| 管理费用 | 4 000 000 | 3 000 000 |
| 财务费用 | 1 500 000 | 1 300 000 |

（续表）

| 项 目 | 本期金额 | 上期金额 |
|---|---|---|
| 加：投资收益 | 800 000 | 1 200 000 |
| 二、营业利润 | 15 500 000 | 24 840 000 |
| 加：营业外收入 | 1 900 000 | 3 200 000 |
| 减：营业外支出 | 2 000 000 | 1 400 000 |
| 三、利润总额 | 15 400 000 | 26 640 000 |
| 减：所得税费用 | 5 000 000 | 9 040 000 |
| 四、净利润 | 10 400 000 | 17 600 000 |
| 其中：被合并方在合并前实现利润 | 1 900 000 | 1 600 000 |

本案例给我们如下启示：

权益结合法将合并行为视为合并双方经济资源的联合，在持续经营的假设基础上对企业合并后形成的报告主体进行会计处理，所以有关资产与负债均按账面价值计量而无需重新估价，所提供的合并当年的经营成果、合并后的留存收益等信息具有延续性，纵向的可比性较强。而且，由于资产的账面价值一般低于其公允价值，所以与购买法相比，后续的使用成本或出售成本较低，也不会因此形成商誉而带来商誉的减值，未来的盈利空间较大。

但权益结合法也有其局限性。采用权益结合法无法反映从企业合并所取得的之前没有入账的资产和负债，而采用购买法能够揭示这些隐藏的资产和负债；权益结合法下从企业合并取得的资产与其他途径取得的计量属性不同，而购买法下则相同；采用权益结合法不能提供所取得净资产的现时价值以及在此基础上的未来业绩的横向可比信息，而采用购买法可以向财务报表使用者提供评价企业合并的更多相关信息。

任何会计方法都不是完美无缺的，我国企业会计准则对同一控制下企业合并所进行的规范，是结合交易或事项的经济实质，权衡利弊，选择较为恰当的方法。国际会计准则理事会正在对同一控制下企业合并的会计处理进行研究，在对非控股股东、潜在股东等各类报表使用者的需求进行分析的基础上，探讨采用现行价值法还是原账面价值法对同一控制下企业合并进行会计处理，以期在控股股东与非控股股东的信息需求之间寻求最佳平衡。

☞ **参考文献**

1. 财政部会计司：《关于我国上市公司 2007 年执行新会计准则情况的分析报告》。

2. 财政部会计司：《我国上市公司 2008 年执行企业会计准则情况分析报告》。

第四章

收　　入

# 第一节　收入确认与职业判断

收入的确认需要根据相关企业会计准则,结合销售合同、营销策略、商业惯例等进行职业判断。

收入的确认有时候竟然和坏账准备的计提有关!您相信吗?

从我们的经验来看,有些坏账准备的计提和以前年度收入确认时的瑕疵有关。简单地说,就是以前年度不适当地确认了收入,导致应收账款无法收回,最终只能以坏账准备"一提了之"。

根据《企业会计准则第 14 号——收入》(2006 年)的规定,销售商品收入只有同时满足以下条件时,才能予以确认:

(1) 企业已将商品所有权上的主要风险和报酬转移给购货方。

(2) 企业既没有保留通常与所有权相联系的继续管理权,也没有对已售出的商品实施有效控制。

(3) 收入的金额能够可靠地计量。

(4) 相关的经济利益很可能流入企业。

(5) 相关的已发生或将发生的成本能够可靠地计量。

2017 年修订后发布的《企业会计准则第 14 号——收入》,以控制权转移替代风险报酬转移作为收入确认时点的判断标准。同时明确企业与客户订立的合同同时满足五项条件的,应当在客户取得相关商品控制权时确认收入。其中第五条是:企业因向客户转让商品而有权取得的对价很可能收回。

可见,对于收入确认的判断,相关的经济利益能否流入企业(企业转让商品所有权取得的对价能否收回)是一项必须具备的条件。

收入的确认还常与商品退回有联系。您遇到过吗?

在实务中常会发生客户退回商品。如果商品退回发生在商品所有权上的主要风险和报酬转移之前,不属于销售退回,因为销售尚未确认;如果商品退回将发生在商品所有权上的主要风险和报酬转移之后,则确认收入时,应按扣除因销售退回将退还的金额后的有权收取的对价金额确认收入,按因销售退回将退还的金额确认预计负债,并在每一资产负债表日重新估计未来销售退回情况,如有变化,应当作为会计估计变更进行会计处理。所以,实务中也会发生困惑:是收入确认不当还是计提退货准备(预计负债)存在问题。

确认收入的有关条件虽然在企业会计准则中有明确规定,但在实务中,有时候却难以判断。

**【案例一】**

## 是收入确认的问题还是计提坏账准备的问题

☞ **案例介绍**

2017年12月27日,HC公司发布"2017年度预亏提示性公告",其中提到"美国进口商XX公司由于涉及专利费、美国对中国彩电反倾销等因素出现了较大亏损,支付公司欠款存在着较大困难。公司对美国突如其来的彩电反倾销、其他外国公司征收高额专利费的影响以及对XX的应收账款可能会因前述影响产生的风险难以估计,据此,公司董事会决定按更为谨慎的个别认定法对该项应收账款计提坏账准备,按会计估计变更进行相应的会计处理。截至2017年12月25日,公司应收XX账款余额93 500万美元,根据对XX公司现有资产的估算,公司对XX公司应收账款可能收回的金额在3亿美元以上,预计最大计提金额有6.2亿美元左右。"同时又提到"由于XX公司的应收账款的重点回款期在年底这一现实情况,导致了公司没有在2017年中期及第三季度(第三季度季报在2017年10月29日公告)对该项应收账款按更为谨慎的个别认定法计提坏账准备。"

2018年4月12日,HC公司在2017年年报中披露,对XX公司的欠款按个别认定法计提坏账准备的金额为627 629 961.20美元,折合人民币5 194 579 373.88元。2017年度HC公司合并报表中营业毛利为3 267 440 683.04元,净利润为亏损7 362 240 760.42元。

2013—2017年度HC公司净利润情况,如表1所示。

表1                    2013—2017年度 HC 公司净利润

| 年　度 | 净利润(元) |
|---|---|
| 2017 | −7 362 240 760.42 |
| 2016 | 411 476 072.78 |
| 2015 | 352 405 408.12 |
| 2014 | 168 056 027.46 |
| 2013 | 231 900 401.60 |

HC公司历年来计提坏账准备的政策,如表2所示。

表2                    HC 公司历年计提坏账准备的政策

| 账　龄 | 计提比例 |
|---|---|
| 1年以内 | 0.00 |
| 1~2年 | 10.00% |
| 2~3年 | 30.00% |
| 3~4年 | 50.00% |
| 4~5年 | 80.00% |
| 5年以上 | 100.00% |

根据 HC 公司披露的 2017 年度年报,其与 XX 公司的往来情况,如表 3 所示。

表 3　　　　　　　　　　HC 公司 2017 年年报所披露与 XX 公司的往来情况

| 年　度 | 销售(美元) | 收款(美元) | 余额(美元) |
|---|---|---|---|
| 2014 | — | — | 83 684 966.00 |
| 2015 | 1 221 898 252.22 | 380 149 603.40 | 925 433 614.82 |
| 2016 | 848 848 029.24 | 699 793 986.94 | 1 074 487 657.12 |
| 2017 | 71 199 353.62 | 218 057 049.54 | 927 629 961.20 |

2014—2016 年,HC 公司每年的应收账款都有较大幅度的上升,历年年报、中报披露如下:

2013 年年报中尚未披露 XX 的应收账款。

2014 年年报中披露:"应收账款 2014 年年末余额较 2013 年年末上升 58.27%,主要是本期出口采用信用证结算,信用证尚未到期,以及改变营销政策加大信用销售力度所致。"

2015 年年报中披露:"应收账款 2015 年年末余额较 2014 年年末上升 46.51%,主要是本年度国外应收账款大幅上升所致。"另外,"截至 2016 年 3 月 10 日,已收回 XX 货款 178 127 123.80 美元,另有 202 989 190.00 美元的票据正在托收过程中。"而在 2015 年中报中披露:"应收账款增加,是由于出口销售采用第三方保理信用销售方式,收款一般延后 6 至 9 个月"。

2016 年年报中披露:"应收账款 2016 年年末余额较上年年末上升 20.36%,主要是由于本年度国外购货商如 XX 等应收账款增加所致。"另外,"截至 2017 年 3 月 23 日,已收回应收账款前五名公司货款计 197 369 914.34 美元……其中收回 XX 货款 132 127 762.24 美元。"

XX 公司也是中间商,它需要把商品卖给沃尔玛等北美大型超市,等到 XX 公司收到钱后,再付钱给 HC 公司。有媒体报道,XX 公司在沃尔玛等超市卖的商品,甚至低于 XX 公司的进价。

☞ **资料来源**

HC 公司历年公告。

☞ **依据及相关法规**

1.《企业会计准则第 14 号——收入》(2006)。

2.《企业会计准则第 14 号——收入》(2017 年修订)。

☞ **案例思考题**

从 2017 年年报中 HC 公司针对 XX 公司的应收账款计提个别认定的坏账准备来看,显然未能满足"与交易相关的经济利益很有可能流入企业"这一收入确认的前提。当然,我们不能采用"后见之明",以现在时点的事实就认为 HC 公司从 2014 年开始对 XX 公司的销售的确认就有问题。

我们的问题是:

HC 公司是否可能(或应该)早就知道全额收回 XX 公司的应收账款是不可能的,如果是知道的,那为什么在 2017 年之前,对 XX 公司的销售收入,不采取其他的会计处理?

☞ **讨论与分析**

HC 公司在 2017 年 10 月 29 日披露的 2017 年第三季度季报中,未提及 XX 公司应收账款的可收回问题,但在 60 天不到的时间里,6.276 亿美元的应收账款就收不到了,未免变化太大也太快了。

2015—2017 年 HC 公司对 XX 公司共出口了 21.419 亿美元商品,最终有 6.276 亿美元无法收到,占最近 3 年对 XX 公司销售额的 29.30%。

公司解释说"由于 XX 公司的应收账款的重点回款期在年底这一现实情况,导致了公司没有在 2017 年中期及第三季度对该项应收账款按更为谨慎的个别认定法计提坏账准备。"

但事实是,"截至 2016 年 3 月 10 日,已收回 XX 公司货款 178 127 123.80 美元,另有 201 989 190.00 美元的票据正在托收过程中。"也就是说,2016 年度收回 XX 公司应收账款 699 793 986.94 美元,其中有 382 116 313.80 美元在 2016 年 3 月 10 日前已经收到或将要收到,占当年度回款的 54.60%。另外,2017 年度收回 XX 公司应收账款 218 057 049.54 美元,其中有 132 127 762.24 美元是在 2017 年 3 月 23 日前收到的,占当年度回款的 60.59%。

这和公司解释"XX 公司的应收账款的重点回款期在年底这一现实情况"不符。HC 公司的外销政策从 2014 年开始采用信用证结算到 2015 年采用第三方保理信用销售方式,收款一般延后 6~9 个月,从 2016 年开始不再披露出口销售的方式,显然 HC 公司自己也认识到了对 XX 公司出口销售的回款遇到了问题。

一般企业的出口销售大多采用信用证及托收的方式进行结算,账龄很少有超过 1 年的,而 HC 公司对 XX 公司的应收账款,账龄 1 年以内的余额为 71 199 353.62 美元,账龄 1~2 年的为 848 848 029.24 美元,账龄 2~3 年的为 7 582 578.34 美元。

XX 也是中间商,它需要把商品卖给沃尔玛等北美大型超市,等到 XX 公司收到钱后,再付钱给 HC 公司,难怪账龄会这么长。我们认为,HC 公司卖商品给 XX 公司的行为本质上可能属于代销方式,由于 HC 公司未具体披露与 XX 公司交易的相关合同条款,我们对此不能妄下结论。但如果属于代销,则 HC 公司不能在商品发出时就确认为收入,商品发出时只能作为移库处理。

有媒体报道,XX 公司在沃尔玛等超市卖的商品,甚至低于 XX 公司的进价。而 HC 公司最近 3 年来对 XX 公司有 20 多亿美元的销售,且信用期限这么长,难道对 XX 公司的运作方式一点都不做调查?

如果把 6.2 亿美元的坏账分配到各自的年度,HC 公司可能早该退市了!

从外部审计师的角度看,审计某会计账户时要从业务来看,任何公司做业务都遵循成本效益原则,即消耗的成本必须小于所带来的收入。从上述案例看,HC 公司为了开拓北美市场,必定有相关的策略,总括来说,无外乎通过经销商铺货、低价竞争、给予较长的信用期限等。那么,对于这些策略,HC 公司预计投入的成本有多大?采取了哪些风险控制措施以确保销售策略的顺利实施?这些可能是外部审计师更应该关注的重点,而不是发几封函证,查几张出口报关单草草了事。

【案例二】

# 此项废料销售收入可信吗

☞ **案例介绍**

乙上市公司的生产方式是将塑料粒子加热后运用先进的机器将其拉伸为塑料薄膜,其产成品就是塑料薄膜,由于机器对电压的稳定性要求非常高,所以在电力紧张的环境下会生产出很多废料。在审计外勤工作截止日,废料已全部卖完。由于电力日益紧张,乙公司的生产已无法正常开展,在审计外勤工作截止日期后,乙公司基本处于停产状态。

乙上市公司 200×年主营业务利润为 1 000 万元,而其他业务利润——废料收入为 700 万元,且是没有成本的,废料销售利润即 700 万元。乙上市公司的废料收入都是现金交易。

乙公司另设备查簿详细记录废料销售的客户及相关资料,审计人员已经根据备查簿做了统计,与乙公司的分类账账面核对相符。

审计人员在乙公司销售人员的陪同下走访了乙公司废料销售额较大的 10 家客户,他们的销售额占全部废料销售额的 40%左右。走访的结果是令人满意的。

☞ **案例思考题**

乙公司该项废料销售收入可以确认吗?

☞ **讨论与分析**

由于乙公司的成本分配系统并不确认废料成本,即所有的废料成本均由完工产品承担,所以废料收入没有成本。这在成本会计领域是允许的,符合重要性原则及成本效益原则的要求。

审计人员的职业判断如下:

(1) 废料销售是存在的。

(2) 确认金额巨大的废料销售存在审计风险。

(3) 必须采取更进一步的审计程序来证明乙公司的确生产出了这么多废料。

审计人员进行了分析性复核:

(1) 由于乙公司整个生产过程非常简单,且在生产过程中只是改变了原料的外观形态,所以审计期间所有的产出重量应等于所有投入的重量。

其产出模型是:

$$\frac{本期}{产量} = \frac{期初库存}{原料重量} + \frac{本期采购}{原料重量} - \frac{期末库存}{原料重量} + \frac{辅料使}{用重量} - \frac{合理的生产损耗}{(生产技术人员提供)}$$

$$\frac{本期}{废料} = \frac{本期}{产量} - \frac{本期产品产量}{(产成品入库重量)}$$

(2) 由于乙公司的存货账本来就以重量作为计量单位,所以用产出模型来对乙公司本期废料的产出量进行分析性复核是很方便的。

☞ **结论**

经过我们的分析性复核,乙公司账面的废料产出明显高于我们的分析,即乙公司的废料收入在投入产出比上是不合理的。

乙公司承认虚构了报表中的大部分废料收入,并同意审计人员的调整意见。

本案例给我们如下启示:

(1) 这一案例审计人员已经采取了高成本的审计方法,比如,走访客户,但结果恰恰是高成本的审计方法向我们提供了伪证。说明对于异常的、对上市公司有特殊利益的交易,外部证据有可能因为客户的串通而失真。

(2) 有时候简单的、合理的分析性复核程序更有效率。

(3) 关键还是注册会计师的职业判断,如果注册会计师不是自始至终以废料收入为出发点来设计审计程序,而是仅仅实施走访客户的审计程序,就有可能使自己被牵着鼻子走还感觉很满意。

(4) 对于注册会计师来说,一方面,必须时刻保持职业怀疑态度,另一方面,思考问题的切入点也非常重要。从本例来看,走访客户等审计方法是通过客户端来验证业务,而分析性复核是从生产端和采购端来验证产出废料的真实性。对于大部分审计事项来说,这两者都必不可少。

【案例三】
## D公司董事会与S会计师事务所的意见分歧

☞ **案例介绍**

S会计师事务所在D股份有限公司(简称D公司)2017年度会计报表的审计报告中称:"(一)D公司2017年度已确认的主营业务收入共计人民币1 687 280万元,包括对中国境内两家客户的产品销售收入人民币115 200万元,其中人民币85 400元发生于2017年12月。以上对其中一家新客户2017年12月确认了人民币59 400万元产品销售收入。我们未能从这两家客户取得直接的回函确认,我们也未能确定与这一新客户的交易的真实性。2017年度对这两家客户的全部产品销售收入中,截至2017年12月31日和审计报告日尚未收款的金额分别为人民币115 200万元和人民币111 200万元。因此,我们未能取得足够证据以证实这些收入的真实性,和2017年12月31日公司及合并资产负债表中与这些收入相关的应收账款的真实性,也不能确认截至2017年12月31日公司及合并的主营业务收入和应收账款是否不存在重大差错。(二)D公司2017年度已确认了销售退回超过人民币40 000万元。D公司管理层认为截至2017年12月31日没有必要对销售退回计提准备。我们未能取得足够的资料及解释以确定2017年12月31日是否不需对销售退回计提准备。"

☞ **案例背景**

1. D公司的经营范围和销售政策。

D公司主要从事冰箱、空调器及家用电器的制造和销售业务。D公司的销售政策主要如下:

(1) 对经销商采取一种先发运后销售的现货买卖方式。可以让商品在市场上与用户直接见面,有利于开拓新市场,特别是消费品市场。在某一特定时间段内,发货数量比较密集,而且该数量往往超出了经销商在正常时间段内可以对外销售的数量。

（2）赊销期长，货款回收较缓慢。经销商不垫付资金，在商品销售给最终消费者之前，不承担对收到商品无条件付款的义务，除非存放在经销商处由于经销商责任发生毁损或丢失。

（3）未来双方销售退回的时间、价格往往事先不约定，但其退回行为的预见性已经蕴含在买卖双方的商业默契之中。经销商不承担包销责任，商品退回不限于商品质量、品种不符合要求等原因。如果货物滞销，D公司有权收回已发出商品或转运给其他经销商。所发生费用由D公司承担。

（4）D公司对发出商品的销售价格规定最低售价；或由经销商向D公司报价，征得D公司同意后确定价格。

2. D公司董事会有关说明。

根据D公司2017年年度报告中反映的情况，D公司董事会与S会计师事务所对于案例中提及的"销售收入确认"和"销售退回计提准备"两项会计处理存在着明显的意见分歧，D公司董事会有关说明如下：

（1）有关"销售收入确认"。D公司董事会就S会计师事务所的审计意见在D公司2017年年度报告中披露："因拓展销售渠道的需要，本公司试图培养一批上规模的大客户，对该类客户的风险公司是可控制的；本公司给予其一定的赊销额度是对该区域的主要重点客户的综合授信。这在业内是一个通行的惯例，也是一个很成功的做法，对公司的业务快速增长有着至关重要的意义。

本公司董事会认为本公司已应审计师要求提供了销售合同、出库单及市场分析等文件，按本公司惯例及行业销售习惯，董事会认为对该等客户的销售并无风险和差错，此模式之销售在过往年度亦得到认可，所以董事会并不理解上述判断。"

（2）有关"销售退回计提准备"。D公司董事会就S会计师事务所的审计意见在D公司2017年年度报告中披露："本公司2017年全年退货总额约4亿元，其中有某单一客户退货总额约2.4亿元。此4亿元已全额冲减2017年销售收入。

本公司审计师因2017年退货达4亿元，担心2018年年内存在2017年已售产品大量退货，要求计提退货准备。

董事会认为2017年本公司全年退货总金额约为4亿元，其中某一客户退货额为2.4亿元，该客户之退货是本公司为稳定区域市场价格，而委托该客户对冲击市场的本公司产品进行回购之退货；除上述客户外，其余退货的退货率为0.9%。从2018年1月1日至2018年4月20日本公司退货总额仅为2 400万元，而且在新的销售年度，本公司已加强对市场价格的监控，因此，董事会认为没有必要提取退货准备。"

3. D公司在没有收回某个2017年度新增客户5.58亿元欠款的情况下，继续在当年12月向该新客户赊销5.94亿元巨额商品。

4. 根据D公司2018年8月31日的公告，其已经追溯调减了2017年度8.6亿元收入。

☞ **资料来源**

D公司2017年年报。

☞ **依据及相关法规**

1.《企业会计准则第14号——收入》(2006年)

2.《企业会计准则第 14 号——收入》(2017 年修订)。

☞ **案例思考题**

本案例中所涉及的 D 公司销售及退回业务究竟属于何种性质？对有关销售业务应如何确认收入？

☞ **讨论与分析**

在本案例中,S 会计师事务所对 D 公司销售收入和相关应收账款的真实性,以及不计提退货准备持保留意见。从其所披露的信息看,主要理由为:两家客户的销售收入比较集中在 2017 年 12 月份确认,而且直至 2018 年 4 月 28 日审计报告日绝大部分款项尚未收到;也未能从这两家客户收到回函确认;2017 年度销售退回金额较大。

D 公司董事会则不同意 S 会计师事务所的审计意见,认为公司为培养一批上规模的大客户,给予其一定的赊销额度是对该区域的主要重点客户的综合授信,是业内通行的惯例,对公司的业务快速增长有着至关重要的意义;客户退货是本公司为稳定区域市场价格,而委托该客户对冲击市场的本公司产品进行回购之退货,没有必要提取退货准备。

我们认为,本案例的主要问题是该不该确认销售收入,而不是对已经实现的销售计提销货退回准备。D 公司与经销商的交易是属于怎样一种销售方式呢？根据下列迹象:在向最终客户出售商品之前,经销商没有承担对这些商品无条件付款的义务;D 公司能够要求将发运给经销商的商品退回或者将其销售给其他经销商;D 公司某个退货数量较大的客户,是应 D 公司的要求而退货。说明 D 公司仍然掌控发出商品及其价格的迹象。这些迹象证明 D 公司和经销商之间的交易实质上是一种委托代销安排:委托方(D 公司)委托受托方(经销商)向终端客户销售商品。

对于该项委托代销安排,应当评估在 D 公司向受托方转让商品时是否已转移该商品所有权上的主要风险和报酬,如果没有,D 公司不应在此时确认收入,而应当在经销商售出商品时确认销售商品收入。

从 D 公司的销售政策分析,D 公司将商品发运给经销商时,发出商品所有权上的主要风险和报酬尚未转移给经销商:①D 公司承担较大的资金风险。其向经销商发出商品后,经销商在商品销售给最终消费者之前不承担付款义务,如果经销商不遵守合同和缺乏商业信用,资金将被长期占用,商品滞销退回,更是导致资金被无效占用。②D 公司承担相关的退货费用和跌价损失。商品滞销运回或转发其他经销商的费用,均由 D 公司承担。商品滞销导致的跌价损失也由 D 公司承担。

此外,D 公司对发出商品销售收入的金额,在经销商未销售给最终消费者之前,受到商品质量、规格、价格、滞销等多种因素影响,商品退回难以预计,销售收入不能可靠计量。

综上所述,D 公司在将商品发运给经销商时,不满足收入确认的条件,不能确认收入。其应当在经销商售出商品时确认销售商品收入。

D 公司没有按照收入准则的规定确认收入,2017 年第 4 季度有高达 8.54 亿元的销售收入没有得到验证;在没有收回某个 2017 年度新增客户 5.58 亿元欠款的情况下,继续在当年 12 月向该新客户赊销 5.94 亿元巨额商品,占对该客户年末应收货款的 51.56%;2017 年度已确认销售退回超过人民币 4 亿元,2018 年 8 月 31 日公告,其已经追溯调减了 2017 年度

8.6 亿元收入,合计因销售退回调减 2017 年度销售收入 12.6 亿元。种种迹象表明,D 公司有虚构收入和利润的问题存在,所谓销售退回实质上是之前虚构收入地冲回罢了。

## 第二节　房地产销售收入的确认

　　房地产销售模式一般分为两类:一类是"先有买方、后有卖方"的方式,即由房地产开发商事先与买方签订了合同,按合同要求开发房地产;另一类是"先有卖方、后有买方"的方式,即房地产开发商先自行开发房地产,然后在市场上进行销售。前者不是房地产销售的普遍现象,由于事先确定买方,其交易性质与建造承包商建造工程交易性质相近,故相关收入确认按《企业会计准则——建造合同》的规定处理。而实务中的房地产销售大部分属于后者,故下文提及的"房地产销售"均属于后者。

　　《企业会计准则第 14 号——收入》(2006)中销售商品确认收入的原则为同时满足下列五个条件:

　　(1) 企业已将商品所有权上的主要风险和报酬转移给购货方。

　　(2) 企业既没有保留通常与所有权相联系的继续管理权,也没有对已售出的商品实施有效控制。

　　(3) 收入的金额能够可靠地计量。

　　(4) 相关的经济利益很可能流入企业。

　　(5) 相关的、已发生或将发生的成本能够可靠地计量。

　　由于房地产作为特殊的商品,政府部门在我国房地产行业的各环节介入较多,流程复杂,一般分为拿地、规划设计、建造、竣工、销售、交付和售后等,有较多的法律法规和规定对其进行规范,如《合同法》《物权法》《城市房地产管理法》《城市房地产开发经营管理条例》《商品房销售管理办法》《商品房预售管理办法》《建设工程质量管理条例》《商品住宅实行住宅质量保证书和住宅使用说明书制度的规定》以及地方政府的相应管理办法等。这些法律法规及规章办法对房地产开发流程中的建造、竣工、销售、交付和售后等环节均进行了相应规范,如竣工验收、商品房预售和销售、交付、保修和权属登记等细节。房地产开发商在确定房地产销售收入时,需将房地产销售的收入确认条件和上述规定相结合,综合判断是否满足商品销售的收入确认条件。

　　销售环节方面,目前我国房地产实行预售制,在取得预售许可证后,便开始预售回笼资金;项目完工后,通过竣工验收,取得竣工备案许可、住房交付使用许可后,根据预售合同的相关规定,进入交付环节;在合同约定的交房日前向买方发出交房通知,通知买方交付,办理交付移交手续,并配合办理权属登记手续等。新的收入准则应用之前,A 股房地产业上市公司中对房地产销售的收入确认基本分为两类,一类为房屋已满足交付条件,卖方取得了买方付款证明时(通常收到销售合同首期款及已确认余下房款的付款安排)确认,一类为完成交付时确认。

　　确认方式的不同主要在于收款环节、交付环节和登记环节等对风险和报酬、经济利益流入等情况的判断。

　　上述两种方式的共同点,从卖方的义务角度看,房屋已完工并经政府部门验收合格,已满足房屋的交付条件;从卖方的利益角度看,确保收款的利益流入;从买方的义务角度看,已向卖方提交付款证明,比如已一次性付款或者办理完毕按揭手续。

　　上述两种方式的差异在于买卖双方是否在交付环节对房产进行交接,办理房产的移交手续。在买卖双方交接之前,房产作为特殊商品,根据法律规定,在建造完成后,必须有政府的验收程序,经验收合格后,方可交付买方使用,这也是交付环节的前提。

　　此外,如前述房地产销售还存在权属登记环节,在实务中也存在房产已经交付,但未办理相关的权属登记的情况,在该种情况下,对房产销售收入确认有何影响?

　　由于房地产特殊商品的属性,在整个交易过程中有较多环节,究竟是以"完成交付时"为时点,还是以"在达到销售合同约定的交付条件,取得买方按销售合同约定交付房产的付款证明时"为时点,或者以"购房人取得房地产权属登记证书时(即购房人取得小产证)"为时点进行收入确认,以下我们通过不同的情形来具体分析。

**【案例一】**

## 未办理交付手续或产权登记手续能确认收入吗

　　某上市公司 X 为房地产开发企业,主营业务为在中国大陆从事住宅开发,主要市场为面向个人购房客户。该公司所属某项目公司(甲方)在 S 市从事住宅开发。该项目在开工前已获取《土地证》《建筑用地规划许可证》《建设工程规划许可证》《施工许可证》及其他必要的证件。

　　该项目于 2016 年 1 月开始建造,2017 年 4 月办理预售登记,备案为装修房,2017 年 12 月办理竣工备案许可,2018 年 1 月办理住宅交付使用许可证,2018 年 3 月办理大产证。

　　2017 年 1 月,该项目公司按照 S 市颁布的《S 市房地产转让办法》,已具备预售条件,并获取预售许可证进行预售,预售过程中和个人购房者签订商品房预售合同。该合同对房屋的暂测面积、销售价格、付款约定、变更设计、交付条件、交付日期、交付标志、产证手续、风险责任手续、抵押权、保修责任均进行了规定:

　　收款条件规定为签订合同后 3 个月内支付完毕,如未支付完毕,有相应的违约金条款。出卖人为买受人购买该房屋的按揭贷款提供了阶段性担保。

　　交付条件规定为"甲方取得《住宅交付使用许可证》,交付日期为 2018 年 3 月 31 日"。

　　交付标志为"该房屋符合本合同第十条约定的交付条件后,甲方应在交付之日前 10 天书面通知乙方办理交付该房屋的手续,乙方应在收到该通知之日起 10 天内,会同甲方对该房屋进行验收交接。房屋交付的标志为交接该房屋钥匙"。

　　交付过程中关于验收、工程质量、权利义务等其他规定如下:

　　"甲方交付的该房屋系验收合格的房屋,如该房屋的装修、设备标准达不到本合同约定的标准,乙方有权要求甲方按实际的装修、设备与约定的装修、设备差异 <u>0</u> 倍给予补偿。如主体结构不符合本合同预定的标准,乙方有权单方面解除本合同。双方商定对标准的认定产生争议时,委托本市有资质的建设工程质量检测机构检测,并以该机构出具的书面鉴定意见为处理争议的依据。"

"该房屋交付后,乙方认为主体结构不合格的,可以委托本市有资质的建筑工程质量检测机构检测。经检验,确属主体结构质量不合格的,乙方有权单方面解除本合同。"

"自该房屋验收交接之日起,甲方对该房屋负责保修。保修范围和保修期由甲乙双方参照国务院发布的《建筑工程质量管理条例》及《上海市房地产转让办法》规定在本合同中约定"。

房屋的风险责任规定为"自该房屋交付之日起由甲方转移给乙方"。

抵押权方面,"甲方保证在向乙方交付该房屋时该房屋没有甲方设定的抵押权,也不存在其他产权纠纷和财务纠纷。如房屋交付后出现与甲方保证不相一致的情况,由甲方承担全部责任"。

"乙方购买的房屋及其相应占有的土地使用权不可分离。自该房屋的房地产权利转移之日起,甲方与S市规划和土地管理局签订的土地使用权出让合同中约定的权利、义务和责任转移给乙方"。

"本合同项下乙方依法享有的权益(房屋期权),乙方可以依法转让、抵押。乙方依法行使上述权利时,甲方应予协助"。

产权登记及连带担保责任方面的规定如下:

"双方在签署房屋交接书60天内,双方依法向XXX房地产交易中心办理价格申报、过户申请手续,申领该房屋的房地产权证(小产证)"。

"若乙方办理贷款的,则其应在取得《房屋他项权证》后3天内将其提交给贷款机构,以消除甲方对乙方贷款所承担的连带担保责任(如有);否则,每逾期一日,应向甲方支付房屋总价款的万分之八违约金"。

"甲方对乙方所申请的贷款承担连带担保责任的,且因乙方原因导致甲方对贷款机构履行担保义务的,则乙方自甲方履行担保义务起3天内归还甲方因此支付的各项费用,并向甲方支付该房屋总价款5%的违约金。另外甲方在乙方支付前述款项前有权随时解除买卖合同,若甲方解除合同的,则乙方支付该房屋总价款10%的违约金并赔偿甲方因此遭受的损失"。

根据公开披露信息,该公司的收入确认政策为"房屋完工并验收合格,取得了买方的付款证明(销售价款已取得或确信可以取得),并办理交付手续"。

☞ **资料来源**

X公司年报、项目A的商品房预售合同。

☞ **依据及相关法规**

1.《企业会计准则第14号——收入》(2006)。

2.《合同法》。

3.《物权法》。

☞ **案例思考题**

1. 分析本案例有关资料,结合《企业会计准则第14号——收入》(2006)对销售商品收入的相关规定,未办理交付手续是否影响确认收入?

2. 乙方(买受人)未办理产权登记转移手续是否会影响收入确认?

☞ **讨论及分析**

1. 根据合同规定,交付条件为"甲方取得《住宅交付使用许可证》",交付日期为2018年3月31日。公司房屋于2018年1月取得《住宅交付使用许可证》,满足了销售合同约定的交付条件;《住宅交付使用许可证》意味着该房屋已完工,建造活动已经完全结束,并经政府验收合格,后续一般不会发生相关成本,因此也满足"相关的、已发生或将发生的成本能够可靠地计量"的收入确认条件。

此外,收款方面,本案例规定"签订合同后3个月内支付完毕,如未支付完毕,有相应的违约金条款",意味着卖方的经济利益也有保证,也满足了"收入的金额能够可靠地计量和相关的经济利益很可能流入"的收入确认条件。

本案例中的销售合同对交付手续进行了明确规定,如交付标志为"该房屋符合本合同第十条约定的交付条件后,甲方应在交付之日前10天书面通知乙方办理交付该房屋的手续,乙方应在收到该通知之日起10天内,会同甲方对该房屋进行验收交接。房屋交付的标志为交接该房屋钥匙";通过钥匙交接,表明买方实现了对房屋的占有、使用交接,同时也明确了风险责任的转移时点,如房的风险责任规定为"自该房屋交付之日起由甲方转移给乙方"。

由于卖方可能在开发过程中进行抵押融资,所以在交付房屋时,买卖双方也对抵押权进行了规定,如销售合同中约定"甲方保证在向乙方交付该房屋时该房屋没有甲方设定的抵押权,也不存在其他产权纠纷和财务纠纷。如房屋交付后出现与甲方保证不相一致的情况,由甲方承担全部责任"。

无论是从实际占有、使用交接、风险责任转移约定还是抵押权的解除,买卖双方均强调了在交付日对这些手续进行约定,如上述合同约定中对交付时点完工状态、质量状态、抵押权状态、产权状态等均作出约定,保证了交付时点该房屋达到交付状态,以保证在交付之日完全实现风险和报酬的转移。

此外,商品销售合同中,一般均对提供产品的质量纠纷处理方式做了约定。对于该案例,如"约定了主体结构不合格,交付前买方可以单方面解除合同,交付后经约定的检测机构检测后买房可单方面解除合同"。对于该情况,从两方面考虑,对于卖方来说,房屋已经取得经政府质量合格验收的《住宅交付使用许可证》,一般情况下不会存在主体结构质量问题;对于买方来说,许多问题(一般为非主体结构问题)在入住之后才显现,结合X公司以往历史记录,均未发生主体结构质量不合格的情况,对于主体结构质量不合格的情况,X公司可以合理推断概率不存在或者微乎其微,不会对收入确认造成影响。

对于非主体结构质量问题,销售合同同样约定了保修条款,如合同约定"自该房屋验收交接之日起,甲方对该房屋负责保修。保修范围和保修期由甲乙双方参照国务院发布的《建筑工程质量管理条例》及《上海市房地产转让办法》规定在本合同中约定",因此对于非主体结构的质量问题,属于售后质保范围,不影响收入确认。

综上,通过交付手续,买卖双方可以实现对商品的交接,买方在交接过程中对房产进行验收,以确定是否达到合同约定的交付标准,并予以签字确认并领取钥匙。买方通过拥有

"钥匙"这一标志,对房屋可以进行改造、使用、出租、抵押等获取收益,房产的毁损造成的损失也通过风险责任转移的约定,完全由卖方转移至买方承担。

上述案例通过验房、交付钥匙手续完成,出卖人已经将与商品所有权有关的风险,如商品可能发生毁损等形成的损失转移给买受人。与商品所有权有关的任何损失均不需要出卖人承担,与商品所有权有关的任何经济利益也不归出卖人所有,已表明商品所有权上的主要风险和报酬转移给了买受人。该案例结合销售合同条款,非常清晰表明:办理房屋交付手续是收入确认的关键控制点,实现了"企业已将商品所有权上的主要风险和报酬转移给购货方",也满足了"企业既没有保留通常与所有权相联系的继续管理权,也没有对已售出的商品实施有效控制"条件。因此,未办理交付手续显然未满足收入确认的全部条件。

2. 该案例通过完成房屋验收、钥匙交付的手续,保证了和实物相关的风险责任等转移时点和房产销售收入确认时点一致。但由于房地产作为特殊的商品,还存在权属登记规定。如本案例对登记手续的约定为,"双方在签署房屋交接书 60 天内,双方依法向 XXX 房地产交易中心办理价格申报、过户申请手续,申领该房屋的房地产权证(小产证)"。

但未办理权属登记并不表明买方不享有相关权益,包括转让、抵押等,如本合同规定:"本合同项下乙方依法享有的权益(房屋期权),乙方可以依法转让、抵押。乙方依法行使上述权利时,甲方应予协助"。

权属登记转移的考量主要在于预售制度下,卖方如通过按揭贷款方式实现销售回款,在交易过程中卖方一般为买方提供按揭贷款担保,该担保为阶段性连带担保,担保期限自卖方、按揭银行与买方签订的抵押贷款合同生效之日起,至买方办妥《房屋所有权证》并协助按揭银行办理抵押登记且将《他项权利证书》交予按揭银行之日止。

对于产权登记及可能的担保责任,案例中的合同进行了详细的约定,如合同约定"若乙方办理贷款的,则其应在取得《房屋他项权证》后 3 天内将其提交给贷款机构,以消除甲方对乙方贷款所承担的连带担保责任(如有);否则,每逾期一日,应向甲方支付房屋总价款的万分之八违约金"。

又如"甲方对乙方所申请的贷款承担连带担保责任的,且因乙方原因导致甲方对贷款机构履行担保义务的,则乙方自甲方履行担保义务起 3 天内归还甲方因此支付的各项费用,并向甲方支付该房屋总价款 5% 的违约金。另外甲方在乙方支付前述款项前有权随时解除买卖合同,若甲方解除合同的,则乙方支付该房屋总价款 10% 的违约金并赔偿甲方因此遭受的损失"。

因此在按揭贷款方式下,如果买方未能办理权属登记及相应的抵押登记,在房产市场较好的情况下,卖方因提供该担保而需承担的风险较小;如果房产市场价格下降幅度较大,市场价格远低于售价时,买方违约的概率会增加,从而导致卖方因担保责任引起的风险较大。假设出现买方按揭贷款违约情况,卖方将解除合同,并对已售房屋进行处置。在该种情况下,如未办理权属登记,从商品销售收入对应的五个确认原则方面来看有一定影响。假设出现市场剧烈波动的情况,需结合当时的市场环境和实际合同履行情况来综合判断。

那么,如果买方未办理权属登记或者因卖方原因未能办理,但已完成交付,是否会对收入确认影响呢?

《合同法》第四十四条合同的生效规定"依法成立的合同,自成立时生效。法律、行政法规规定应当办理批准、登记等手续生效的,依照其规定。"

另根据《合同法》的司法解释,"当事人以商品房预售合同未按照法律、行政法规规定办理登记备案手续为由,请求确认合同无效的,不予支持""当事人约定以办理登记备案手续为商品房预售合同生效条件的,从其约定,但当事人一方已经履行主要义务,对方接受的除外"。从中可以看出,虽然合同法对批准、登记等手续做出约定,但从合同本身,尤其是已履行义务的情形下,未办理登记备案手续并不影响合同生效。

且买卖双方在销售合同中对风险责任的转移时点已明确约定为交付时点,因此和房屋本身有关的风险和报酬已实现了转移,从而不会对"商品所有权上的主要风险和报酬""经济利益很可能流入"等造成影响。而且,案例中的合同也约定了不办理产权登记的违约金条款和乙方贷款违约导致甲方履行担保责任的违约金条款,以约束双方行为,避免房价波动对实际履约行为的冲击。房产交付之后以未办理房屋登记手续为名而违约的情况很少。

## 【案例二】
## 销售合同对房屋风险责任转移的约定影响收入确认的时点吗

某上市公司 Y 为房地产开发企业,主营业务为在中国大陆从事住宅开发,主要市场为面向个人购房客户。该公司所属某项目公司(甲方)在 T 市从事住宅开发。该项目在开工前已获取《土地证》《建筑用地规划许可证》《建设工程规划许可证》《施工许可证》及其他必要的证件。

该项目于 2016 年 3 月开始建造,2017 年 3 月取得预售许可,备案登记为装修房,2017 年 11 月办理竣工备案许可,2018 年 2 月办理住宅交付使用许可证,2018 年 5 月办理大产证。销售合同在交付条件、交付标志、风险责任手续方面约定主要如下:

该商品房为成品住宅,出卖人与买受人约定按 A 方案(适用于所有户型),5 000 元/每平方米,实施装修。

出卖人与买受人按照套内面积(150 平方米)计算该商品房价款,该商品房单价为每平方米 30 000 元/平方米,所购该商品房总价款合计为 450 万元。

交付条件规定为"甲方取得建设工程竣工验收合格证明,取得实测报告书,商品房为住宅的,还需取得《住宅质量保证书》和《住宅工程质量分户验收结果表》,基础设施设备和公共设施的交付条件满足相应条件"。

交付时间为"在 2018 年 3 月 31 日之前向买受人交付该商品房,该房屋符合本合同约定的交付条件后,甲方应在交付之日届满前 3 天书面通知买受人查验房屋的时间、地点和应当携带的证件资料"。

交接手续为"1.核实买受人身份。2.查验房屋状况。3.确认房屋建筑面积及相关费用结算。4.办理房屋占有、使用的交接手续"。

"出卖人承诺该商品房的地基基础和主体结构合格,并符合国家和行业标准。买受人对地基基础和主体结构质量有异议的,可以与出卖人共同委托建设工程质量检测机构重新核验;买受人自行委托申请的,出卖人予以配合。经检测不合格的,买受人有权解除合同,出售人并赔偿相应损失和利息;买受人不解除合同的,可以要求出卖人修复"。

"买受人查验的该商品房存在除地基基础和主体结构以外的质量问题的,由出卖人按照有关工程和产品质量规范、标准自查验次日起按以下约定时间负责修复,并承担修复费用,修复后再行交付。"

"由于买受人原因,买受人未按照出卖人通知的时间办理交接手续的,包括但不限于买受人未在通知时间前往指定地点收房,或买受人无合同约定和法律规定的理由而拒绝收房的,视为出卖人已按本合同约定的条件交付,该房屋的保修期开始计算,与商品房有关的包括但不限于物业服务费用、水电费及其他应由业主缴纳的税费均由买受人承担,房屋毁损风险由买受人承担"。

根据公开披露信息,该公司的收入确认政策为"房屋完工并验收合格,取得了买方的付款证明(销售价款已取得或确信可以取得)"。

☞ **资料来源**

Y 公司年报、项目 B 的商品房预售合同。

☞ **依据及相关法规**

1.《企业会计准则第 14 号——收入》(2006)。
2.《企业会计准则第 14 号——收入》(2017 年修订)。
3.《合同法》。
4.《物权法》。

☞ **案例思考题**

1. 销售合同对房屋风险责任转移的约定会影响收入的确认时点吗?

2. 如果该装修为个性化装修,且另行签订协议约定毛坯和装修的交付手续以及各自的风险责任转移,根据《企业会计准则第 14 号——收入》(2017 年修订)的相关规定,说明商品房(毛坯)和装修是否可以在不同的时点确认收入。

☞ **讨论及分析**

1. 在房地产销售中,买卖双方通过销售合同的约定条款(如销售价款、退房条款、买方享有房屋的权利,如抵押、转让等约定)以及预售制下预告登记的应用等来对房地产的风险和报酬、与所有权相联系的继续管理权及商品的控制权进行界定。如《物权法》第二十条关于预告登记的规定,"预告登记后,未经预告登记的权利人同意,处分该不动产的,不发生物权效力。预告登记后,债权消灭或者自能够进行不动产登记之日起三个月内未申请登记的,预告登记失效"。即预告登记手续保障了买方的物权效力,卖方无法随意处置该房屋。那么是否就意味着预告登记可以确认风险报酬转移了呢? 我们可以看案例二与案例一相同的是,也约定了交付时间、交付条件、交付手续和质量条款等。从这些合同条款的约定来看,仅有预告登记是无法充分保证买方的权利,我们还是要结合销售合同进行综合判断。案例二与案例一相比较,最为显著区别是两个公司的销售收入确认政策中,Y 公司没有明确"并办理交付手续"。那是否意味着 Y 公司不需要考虑交付手续即可确认收入呢? 让我们来充分解读一下 Y 公司这个项目的销售合同吧。

与案例一比较,案例二的交付条件为"甲方取得建设工程竣工验收合格证明",交付条件的时间要求上有所提前,无需等待最终的《住宅交付使用许可证》的取得,只是要求基础设施设备和公共设施的交付条件满足相应条件,在建设工程竣工并验收合格的情况下即可交付。

案例二对于交接手续明确为"1.核实买受人身份。2.查验房屋状况。3.确认房屋建筑面积及相关费用结算。4.办理房屋占有、使用的交接手续"。相较于案例一,没有明确的交付钥匙的标志,但对于交付手续的细节规定更为清晰,其本质上与案例一的交付手续是相同的,最终也是房屋占有、使用的交接,只是表达形式上的差异而已。

从交付时间上来看,案例二更加明确的是买方不如期验收房产或者无理由拒绝验房的,都视作实际交付,也保障了卖方的合法权益。

因市场价格变动导致的减值、增值产生的损失和收益,已通过合同约定和预告登记等从卖方转移给买方,但市场价格变动之外的其他风险和报酬,仅靠预告登记是无法实现的,只有通过交付手续来实现。比如通过交付意味着买方可以占有、使用该房产,可以通过使用、消耗、交换、抵押或持有等多种方式直接或间接地获得商品的经济利益。交付也从实际上限制卖方将该房产另行处置,如一房多卖等,也就没有保留通常与所有权相联系的继续管理权。

房屋未移交给买方之前,房屋仍处于卖方的管理范围,其对房屋仍有管理义务。根据《合同法》第一百四十二条标的物的风险负担的规定,"标的物毁损、灭失的风险,在标的物交付之前由出卖人承担,交付之后由买受人承担,但法律另有规定或者当事人另有约定的除外"。案例二中的销售合同,虽未单独约定风险责任转移的时点,但从逾期交房的条款来看,对于房屋毁损风险责任、房屋费用承担责任从房屋交付之日起转移。

此外该合同中对交付手续中出现的质量问题处理方式也做了明确的规定,如"买受人查验的该商品房存在除地基基础和主体结构以外的质量问题的,由出卖人按照有关工程和产品质量规范、标准自查验次日起按以下约定时间负责修复,并承担修复费用,修复后再行交付。"

出卖人通过交付条件中的竣工验收合格来保证商品房质量,假如买受人在验房过程中提出质量问题,对于除地基基础和主体结构外的质量问题,由于已和买受人约定了修复条款,对于出卖人来说,不会因为该类质量问题出现退换房的风险。如果出现地基基础和主体结构问题,买受人可以选择解除合同,则不会满足收入确认条件。

所以,判断企业是否已将商品所有权上的主要风险和报酬转移给购货方,应当关注交易的实质而不是形式,同时考虑所有权凭证的转移或实物的交付。鉴于房屋的特殊商品属性,与房屋相关的风险和报酬通过销售合同中约定的多个环节来实现转移。由于房屋不同于其他商品,尤其是所有权、占有权、使用权等权利的转移时点因销售合同的具体约定而不同,尤其是对房屋风险责任转移的约定,界定了房屋毁损风险责任、房屋费用承担责任的转移时点,从而会影响收入的确认时点,且该约定不仅仅是看直接条款约定,还要分析各种条款中的本质含义。无论企业的收入确认政策如何表述,其根本还是要满足收入确认的五要素。

2. 在个性化装修的约定下,Y 公司将按照客户的要求进行装修。销售合同中约定的商品为装修房,且 Y 公司承诺按照客户的要求进行装修,是需要在商品房(毛坯)的基础上进行定制化装修,以最终整合成按照客户要求的精装房提供给客户,所以,该情况下,商品房(毛坯)与装修是不可单独区分的,不能在不同的时点确认收入。

在新的收入准则下,将更加容易判断。《企业会计准则第 14 号——收入》(2017 年修订)规定:"下列情形通常表明企业向客户转让该商品的承诺与合同中其他承诺不可单独区分:1.企业需提供重大的服务以将该商品与合同中承诺的其他商品整合成合同约定的组合产出转让给客户。2.该商品将对合同中承诺的其他商品予以重大修改或定制。3.该商品与合同中承诺的其他商品具有高度关联性"。

(1)关于第 1 类情形。在目前商品房销售规定下,商品房销售需要备案登记,备案的是装修房,则代表 Y 公司承诺的合同交付物为装修房,毛坯房只是履约过程中的一个半成品,完成毛坯房后,Y 公司还必须根据合同约定为客户提供装修。从一般商业逻辑来看,在 W 公司向客户交付商品房(毛坯)时,客户不会进行签收,因为客户是需要获得商品房(毛坯)和装修整合成的组合,而不是分别获得毛坯和装修。案例中合同约定的是装修房,如果客户接受分开验收,则前一个验收很可能是形式,如果是实质验收,在备案为装修房的约定下,则很可能变相改变了合同约定的交付物,从法律和客户接受程度方面,交付手续约定的合规性将受到质疑,进而影响交付手续的法律效力。因此该情况属于上述不可单独区分的第 1 类情形。

(2)关于第 2 类情形。销售合同已明确约定为个性化装修,需要按照客户的要求进行装修,在这个装修过程中,Y 公司按照客户的要求对商品房进行了定制化的修改,符合上述不可单独区分的第 2 类情形。

(3)关于第 3 类情形。销售合同约定为提供装修房,虽然毛坯和装修作为合同中不同的商品,但具有高度关联性。虽然通过两次交付手续界定了风险责任转移,但对于 Y 公司实质上属于销售精装房,而不是分别销售毛坯和装修服务。我们对于收入确认时点的判断,从 Y 公司最终的销售合同交付物出发(和预售备案登记的交付物需一致)不应该仅仅局限于形式上的两次交接,因为签订两次交接很可能是 W 公司想为分次确认毛坯房收入和装修收入提供依据,从而提前确认收入。我们应更加关注两个商品之间的关联度,即后续装修的履行情况将影响毛坯房的交付,客户通过装修完毕最终的验收交付手续来保证装修质量,维护自身的合法权益。在此情况下的毛坯房验收仅为启动装修工程,客户只是履行毛坯房完成阶段的验收,但不会办理毛坯房的交接手续,而办理房屋交付手续才是收入确认的关键控制点。购房人与 Y 公司的交易是买卖精装房,客户需要获得的是商品房(毛坯)和装修整合成的组合产出,所以,Y 公司提供的商品房(毛坯)和装修是具有高度关联性的。

在销售合同约定为装修房,且为个性化装修的前提下,本案情形符合收入准则中的 3 类情形,所以,商品房(毛坯)与装修不能在不同的时点确认收入。

【案例三】

## 毛坯房＋装修服务何时确认售房收入

W 公司为从事房地产开发的 A＋H 股上市公司,主营业务为在中国大陆从事住宅开发,主要市场为面向个人购房客户,并签订销售合同。

W 公司在 T 市开发的项目 A,在商品房预售备案登记时,登记为毛坯房。该毛坯房售价为 30 000 元/平方米。实际销售过程中,由于 W 公司在装修服务方面的品牌议价及过程管控能力较强,因此还为需要装修服务的客户提供装修,另行签订服务合同,装修标准为 3 000 元/平方米(标准化装修)。如果客户选择装修,总的价款为 33 000 元/平方米。另外交付的时间和程序也各自做了约定。从实际销售结果看,所有的客户均选择了毛坯房十装修服务。

W 公司按照各自交付的时间点(毛坯交付验收完成、装修交付验收完成)分别确认收入。

☞ **案例背景**

财政部 2017 年发布修订后的《企业会计准则第 14 号——收入》,并要求各类企业分批施行。W 公司作为在境内外同时上市的企业,自 2018 年 1 月 1 日起开始采用财政部 2017 年发布的《企业会计准则第 14 号——收入》。

☞ **依据及相关法规**

1.《企业会计准则第 14 号——收入》(2017 年修订)。

2.《合同法》。

3.《物权法》。

☞ **案例思考题**

1. 分析本案例有关资料,根据《企业会计准则第 14 号——收入》(2017 年修订)的相关规定,说明商品房(毛坯)和装修是否可以在不同的时点确认收入。

2. 如果在市场低迷的情况下,为快速去化("去化"在房地产领域即为"销售"),W 公司分别和购房者签订毛坯房购买合同和装修合同,约定了毛坯和装修的相关条款等,但列明该装修为赠送。当然客户有权选择不需要赠送的装修,自行在市场上委托其他方进行装修。

为充分界定毛坯和装修之间的风险责任转移,W 公司对于毛坯和装修分别交付给客户。客户也充分知晓,对毛坯交付手续和装修交付手续分别办理均无异议。此外,W 公司和客户对赠送协议进行了公证,也无其他法律上违规的事项。在该背景下,毛坯和装修是否可以在不同的时点确认收入?

☞ **讨论及分析**

1. W 公司约定向客户提供毛坯房和装修服务,根据案例背景,W 公司和客户就商品房(毛坯)和装修分别签订合同,并就毛坯和装修的价格、交付手续、程序分别做了明确约定,意味着 W 公司提供两个不同的商品/服务,两份合同互不影响,所以,两份合同约定的承诺是单独可区分的,需要分别进行会计处理。有证据表明两份合同是一揽子交易或者合同定价不公允的除外。

W 公司按照合同约定进行交付毛坯商品房和装修时,意味着买卖双方对毛坯商品房和装修均进行了验收交接,毛坯房和装修的控制权也依次分别进行了转移。后续装修合同的履行情况,并不影响已售毛坯房的销售结果。我们可以将其理解为卖方享有并承担两项权利和义务,可以分别确认销售商品房收入和装修劳务收入。

2. 装修为免费赠送的收入确认时点。

如 W 公司和客户分别签订销售毛坯房和装修合同,且装修约定为免费赠送,我们认为两个合同是关联不可分割的。根据《企业会计准则第 14 号——收入》(2017 年修订)第七条规定:"企业与同一客户(或该客户的关联方)同时订立或在相近时间内先后订立的两份或多份合同,在满足下列条件之一时,应当合并为一份合同进行会计处理:(一)该两份或多份合同基于同一商业目的而订立并构成一揽子交易。(二)该两份或多份合同中的一份合同的对价金额取决于其他合同的定价或履行情况。(三)该两份或多份合同中所承诺的商品(或每份合同中所承诺的部分商品)构成本准则第九条规定的单项履约义务",装修合同的定价为 0,主要是取决于 W 公司和客户签订了商品房(毛坯)销售合同,对于客户来说,其所购买的是装修完毕的房屋,实质上毛坯房的销售价格已包含了装修的价值(可以理解为,在装修单独计价的情况下,W 公司的毛坯房根据市场售价情况将会降价,如可能为 27 000 元/平方米,但购房者付出的是 30 000 元/平方米,其最终希望得到的是装修房)。

该案例中,预售备案的是毛坯房,而通过赠送最终销售的是精装房。在已经获取预售备案登记许可下,卖方可以选择将毛坯房降价,并再按照 3 000 元/平方米销售装修,也可以选择不降价,继续按照原备案价销售毛坯房,通过赠送装修的形式完成装修交付,实现去化。

在价格不合理情况下,新收入准则强调当合同中包含两项或多项履约义务时,需要将交易价格分摊至各单项履约义务,以使企业分摊至各单项履约义务(或可明确区分的商品)的交易价格,能够反映其因向客户转让已承诺的相关商品而预期有权收取的对价金额。因此,即使赠送情况下,如果判定为两个单项履约义务,则将根据实际情况采用合理的方法,如单独售价法、市场调整、成本加成等确定各自的价格进行收入确认。

那么,此类商品房的销售是否可以判定为提供毛坯和装修两项单独履约义务?这主要在于分析公司交付商品房(毛坯)的承诺与装修的承诺是否可单独区分。

《企业会计准则第 14 号——收入》(2017 年修订)规定:"下列情形通常表明企业向客户转让该商品的承诺与合同中其他承诺不可单独区分:1.企业需提供重大的服务以将该商品与合同中承诺的其他商品整合成合同约定的组合产出转让给客户。2.该商品将对合同中承诺的其他商品予以重大修改或定制。3.该商品与合同中承诺的其他商品具有高度关联性"。

(1)关于第 1 类情形。W 公司根据合同约定为客户提供商品房(毛坯)以及免费装修,从一般商业逻辑来看,在 W 公司向客户交付商品房(毛坯)时,客户不会进行签收,因为若进行签收,后续将获得的免费装修服务是否按照合同履行可能无法得到保障。但根据《合同法》第一百八十六条"赠与合同的任意撤销与限制"中"赠与人在赠与财产的权利转移之前可以撤销赠与。具有救灾、扶贫等社会公益、道德义务性质的赠与合同或者经过公证的赠与合同,不适用前款规定"。

第一百八十八条"受赠人的交付请求权"中"具有救灾、扶贫等社会公益、道德义务性质的赠与合同或者经过公证的赠与合同,赠与人不交付赠与的财产的,受赠人可以要求交付"。

在该案例中,该赠送协议经过公证,制约 W 公司继续按合同约定履行免费安装服务,客户可以通过不同的交付手续来实现毛坯和装修的交接,而不是在装修完成时点获得组合产出。如果未经过公证,则因 W 公司是否会履行赠送义务而不确定,客户一般会通过装修完成时点来做最后的实质交接,毛坯交接更趋于形式。

(2)关于第 2 类情形。标准化装修下,不属于重大修改或定制的界定。

(3)关于第 3 类情形。W 公司和购房者分别签订销售毛坯房和装修合同且约定赠送装修,购房者支付的毛坯房价格实际包含了装修,从实际使用角度,其更希望得到装修房。我们在关注两份合同之间的关联度方面,重点关注后续装修合同的履行情况是否影响毛坯房的交付。在该案例背景下,客户对毛坯交付手续和装修交付手续分别办理均无异议,而且客户充分知晓通过毛坯交付实现毛坯房的交接,通过装修交付实现对装修的交接,在法律上也无违规事项。此外,通过公证充分进一步锁定了 W 公司的装修义务,因此毛坯交付和装修交付将构成两个单独履约的义务。

如果两次交接非客户所愿构成违规事项或者未通过公证锁定 W 公司的赠送装修义务,我们对于收入确认时点的判断,不应该仅仅局限于形式上的两份合同、两次交接,因为签订两份合同很可能是 W 公司想为分次确认毛坯房收入和装修收入提供依据,从而提前确认收入。

# 第三节  建造合同收入的确认

《企业会计准则第 15 号——建造合同》对建筑施工企业的收入确认与成本结转进行规范。根据该项准则的规定,如果建造合同的结果能够可靠地估计,企业可以采用完工百分比法在资产负债表日确认合同收入和结转相关成本。合同的结果能够可靠地估计是指同时具备下列条件:

(1) 合同总收入能够可靠地计量。

(2) 与合同相关的经济利益能够流入企业。

(3) 实际发生的合同成本能够清楚地区分和可靠地计量。

(4) 合同完工进度和为完成合同尚需发生的成本能够可靠地确定。

企业确定合同完工进度可以选用下列方法:

(1) 根据累计实际发生的合同成本占合同预计总成本的比例确定。

(2) 根据已经完成的合同工作量占合同预计总工作量的比例确定。

(3) 根据由专业人员现场实际测定的完工进度确定。

通常,大多数的股份制建筑施工企业均采用完工百分比法,且一般选用累计实际发生的合同成本占合同预计总成本的比例确定完工进度,作为完工百分比法下计量收入的依据。

但是,采用完工百分比法,特别是按累计实际发生的合同成本占合同预计总成本的比例(以下简称成本进度)确定合同完工进度,有其局限性。因为无论实际成本还是预计成本,都是由企业自己计量或估算的,缺乏外部佐证。

所以,按成本进度确定完工百分比,要求内部成本管理与外部签证制度相结合。企业内部要建立一整套行之有效的成本内部控制系统,有完善的成本管理制度及成本核算方法,做好建造合同成本核算的各项基础工作,真实、及时、完整地核算和反映实施建造合同所发生的各项经济业务,准确编制预算成本和计算合同成本。企业外部要加强与合同甲方及项目监理(独立第三方)的沟通,及时取得经合同甲方或项目监理确认的工作量签证单,增强确定完工进度的客观性。否则会影响收入的确认和计量的可靠性。《企业会计准则第 15 号——建造合同》已执行多年,但在执行过程中还是暴露出一些企业为完成利润指标而随意调节完工进度的问题。

案例分析

## 按成本进度确认的收入与签证单金额不一致怎么办

☞ **案例介绍**

某股份制建筑施工企业 D 公司，承接某项大型工程，合同标的为 16 357 万元，预计总成本为 15 212.01 万元，目标毛利率为 7%，D 公司同时与多家分包单位签订工程分包协议，分包合同总价为 13 066.71 万元。施工单位编制工作量签证单<sup>注</sup>，交工程监理工程师根据现场工作完成的实际情况签字确认后，报工程甲方认可，作为日后收取工程款及办理结算的依据。甲方按签证单确认金额与 D 公司开具发票办理结算，D 公司据此确认应收账款。

该工程于 2017 年年初动工，至 2018 年年底工程尚未完工。2017 年、2018 年工程情况，如表 1 所示。

表 1            **某项工程 2017 年、2018 年实施情况**         单位：万元

| 项目 | 至 2017 年年底累计发生额 | 至 2018 年年底累计发生额 |
| --- | --- | --- |
| 工程施工成本发生额 | 8 753.21 | 12 982.41 |
| 按累计实际成本占预计总成本比例计算的完工进度 | 57.54% | 85.34% |
| 按成本进度应确认的合同收入 | 9 412.05 | 13 959.58 |
| 签证单甲方确认已完工作量金额 | 7 160.20 | 13 937.60 |
| 按签证单应确认的合同收入 | 7 160.20 | 13 937.60 |
| 按签证单确认金额计算的完工进度 | 43.77% | 85.21% |

注：工程量签证单（实务中也有称签确单）是我国目前建筑施工行业普遍采用的工程完工情况确认单。

☞ **依据及相关法规**

《企业会计准则第 15 号——建造合同》。

☞ **案例思考题**

1. 本案例中按成本进度确认的合同收入与签证单金额不一致，你认为如何确认收入比较合理？

2. 采用完工百分比法确认的合同收入，往往与相关的"应收账款"账户借方发生额不相等，请分析可能存在的原因。

3. 对于采用完工百分比法，你认为可以从哪些途径或采取哪些措施避免收入及成本不实？

☞ **讨论与分析**

1. 采用累计实际发生的合同成本占合同预计总成本的比例确定完工进度的方法（以下简称成本进度法），容易导致完工进度和利润不实。可能有的企业成本基础工作存在缺陷，如成本预算存在较大偏差或未能及时更新，以及成本记录的不完整等导致成本进度失误；也

可能有的企业为了追求近期业绩,通过低估未来还要发生的成本虚增完工进度,多计工程收入,从而达到提前实现项目利润的目的。特别是对大型建筑施工单位,工程项目多且分散在全国各地,财务及审计人员不可能逐一实地观察,更何况工程项目的专业性很强,这就大大增加了财务报表风险和审计风险。

在实务中,从谨慎性原则出发,建议按成本进度法确定的完工进度所确认收入与签证单确认收入孰低的原则确定合同收入。签证单上标明的已经完成工作量金额是经过企业外部确认的,上述数据可以比较方便地取得。

在本案例中,D公司2017年度、2018年度按成本进度法确定的完工进度分别为57.54%和85.34%,而2017年度、2018年度按签证单确认所计算的完工进度分别为43.77%和85.21%。截至2017年年末该工程项目按成本进度法确定的完工进度累计应确认收入为9 412.05万元,按该项工程预计毛利率7%推算,累计可实现利润658.84万元;而按签证单累计应确认收入为7 160.20万元,累计实现利润501.21万元。截至2017年年末采用孰低法少确认收入2 251.85万元,少计利润157.63万元。

按成本进度法确定完工进度,是企业内部可以控制的,因此,也可能被企业用于调节利润或受到企业成本管理不善的影响;而工程量甲方签证单是来自外部的确认凭据,具有较强的可信度。建筑施工企业采用按成本进度法计算的收入与按工作量签证单认可的收入两者孰低来确认收入,不失为一种可取的方法。采用孰低法,所确认的收入被限定在企业外部的建设单位或工程监理公司所认可的范围内,可在一定程度上遏制企业利用完工进度调节利润的情况发生,既兼顾了配比性的要求,又增强了收入确认及计量的客观性和谨慎性。

2. 采用完工百分比法确认合同收入,往往会导致所确认的合同收入与有关的应收账款借方发生额不一定相等。合同收入贷方发生额根据成本进度确认和计量,其会计分录对应的借方科目为"合同结算";应收账款借方发生额根据工作量签证单与甲方结算,按照发票结算金额确认和计量,其会计分录对应的贷方科目为"合同结算"。两者的依据不同,从而导致计量的金额往往有差异。

导致两者产生差异的可能原因具体分析如下:

(1)建筑施工企业成本基础工作存在缺陷,成本虚增或少计,导致完工进度不实。

(2)建筑施工企业出于调节利润的动机导致完工进度失真。

(3)工作量的实际完成与取得相关工作量签证单存在时间差,工作量签证滞后较为普遍,这是因为工程项目的甲方或第三方对于工作量的签字确认需要执行一定的流程,也可能存在质量纠纷。

(4)取得工作量签证单与取得工程项目甲方开具发票也可能存在时间差,有些工程项目的甲方由于自身财务状况或资金周转的原因可能拖延结算。

如果采用按成本进度确认收入与工作量签证单确认收入孰低原则确认合同收入,虽然也可能发生报告期工程结算收入与应收账款借方发生额不一致的情况,但是可能性程度和差异程度均会降低,而且工作量已经工程项目甲方或第三方确认,据此所确认的收入至少在外部确认的已完成工作量的范围之内,符合谨慎性原则,可以在一定程度上避免企业利用完工进度调节利润的情况发生。

3. 避免收入及成本不实可从以下方面努力：

（1）完善内部工程成本预算体系提升完工进度的准确性。采用完工百分比法需要预计工程项目的总成本，因此，对工程成本预算工作的要求相当高。不仅要求提供工程预算成本和预计毛利率的详细资料和可靠依据，而且还需要提供工程成本实际执行情况、偏离预算差异分析及成本调整资料。因此，严格按完工百分比法进行会计核算与加强工程预算管理，两者之间可以起到相互促进的作用。

（2）分包成本确认与付款进度相结合检查成本入账的完整性。建筑施工企业建造大型工程，往往会采用分包形式将部分工程的工作量分包给其他施工企业。如果已经发生的分包成本不反映或少反映，会使承接总包合同的建筑施工企业成本不完整，导致完工进度和利润不实。因此，分包成本的入账是否完整，也是建筑施工企业会计及审计判断的一个重要问题。在对分包成本完整性的检查中，应做好下列具体工作：①与分包单位的工程结算配套实行工作量签证制度，建筑施工企业对分包单位的工作量报送单进行签证，是确认分包成本的直接依据；②将分包成本确认与付款进度相联系，分包合同约定的付款进度是检查成本入账完整性的重要依据；③将分包成本与预算成本各组成部分对比，根据成本结构，对差异较大且占比重较大的分包成本进一步分析，检查有无异常现象。

（3）外部凭证与成本进度相结合增强收入确认的客观性。采用成本比例计算完工进度确认收入，将完工进度的确定与成本挂钩，有利于实现收入与成本的配比以及各期利润指标的平滑化，但这也意味着完工进度可以由企业内部控制，利用成本预估和成本记录调节完工进度、收入和利润。所以，需要借助工作量签证单增强合同收入确认的客观性。

从本案例中可以得到如下启示：

由于完工进度的估计受主观因素影响较大，所以尽可能从多维度进行估计，然后在不同的估计结果中取孰低者，较为谨慎。

确定完工进度绝非财务部门一家能够完成，许多现场及外部资料的取得，与项目公司密切相关，必须加强企业内部计划、经营、工程现场管理等各相关部门之间的协调，加强对信息传递的管控。

☞ **参考文献**

张维宾、周永厦：《完工百分比法在实务中的合理运用》，《财务与会计》，2006年第1期。

## 第四节　收入确认的总额法与净额法

收入是指企业在日常活动中形成的、会导致所有者权益增加的、与所有者投入资本无关的经济利益的总流入。企业在确认收入时，需要根据上述定义进行判断，只有由企业本身所从事的日常活动所产生的经济利益的总流入才能确认为企业的收入。

在实务中，有些企业常常被以下问题困惑：收入按总额法确认还是按净额法确认？总额法下，按企业已收或应收对价总额确认收入；净额法下，则按企业已收或应收对价总额与应支付给供应商的价款后的净额（或按既定的佣金金额或比例）确认收入。两种方法虽然一般不影响营业利润和利润总额，但总额法所反映的收入规模、占有市场份额显然大大超过净额法所反映的。随着市场经济日益发展,交易事项日趋复杂,新经营模式的不断推出,我国不少行业或企业的收入都涉及按总额还是净额确认的判断问题。例如,百货商场、电商平台、网络游戏、工程建造、运输服务、旅游服务等。部分企业存在判断方面的困惑,还有些企业为扩大收入规模不管是否符合采用总额法都选择总额法。会计实务中的确认方法不一,导致同类企业有关收入等会计信息不可比。

我国 2006 年发布的《企业会计准则第 14 号——收入》仅提及"企业代第三方收取的款项,应当作为负债处理,不应当确认为收入",难以解决实务中存在的如何区分总额与净额确认收入的需求。所以,我国在 2017 年修订收入准则时,参照国际财务报告准则的有关规定,增加了总额法和净额法的相关内容,以增强会计信息的可比性。

 案例分析

## 提供信用卡积分兑换和结算服务应按总额还是净额确认收入

☞ **案例介绍**

甲公司的主要经营模式是,利用自有的全国性线下商户资源(如肯德基、麦当劳、哈根达斯等品牌连锁)结合自主研发的信息服务平台和 POS 终端为银行的信用卡中心提供信用卡用户的消费积分兑换和结算服务。

1. 业务介绍。

银行信用卡客户持卡至甲公司的特约商户,使用信用卡积分兑换相应商品或服务。甲公司提供银行和商户信息化交易平台,为商户提供 POS 机具,为银行提供积分清算服务。甲公司分别与银行和商户签订合同,就兑换商品或服务分别定价,甲公司定期与银行和商户进行结算,结算频率和结算时间各自商定,互不影响。

甲公司与商户的结算价格低于商户的对外零售价格,但通常都有保底采购量条款;与银行的结算价格通常高于商户的对外零售价格。甲公司与银行和商户为单边合作,因此银行和商户互相不知道对方与甲公司的结算价格。

三方交易内容,如图 1 所示。

2. 合同条款摘录。

(1) 银行——甲公司的协议。甲公司向银行出租 POS 机具,用于银行信用卡积分兑付业务,并提供所出租 POS 机具的维护以及特约商户开发、清算、活动执行、代理采购等服务。甲公司经银行确认后,为指定商户开通积分兑付的 POS 业务。银行每月统一与甲公司进行交易资金清算。

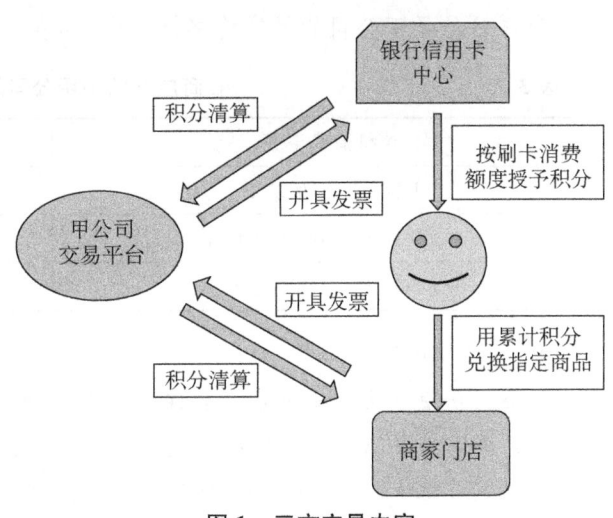

图 1  三方交易内容

合作商户 A(门店数:300):积分兑换的商品为大杯饮料,甲公司提供银行的商品价格为 35 元/杯。

合作商户 B(门店数:250):积分兑换的商品为工作日特惠午餐,甲公司提供银行的商品价格为零售价格的 108%。

如遇商户商品市场价、供货价调整,则甲公司给到银行的供货价也相应作调整。如遇商户商品调整或者下架,则甲公司提供替代产品。

(2) 商户 A——甲公司的协议。甲公司客户凡持有"银联"标识的指定信用卡,可在约定的活动期间参与 A 店内兑换指定饮品的活动。甲公司与商户 A 按月结算。

甲公司承诺在合约期间累计实现交易收入人民币 2 800 万元。若未实现,甲公司将另行一次性采购商户 A 的商品或电子凭证,满足人民币 2 800 万元的目标或一次性支付人民币 150 万元作为违约金。

商户 A 给予甲公司的供货价格,如表 2 所示。

表 2 商户 A 给予甲公司的供货价格

| 结账金额 | 中杯(元) | 大杯(元) | 超大杯(元) |
|---|---|---|---|
| 5 000 万元含以下的部分 | 26 | 28.5 | 31.5 |
| 5 000 万~8 000 万元的部分 | 25 | 27.5 | 30.5 |
| 8 000 万元含以上的部分 | 24.5 | 27 | 30 |

(3) 商户 B——甲公司协议。甲公司客户凡持有"银联"标识的指定信用卡,可在约定的活动期间参与 B 店内兑换特惠午餐的活动。甲公司与商户 B 每周进行结算。

甲公司承诺在合作期间累计实现 B 门店消费金额达到人民币 500 万元。若在合作期间,消费金额未达到约定金额,甲公司将另行一次性采购 B 的餐券,以补足消费金额与约定金额之间的差额。

商户 B 给予甲公司的供货价格折扣率,如表 3 所示。

表 3 商户 B 给予甲公司的折扣率

| 累积消费金额 | 折扣率 |
|---|---|
| 1 000 万元及以下 | 3% |
| 1 000 万~1 500 万元以下 | 4% |
| 1 500 万~2 000 万元 | 5% |

3. 合同完成情况。

甲公司历史上未发生因达不到保底采购额而支付补偿款的情况。

(1) 合作商户 A。因甲公司完成情况较好,自 2018 年起双方将全年采购指标由 2 800 万元追加到 5 800 万元,甲公司 2018 年度实际完成金额为 6 000 万元。

(2) 合作商户 B。商户 B 全年采购指标为 500 万元,甲公司 2018 年度实际完成 600 万元。

**案例背景**

2017年修订后发布的《企业会计准则第14号——收入》,于2018年、2020年、2021年分批执行。其中,在境内外同时上市的企业以及在境外上市并采用国际财务报告准则或企业会计准则编制财务报表的企业自2018年1月1日起施行;其他境内上市企业自2020年1月1日起施行;执行企业会计准则的非上市企业自2021年1月1日起施行。甲公司属于非上市企业,将于2021年1月1日起施行。

☞ **依据及相关法规**

1.《企业会计准则第14号——收入》(2006)。

2.《企业会计准则第14号——收入》(2017年修订)。

3.《企业会计准则第14号——收入》(2017年修订)应用指南。

☞ **案例思考题**

甲公司的收入应按总额还是净额确认?(总额:按与信用卡中心的结算金额确认收入,并按与商户的结算金额确认成本。净额:按与银行信用卡中心的结算金额抵减与商户结算金额之后的净额确认收入。)

☞ **讨论与分析**

甲公司为银行和商户提供了桥梁和纽带,并提供资金结算服务。从甲公司的经营范围和业务模式来看,其实质是提供服务而不是销售商品。

甲公司按总额还是净额确认收入取决于:甲公司是以销售主体还是代理人的身份销售商品。甲公司是否具有销售主体的迹象,分析如下:

(1)销售主体的迹象之一:根据有关合同条款,商户是首要的义务人,负有向客户销售商品或提供服务的首要责任,包括确保所销售的商品或提供的服务可以被客户接受。

对于食品餐饮,主要风险是食品安全和食品质量,甲公司对此并不负有首要责任。

(2)销售主体的迹象之二:商户在交易过程中承担了所交易的商品或服务所有权上的主要风险和报酬,如兑换商品或服务的价格变动风险、滞销积压风险等。

甲公司与商户签订了保底采购条款,若信用卡积分兑换消费达不到约定的金额,甲公司需自行采购补充差额或支付一次性违约金。虽然保底条款使甲公司承担了存货的滞销积压风险,但该风险并不是所交易商品所有权上的主要风险。该保底条款最终影响的是甲公司的获利大小。

第一,甲公司最大的签约商户是商户A,与商户A约定若达不到保底采购量,甲公司可以选择补足差额或支付固定违约金。即甲公司最大的风险敞口是固定违约金150万元,而不是保底采购总额5 800万元。根据甲公司与银行和商户A的结算价格推算,甲公司因为支付违约金而亏损的风险概率很低。

第二,从甲公司的实际完成情况来看,历史上都能完成采购指标,并未承担过存货滞销风险。

第三,甲公司与商户的结算价格没有明显低于市场零售价,从风险报酬对等的原则推断,其承担的存货风险应该是经评估在可控范围内的。

第四,除存货滞销风险之外,存货的主要风险还包括价格波动风险。案例中甲公司与银行约定,如遇商户商品市场价、供货价调整,则甲公司给到银行的供货价也相应做调整;而且部分商品直接按成本加成定价,如案例中商户 B 的所有商品均按市场价格的 108% 与银行结算。因此,甲公司将价格波动风险转嫁给了银行,不承担存货价格波动风险。

(3)销售主体的迹象之三:企业能够有权自主决定所交易的商品和服务的价格、能够改变所提供的商品或服务,或者自行提供其中的部分服务。

虽然甲公司与银行和商户分别谈判、分别定价,有自主定价权,但是商户都有公开透明的统一零售价格,甲公司真正可以自主定价的幅度是非常有限的,并不能够完全任意改变商品或服务的价格。如案例中甲公司按商户 B 商品 108% 的价格与银行结算。

(4)销售主体的迹象之四:企业有权自主选择供应商及客户以履行合同。

虽然甲公司有权自主选择供应商及银行客户,但这种多对多的经营模式,也体现了提供中介服务和网络平台的实质。

(5)销售主体的迹象之五:企业承担了与商品销售和服务有关的主要信用风险。

甲公司与银行信用卡中心和商户分别进行结算,各自的结算情况互不影响,虽然甲公司独自承担了与商品销售有关的主要信用风险,但由于甲公司的客户是银行,在现有经营环境下,该信用风险不是主要的风险。

区分销售主体或是代理人的总体原则是企业是否承担了所交易的商品或服务所有权上的主要风险和报酬。如果甲公司承担所交易商品或服务所有权上的主要风险和报酬,则表明其是以销售主体的身份向银行信用卡中心指定的持卡人销售饮料、特惠午餐等商品,应按总额确认销售收入;如果甲公司没有承担所交易商品所有权上的主要风险和报酬,则表明其是以代理人的身份安排商户为银行信用卡中心指定的持卡人提供商品或服务,甲公司只是提供信息服务平台,提供兑换信息交互服务、提供资金结算服务,应按净额确认收入。从上述分析来看,甲公司并不承担向客户销售商品的首要责任,且享有的自主定价权以及承担的存货积压风险、信用风险都是非常有限的,并不导致其承担了所交易的商品或服务所有权上的主要风险和报酬。

因此,甲公司作为一家信息服务平台公司,主要是提供银行信用卡消费积分兑换和结算服务,按销售商品全额确认收入不能反映其业务实质,按商品销售差价作为提供服务收入更恰当。

《企业会计准则第 14 号——收入》(2017 年修订)(以下简称新收入准则)及其应用指南为主要责任人和代理人的判断提供了更多的指引。甲公司属于非上市企业,将于 2021 年 1 月 1 日起执行新收入准则,所以,本案例的上述分析仍然按现行收入准则规定的原则进行探讨。而执行新收入准则之后,甲公司应重新评估该业务模式在新收入准则下的会计处理。

## 第五节 售 后 回 购

售后回购是指在销售商品的同时,卖方同意日后再将同样的商品购回的销售方式。这种方式下,在卖方没有放弃对商品实施相关的控制权之前,卖方仍然保留着与商品所有权有关的风险和报酬或继续管理权,其与商品所有权有关的风险和报酬并没有转移给买方。售后回购交易本质上属于融资交易,因此,在销售回购的情况下,企业不能确认收入。

但是,在实务中,有些经济业务"疑似"售后回购。那么,售后回购究竟有哪些特征呢?

特征一:回购行为具有关联性。

售后回购中最明显的特征就是卖方在销售商品的同时与买方约定了进行商品回购或加以约定行使回购选择权的合同条款,即商品销售与商品回购相关联。在这种情况下,卖方并未将商品所有权上的主要风险和报酬转移给买方,商品销售收入不能确认。当卖方放弃了回购选择权或买方放弃了要求卖方行使回购选择权时,这意味着买卖双方的交易性质发生了变化,卖方已经将商品所有权上的主要风险和报酬转移给买方,该商品的损失风险和潜在收益均与卖方无关,商品销售收入可以确认。

特征二:回购行为具有预见性。

售后回购行为是买卖双方做出的商品"销售+回购",回购行为本身具有很强的目的性和预见性,其实质是针对销售款的融资行为。如果出现某一商品出售后,由于事先未知的原因出现卖方回购商品的情况,原则上应不属于售后回购的融资行为,应属于销售退回范畴或买卖双方的另一笔经济业务。当然,如果该回购行为从实质上具备预见性或原商品出售时买卖双方就已经私下约定的话,则应属于售后回购,原商品销售不能确认。例如,目前房地产开发商流行的"保值销售"模式,即房地产开发商承诺:如购房人购房1年内,房价出现下跌,开发商可按原销售价格无条件回购。这是一例典型的售后回购,开发商自购房人购房1年内始终还保留着该已售房屋所有权上的风险和报酬,不应确认房产销售收入,除非购房人放弃了要求开发商行使回购该房产的权利。

 案例分析

【案例一】

## A 房产公司拍得已售房产是售后回购吗

☞ **案例介绍**

A 房产公司销售一套 100 万元房产(账面成本 80 万元)给 B,其中 B 自付 30 万元,其余 70 万元向 C 银行贷款。8 个月后,B 发生经济困难,无法继续履行银行贷款的清偿,C 银行遂将其房产进行拍卖,拍卖结果是 A 房产公司以 70 万元拍得成交。

☞ **依据及相关法规**

《企业会计准则第 14 号——收入》(2006)。

☞ **案例思考题**

A 房产公司拍得已售房产是售后回购吗?

☞ **讨论与分析**

在上述案例中,A 房产公司的交易表面上看好像也是一种售后回购形式,但实质上不属于售后回购。理由主要如下:

其一,A房产公司销售给B一套房产与A房产公司拍得B已售房产两者之间无关联性。A房产公司销售给B一套房产时,B自付30万元,其余70万元向C银行贷款。A和B之间并没有在销售房产的同时约定A回购B房产,与该项房产所有权有关的风险和报酬已经转移给B。

其二,A房产公司拍得B已售房产这一回购行为本身没有预见性。A房产公司拍得已售房产是由于突发因素(B发生经济困难,无法继续履行银行贷款的清偿)造成的,并不具有预见性、计划性。

其三,B所购房产的拍卖损失也由B自身承担,C银行公开拍卖B的房产行为本身与A房产公司无关联。就A房产公司出售该项房产本身而言,其销售收入100万元也不存在损失。故A房产公司向B销售房产的交易是真实的,并不存在融资等其他目的。A房产公司的销售房产和以后的房产拍卖购回是两项独立的经济行为,应分别做相应的会计处理。

## 【案例二】

## 客户拥有回售选择权时能确认收入吗

☞ **案例介绍**

M公司主营业务为生产及销售智能脚手架,智能脚手架生产周期较短(大概20天)。2018年为了扩大智能脚手架生产规模以及市场占有率,开展了销售商品并同时承诺回购的交易模式。

M公司向N公司销售多套智能脚手架,销售总价为4 000万元,双方签订购销合同。同时,M公司与N公司签订了合作协议,约定N公司3年之后可以选择将未拆封的智能脚手架销售给M公司,销售总价为5 620万元,该价格将远高于这些未拆封智能脚手架在3年后的市场价格。

M公司将所销售的智能脚手架运输至N公司工厂,由N公司进行验收后视为交付完成,脚手架交付完成后归N公司所有,由N公司向M公司支付销售总价4 000万元。3年之后,若N公司选择将未拆封的智能脚手架销售给M公司,则N公司也需将所销售的智能脚手架运输至M公司,由M公司进行验收后视为交付完成,脚手架交付完成后归M公司所有,由N公司向M公司支付销售总款5 620万元。

☞ **案例背景**

M公司是一家股票同时在上海证券交易所和香港联合交易所上市的公司,于2018年开始执行《企业会计准则第14号——收入》(2017年修订)。

☞ **依据及相关法规**

1.《企业会计准则第14号——收入》(2017年修订)。

2.《企业会计准则第14号——收入》(2017年修订)应用指南。

☞ **案例思考题**

M公司是否能够确认向N公司销售智能脚手架的收入?

☞ **讨论与分析**

《企业会计准则第 14 号——收入》(2017 年修订)第四条规定:"企业应当在履行了合同中的履约义务,即在客户取得相关商品控制权时确认收入",新收入准则在收入确认时强调的是控制权的转移,那么本案 M 公司是否能够确认向 N 公司销售智能脚手架的收入,关键在于是否转移了对销售智能脚手架的控制权。

一种观点认为,M 公司将智能脚手架销售给 N 公司后,所有权归 N 公司所有,而且 3 年后是否向 M 公司回售的选择权在于 N 公司,N 公司完全能够自主控制这些智能脚手架,所以,M 公司已经将智能脚手架的控制权转移给 N 公司,M 公司可以确认向 N 公司销售脚手架的收入。对于 M 公司赋予 N 公司的回售选择权,需作为附有销售退回条款的销售交易处理,确认收入的同时将 N 公司预期退还的金额确认负债。

另一种观点认为,M 公司虽然将智能脚手架的所有权交付给了 N 公司,而且 3 年后是否向 M 公司回售的选择权在于 N 公司,但是 N 公司在 3 年后可选择的销售价格为 5 620 万元,该价格将远高于未拆封智能脚手架在 3 年后的市场价格,所以,按照一般商业逻辑,N 公司必然会行使该项选择权,实际上 M 公司只是暂时失去对智能脚手架的所有权,并未真正丧失对智能脚手架的控制权,不能确认销售智能脚手架的收入。

M 公司向 N 公司销售智能脚手架,并授予 N 公司日后将智能脚手架回售给 M 公司的权利,这属于"售后回购"交易,根据《企业会计准则第 14 号——收入》(2017 年修订)对"售后回购"交易的规定:"企业负有应客户要求回购商品义务的,应当在合同开始日评估客户是否具有行使该要求权的重大经济动因。客户具有行使该要求权重大经济动因的,企业应当将售后回购作为租赁交易或融资交易""回购价格不低于原售价的,应当视为融资交易,在收到客户款项时确认金融负债,并将该款项和回购价格的差额在回购期间内确认为利息费用等",3 年后,N 公司可按照远高于市场价格的售价向 M 公司销售智能脚手架,所以,其具有行使该回售选择权的重大经济动因,M 公司需将该交易作为售后回购处理,不能确认销售智能脚手架的收入。由于回售价格 5 620 万元高于原售价 4 000 万元,该交易实质是 M 公司以智能脚手架为质押品向 N 公司进行的融资交易,M 公司需将 5 620 万元确认为长期应收款按照摊余成本进行后续计量,将 5 620 万元与收到的销售款 4 000 万元之间的差额 1 620 万元在回售期间内确认为利息费用。

## 第六节　是收入还是政府补助

政府补助是企业从政府无偿取得货币性资产或非货币性资产,实务中很多企业会误认为其从政府取得的经济资源流入全部都是政府补助,而忽略了政府补助还具有无偿性的特征,只有无偿自政府取得的经济资源才属于政府补助。政府在社会经济中扮演着多重角色,我们应该区分其是以何种身份与企业进行的交易,从而判断相关交易需遵循的会计处理原则:若政府行使社会行政管理者的宏观调控职能,为引导社会经济发展方向鼓励企业从事某些交易而无偿给予企业经济利益补助,则企业需将收到的补助作为政府补助处理;但若政府作为经济交易中的买方向企业正常采购商品时,则企业向政府销售商品取得的经济利益流入可作为收入处理。

政府补助具有无偿性特征,所以企业与政府之间进行的有偿交易不属于政府补助。财政部在 2012 年发布的《关于做好执行企业会计准则的企业 2012 年年报工作的通知》(财会〔2012〕25 号)中就强调:"企业与政府发生交易所取得的收入,如果该交易具有商业实质,且与企业销售商品或提供劳务等日常经营活动密切相关的,应当按照《企业会计准则第 14 号——收入》的规定进行会计处理",财政部在 2017 年将该判断原则写进了《企业会计准则第 16 号——政府补助》:"企业从政府取得的经济资源,如果与企业销售商品或提供服务等活动密切相关,且是企业商品或服务的对价或者是对价的组成部分,适用《企业会计准则第 14 号——收入》等相关会计准则",但企业会计准则仅仅给出了上述原则性的规定,具体如何判断某项与政府的交易需作为政府补助还是收入处理经常是实务中的操作难题。

 **案例分析**

## 新能源汽车财政补贴是收入还是政府补助

☞ **案例介绍**

B 公司是一家主要销售新能源汽车的乘用车生产和销售公司。随着低碳环保理念的推广,新能源汽车作为环保车型逐渐受到人们的青睐,国家也不断出台相关政策鼓励私人购买新能源汽车,实现绿色出行。

财政部、科技部、工业和信息化部、国家发展改革委于 2010 年 5 月 31 日发布《关于开展私人购买新能源汽车补贴试点的通知》(财建〔2010〕230 号)开始对消费者购买新能源汽车进行补贴,并明确补助对象是消费者。新能源汽车生产企业在销售新能源汽车产品时按照扣减补助后的价格与消费者进行结算,中央财政按程序将企业垫付的补助资金再拨付给生产企业。

以 B 公司销售的 X 型新能源汽车为例,其市场售价为 26 万元,政府将给予消费者 16 万元的财政补助,即消费者仅需支付 10 万元即可购买该款新能源汽车,B 公司向 4S 店销售新能源汽车时,仅能自 4S 店取得的销售价款 10 万元,剩余 16 万元将在 4S 店将新能源汽车销售给最终消费者后,由 B 公司根据实际销售情况向财政部门申请获得。B 公司生产一台 X 型新能源汽车的成本为 18 万元,故其在将新能源汽车销售给 4S 店时,确认 26 万元的销售收入,同时结转 18 万元的成本。

政府对于新能源汽车的补贴标准自 2017 年起执行逐步退坡政策,即 2017—2020 年除燃料电池汽车外其他车型补助标准适当退坡,其中:2017—2018 年补助标准在 2016 年基础上下降 20%,2019—2020 年补助标准在 2016 年基础上下降 40%。如果失去政府的部分补贴,新能源汽车的价格对于消费者的吸引力将大幅下跌,但是"退坡"政策实施并未引起新能源汽车价格的大涨。为吸引消费者购买新能源汽车,新能源汽车企业选择"退坡不涨价"的销售政策,也就是由新能源汽车企业进行"让利"来"补贴"消费者,承担"退坡"政府少支付的"补贴"。

以 B 公司销售的 X 型新能源汽车为例,B 公司将该车型 2019 年市场售价调整为 18 万元,政府给予消费者的补贴退坡 50％后仅为 8 万元,但消费者仍然只需支付 10 万元即可购买该款新能源汽车,"退坡"的 8 万元补贴由 B 公司自行承担了。B 公司通过技术创新以及有效的成本控制使每台 X 型新能源汽车的成本下降为 14 万元,所以,其销售 X 型新能源汽车仍然有利可图。

☞ **依据及相关法规**

1.《企业会计准则第 14 号——收入》(2006)。

2.《企业会计准则第 16 号——政府补助》(2017 年修订)

3. 财政部、科技部、工业和信息化部、国家发展改革委《关于开展私人购买新能源汽车补贴试点的通知》(财建〔2010〕230 号)。

4. 财政部、科技部、工业和信息化部、国家发展改革委《关于调整完善新能源汽车推广应用财政补贴政策的通知》(财建〔2019〕138 号)。

☞ **案例思考题**

B 公司将销售新能源汽车取得的政府补贴作为收入还是政府补助进行会计处理?

☞ **讨论与分析**

B 公司自政府取得新能源汽车补贴是作为收入还是政府补助进行会计处理,主要看政府是以何种身份进行的本次交易,政府的补贴是否具有无偿性?

一种观点认为,政府在该交易中并未获得任何商品,B 公司自政府取得新能源汽车补贴,是政府行使社会行政管理者的宏观调控职能,引导私人购买环保车型而无偿支付的价款,所以属于政府补助交易。而且,近年来政府补贴"退坡"后,"退坡"部分的补贴均由 B 公司自己承担了,所以,从这个角度来看,该项补贴就是支付给 B 公司的政府补助。

另一种观点认为,《关于开展私人购买新能源汽车补贴试点的通知》(财建〔2010〕230 号)已经明确规定,该项补助的对象是消费者,而并非新能源汽车生产企业。既然政府补助的对象为消费者,那么其支付的补贴款就是作为购买新能源汽车的消费者支付的价款,不具有无偿性特征。而且根据《企业会计准则第 16 号——政府补助》(2017 年修订)的规定:企业从政府取得的经济资源,如果与企业销售商品或提供服务等活动密切相关,且是企业商品或服务的对价或者是对价的组成部分,适用《企业会计准则第 14 号——收入》等相关会计准则。政府支付的新能源汽车补贴实际是代替消费者支付的销售价款,是 B 公司销售商品的对价的组成部分,所以,B 公司需将该项补贴作为收入处理。

B 公司因为政府补贴的"退坡"而选择降低新能源汽车的售价,是市场供求关系导致,"新能源汽车的价格,不是车企用算盘打出来的,根本上取决于供求关系。而如今的新能源汽车市场,供给大幅增加,而需求没有真实、大幅的增长"(李媛媛:"补贴退坡车价猛涨? 不降价,没未来!",2019 年 1 月 23 日《电动汽车观察家》)。所以在政府补贴"退坡"的情况下,新能源汽车企业只有"降价",自己承担这部分"退坡"补贴,才能进一步开拓私人消费者市场,但这并不足以说明政府的补助对象是新能源汽车企业。以 B 公司为代表的新能源汽车企业确实是新能源汽车补贴政策的受益者,但并非补助对象,政府该项补贴的对象是消费者。而且,B 公司在 2016 年生产一台新能源汽车的成本为 18 万元,经过多年努力其在 2019

年将生产成本降低为每台 14 万元,如果没有政府的新能源汽车财政补贴,其不可能以低于成本的价格 10 万元向消费者进行销售,所以,政府补贴确实是新能源汽车销售对价的组成部分,B 公司需将收取的新能源汽车政府补贴确认为收入。

☞ **参考文献**

1. 李媛媛:《补贴退坡车价猛涨? 不降价,没未来!》,《电动汽车观察家》,2019 年 1 月 23 日。

2. 中国证监会会计部:《上市公司执行企业会计准则案例解析(2019)》,中国财政经济出版社,2019 年 4 月。

# 第五章

# 成本与费用

# 第一节　销售成本合理性的确认

主营业务成本对于一个企业的利润表的真实性起着决定性的作用。企业的利润可以是来源于收入的增长,也可来源于成本的节约。企业如果企图制造虚假利润,若采用虚增收入的方法,由于收入的增长需要外界的参与较多,可能不易实施,因而有时会选择少结成本的方式来调节利润。故审计时对于主营业务成本的审核尤为重要。通常审计的程序主要有:确定主营业务成本的记录是否完整;确定主营业务成本的计算是否正确;确定主营业务成本与销售收入是否配比;确定主营业务成本在会计报表上的披露是否恰当等。可以采用的方式有:获取或编制主营业务成本明细表,并与明细账、总账以及报表核对相符;将各产品本年度销售成本率与上年度比较,对有重大波动和异常情况的查明原因;将主要产品本年度各月销售成本率与上年度同期比较,对有重大波动和异常情况的查明原因;分析本年度主要产品成本构成,并与上年度比较,分析各项目波动原因等。尤其重要的是:主营业务成本的审核应与存货的计价及库存查验相结合。除此之外,如系生产性企业,还可以采用分析主营产品的结构、配方,了解产出某项产品所必须花费的材料、人工等,从其工艺流程方面匡算成本的合理性等方法。

案例分析

## 这家水泥厂的销售成本是否合理

☞ **案例介绍**

某水泥生产企业,主营业务单一,即生产和销售水泥。该企业本年度水泥产量为 65 万吨,当年账面记录发生的生产成本 1.30 亿元,结转产成品 1.19 亿元,剩余 0.11 亿元的在产品均为生料及熟料。本年度销售水泥 60 万吨,利润表列示主营业务收入为 1.57 亿元,主营业务成本为 1.098 5 亿元。期末库存产成品 5 万吨,账面价值为 0.091 5 亿元。

☞ **案例思考题**

对该水泥厂本年度的销售成本如何从结构方面确认其合理性?

☞ **讨论与分析**

《中国注册会计师审计准则第 1301 号——审计证据》中规定,在形成审计意见的过程中,注册会计师的大部分工作是获取和评价审计证据。为获取审计证据而实施的审计程序包括询问、检查、观察、函证、重新计算、重新执行和分析程序。其中:分析程序是指注册会计师通过分析不同财务数据之间以及财务数据与非财务数据之间的内在关系,对财务信息做出评价。分析程序还包括在必要时对识别出的、与其他相关信息不一致或与预期值差异重大的波动或关系进行调查。

实施实质性分析程序时的目标是为了获取相关、可靠的审计证据。实施分析程序后,识

别出与其他相关信息不一致的波动或关系，或与预期值差异重大的波动或关系，注册会计师应当采取下列措施调查这些差异：

(1) 询问管理层，并针对管理层的答复获取适当的审计证据。

(2) 根据具体情况在必要时实施其他审计程序。

因此，针对主营业务成本的审计程序，除通过询问、检查、观察、函证、重新计算、重新执行以外，还可以通过分析程序，从结构方面匡算其成本的合理性。

首先，根据水泥的配方以及固定成本分析复核其成本发生额。

水泥的生产由生料→熟料→水泥，可以依据生产环节分别测算其成本：

(1) 生料的组成及构成比率主要为 a 原料 71%、b 原料 19%、c 原料 2%、d 原料 1%、e 原料 1%、f 原料 3%、g 原料 3%，生料煅烧成熟料的消耗比为 1.52∶1，煅烧过程中另有 3% 的飞尘损耗，故根据全年生料平均采购价格计算本年生产水泥所需的生料成本为：原料构成比率×1.52×1.03×原料平均单价×本年水泥产量 65 万吨，得出生料成本应为 2 951 万元。

(2) 熟料在制成水泥过程中，需添加 h 原料 3%、i 原料 3.5%，飞尘损耗 3%，则该部分添加剂的成本为：添加剂构成比率×1.03×添加剂平均单价×本年水泥产量 65 万吨，得出添加剂成本为 130 万元。

(3) 在生料制成熟料过程中，消耗的煤约为生料投入量的 11%，即 1 吨生料的煅烧需耗用 0.11 吨的煤，由于生料煅烧成熟料的消耗比约为 1.52∶1，则生产 1 吨水泥所需要的煤耗约为 0.167 吨(1.52×0.11)，本年生产水泥所耗煤为：0.167×平均采购单价×本年度水泥产量 65 万吨，得出煤耗为 1 504 万元。

(4) 水泥生产中，从生料开始粉碎到成品水泥加工完成，所需电量约为 105 度/吨，根据本年的产量 65 万吨，分析得出电费的成本为 2 051 万元。

(5) 固定成本分别为人工成本、制造费用以及包装物成本，每吨水泥分别为 20 元、35 元以及 25 元，根据本年的产量 65 万吨，分析该部分成本共计 5 200 万元。

综合上述(1)~(5)项，本年生产 65 万吨水泥发生成本约为 1.183 6 亿元，与其账面反映的本期完工产成品成本 1.19 亿元的差异率为 0.54%；按此推算，本年度销售 60 万吨水泥相应的主营业务成本应为 1.092 6 亿元(1.183 6÷65×60)，与其报表披露的主营业务成本 1.098 5 亿元的差异率为 0.54%。因此，可以认为本年度成本计算基本准确，报表所披露的主营业务成本基本合理。

其次，对期末在产品进行盘点，以确定存货期末价值。

在审计过程中，经上述分析后，仍需对期末的在产品进行盘点，由于在产品的堆放均为不规则形状，在盘点时，通过测量，计算体积后，采集部分样本进行密度的计算，最终计算出在产品的重量及金额。根据盘点结果计算得出的期末在产品价值为 0.116 亿元，由于形状的不规则以及密度的不同(每个批次产出略有差异)，与账面数 0.11 亿元的差异在允许的误差范围内，可以接受。

上述成本复核分析，为确认该水泥生产企业当年销售成本的合理性提供了依据。

## 第二节 股份支付的会计处理

资本市场中,有"金手铐"之称的股权激励通过让经营者以股东的身份参与到企业决策中,通过责任共担、利润共享的机制激发他们为公司长期服务,提升公司的业绩,但股权激励成本费用如何会计处理问题也对上市公司一定会计期间净利润的影响非常明显。将费用作恰当分类并进行合理地确认计量,有助于信息使用者的决策。我国《企业会计准则——基本准则》规定,费用是指企业在日常活动所发生的、会导致所有者权益减少的、与向投资者分配利润无关的经济利益的总流出。企业发生的支出不产生经济利益的,或者即使能够产生经济利益但不符合或者不再符合资产确认条件的,应当在发生时确认为费用,计入当期损益。长期以来的会计实践表明,权责发生制和划分资本性支出和收益性支出原则是费用确认的基础。"划分资本性支出和收益性支出的原则,只是为费用确认作出时间上的大致区分,而权责发生制原则规定了具体在什么时点上确认费用。根据权责发生制原则,费用要在其支出上的效用真正发挥时——而非相关现金支出的时间——予以确认"(葛家澍主编:《中级财务会计》,辽宁人民出版社1994年版)。

股份支付是指企业为获取职工和其他方提供服务而授予权益工具或者承担以权益工具为基础确定的负债的交易。股份支付分为以权益结算的股份支付和以现金结算的股份支付。《企业会计准则第11号——股份支付》(2006)针对股份支付不同的结算方式、不同的交易对象以及不同的可行权条件下,规定股权激励成本的期间分摊方法有所不同,具体可以按股权支付方式进行分类,一般包括以下四种情况:①立即可行权的以权益结算的股份支付。企业按照权益工具在授予日的公允价值,在授予日将取得的激励对象的服务计入相关资产成本或当期费用,并计入资本公积。②不可立即行权以权益结算的股份支付。企业在授予日不进行会计处理,在等待期内的每个资产负债表日,以对权益工具数量的最佳估计为基础,按照权益工具在授予日的公允价值,将当期取得的激励对象的服务计入相关资产或当期费用,并计入资本公积。③立即可行权的以现金结算的股份支付。企业在授予日按照企业承担负债的公允价值,将取得的激励对象的服务计入相关资产成本或当期的费用,同时计入负债。④不可立即行权的以现金结算的股份支付。企业在授予日不进行会计处理,在等待期内的每个资产负债表日,以对可行权情况的最佳估计数为基础,按照承担负债的公允价值,将当期取得的股权激励对象的服务计入相关资产成本或当期费用,同时计入相关负债项目。同时也规定在行权日之后,四种情况下企业均不在对已确认的股权激励成本进行调整。

由此可见,股权激励成本确认计量的要素通常包括股票期权等的公允价值、可行权数量的估计以及成本费用分摊期(股份支付的等待期)三个方面,而其中的等待期是股权激励成本确认计量分摊的核心。企业首先应按照适当的模型计量权益工具(或负债)的公允价值,并根据最新的情况不断调整所估计的可行权数量,将由此计算确定的股权激励成本在股份支付的等待期内摊销;若股份支付为立即可行权,则该股份支付没有等待期,股权激励成本需在授予日一次性计入当期损益。所以,这些要素均对股权激励期间的成本分摊产生重要的影响。

其实,股权激励成本是否摊销,应如何摊销,不影响企业的现金流、整个等待期的利润、等待期结束时的净资产和经营业务的开展等,但会影响等待期内各期的损益。我国 A 股市场中曾有过先例,伊利股份就因为当年股权激励成本的巨额分摊而导致净利润变成了负数,但当年伊利实际上经营业务发展很红火。所以股权激励成本分摊问题更多是涉及是否遵循权责发生制、划分资本性支出与收益性支出等原则的会计问题,进而可能影响企业某一会计期间的利润计量。

《企业会计准则第 11 号——股份支付》(2006)以及应用指南关于股权激励成本分摊的规定过于笼统,并且没有出台解释性文件,因此,在实际操作中存在一些困惑或操纵空间。

 案例分析

## 股权激励成本如何摊销较为合理

☞ **案例介绍**

2010 年 12 月 1 日,上市公司 A 公司经股东大会批准实施股权激励计划,授予 200 名员工共 2 000 万份股票期权。《A 公司股票期权激励计划》的相关规定摘要如下:

1. 等待期。

激励对象已获授股票期权,如满足本激励计划规定的全部行权条件,等待期为 1 年。

2. 可行权日。

激励对象自股票期权授权日满 1 年后可以开始按照本激励计划规定的安排分期行权。可行权日为 A 公司定期报告公布后第 2 个交易日,至下一次定期报告公布前 10 个交易日内,但下列期间不得行权:

(1) 公司业绩预告、业绩快报公告前 10 日内。

(2) 重大交易或重大事项决定过程中至该事项公告后 2 个交易日。

(3) 其他可能影响股价的重大事件发生之日起至公告后 2 个交易日。

上述"重大交易""重大事项"及"可能影响股价的重大事件"为公司依据《上海证券交易所股票上市规则》的规定应当披露的交易或其他重大事项。

激励对象必须在股票期权有效期内行权完毕,股票期权有效期过后,已授出但尚未行权的股票期权不得行权,由公司负责注销。

3. 行权计划。

本激励计划有效期为自授权日起 4 年分三次行权,自股票期权授权之日起计算。

表 1                            **A 公司的股权激励计划**

| 行权期 | 可行权数量占本次授出期权比例 |
|---|---|
| 第一个行权期(自 T 日起 12 个月后的首个交易日起至 T 日起 30 个月内的最后一个交易日当日止) | 40% |
| 第二个行权期(自 T 日起 24 个月后的首个交易日起至 T 日起 42 个月内的最后一个交易日当日止) | 30% |
| 第三个行权期(自 T 日起 36 个月后的首个交易日起至 T 日起 48 个月内的最后一个交易日当日止) | 30% |

注:T 日是指授权日。

每一行权期内未能行权的部分,在以后时间不得行权,由公司负责注销。

4. 豁免条款。

激励对象死亡的,自死亡之日起所有未行权的股票期权即被取消。但激励对象因执行职务死亡的,公司应当根据激励对象被取消的股票期权价值对激励对象进行合理补偿,并根据法律由其继承人继承……

A 公司按照 Black-scholes 模型计算的 1 年期、2 年期、3 年期期权的成本分别为 8.00元,8.80 元和 9.60 元。

☞ **案例思考题**

上述期权成本(股权激励成本)应如何摊销较为合理?

☞ **依据及相关法规**

1.《企业会计准则第 11 号——股份支付》。

2.《企业会计准则第 11 号——股份支付》应用指南。

3. 证监会《上市公司执行企业会计准则监管问题解答》(2009 年第 1 期)。

☞ **讨论与分析**

A 公司发行的股票期权激励计划包括三期期权,第一期的可行权数量为 40%,第二期的可行权数量为 30%,第三期的可行权数量为 30%,A 公司可以将授予的这三期股票期权视作三个股份支付交易分别进行会计处理。

A 公司首先需要确定上述三个股份支付的等待期。会计上的等待期是指可行权条件得到满足的期间,即从授予日开始至可行权日的时段。根据《A 公司股票期权激励计划》(以下简称《激励计划》)中所称的"等待期为一年"是指激励对象自股票期权授权日满 1 年后可以开始按照《激励计划》的安排分期行权,可行权日为 A 公司定期报告公布后第 2 个交易日,至下一次定期报告公布前 10 个交易日内……实务中需关注《激励计划》中的"授权日"是否与会计上的"授予日"为同一天,如果并非同一天的,需以会计上确定的"授予日"作为等待期开始的日期。

为简化分析的数据计算过程,我们假设本案《激励计划》中的"授权日"与会计上的"授予日"为同一天,则第一期期权的等待期为 12 个月(1 年),第二期期权的等待期为 24 个月(2年),第三期期权的等待期为 36 个月(3 年)。A 公司按照 Black-scholes 模型计算的 1 年期、2 年期、3 年期期权的成本分别为 8.00 元、8.80 元和 9.60 元,据此计算的股权激励总成本为17 440 万元,即 2 000 万股×(40%×8.00+30%×8.80+30%×9.60),其中,第一期成本费用总额为 6 400 万元(2 000×40%×8.00),第二期成本费用总额为 5 280 万元(2 000×30%×8.80),第三期成本费用总额为 2 880 万元(2 000×30%×9.60)。A 公司需将各期股票期权激励的成本费用在各期的等待期(1 年、2 年、3 年)内分摊,但是对于等待期内如何分摊这些成本费用,实务中存在两种不同的观点。

一种观点认为,各期期权成本在等待期的每年结束时点摊销,假设 A 公司预计未来这200 名员工均满足行权条件且均会行权,则相关费用计算,如表 2 所示。

表2　各期股权成本在等待期每年结束时点摊销的计算　单位:万元

| 年份 | 第一期(注1) | 第二期(注2) | 第三期(注3) | 各年费用合计 |
|---|---|---|---|---|
| 2010 年度 | | | | |
| 2011 年度 | 6 400 | 2 640 | 1 920 | 10 960 |
| 2012 年度 | | 2 640 | 1 920 | 4 560 |
| 2013 年度 | | | 1 920 | 1 920 |
| 合计 | 6 400 | 5 280 | 5 760 | 17 440 |

注1:等待期为1年,等待期的年结束时点在2011年12月,6 400万元成本费用全部在2011年度摊销。

注2:等待期为2年,等待期的每年结束时点分别在2011年12月和2012年12月,5 280万元成本费用在2011年度和2012年度平均摊销。

注3:等待期为3年,等待期的每年结束时点分别在2011年12月、2012年12月和2013年12月,5 760万元成本费用分别在2011年度、2012年度和2013年度平均摊销。

另一种观点认为,若各期期权成本按期间(月份)摊销,2010年摊销期为1个月(授予日为2010年12月1日),假设A公司预计未来这200名员工均满足行权条件且均会行权,则相关费用计算,如表3所示。

表3　各期股权成本按月份摊销的计算　单位:万元

| 年份 | 第一期(注1) | 第二期(注2) | 第三期(注3) | 各年费用合计 |
|---|---|---|---|---|
| 2010 年度 | 533.33 | 220 | 160 | 913.33 |
| 2011 年度 | 5 866.67 | 2 640 | 1 920 | 10 426.67 |
| 2012 年度 | | 2 420 | 1 920 | 4 340 |
| 2013 年度 | | | 1 760 | 1 760 |
| 合计 | 6 400 | 5 280 | 5 760 | 17 440.00 |

注1:等待期为1年,1 600万元成本费用每月平均摊销133.33万元(1 600÷12)。2010年度摊销533.33万元,剩余5 866.67万元在2011年度摊销。

注2:等待期为2年,5 280万元成本费用每月平均摊销220万元(5 280÷24)。2010年度摊销220万元,2011年度摊销2 640万元,其余2 420万元在2012年度摊销。

注3:等待期为3年,5 760万元成本费用每月平均摊销160万元(5 760÷36)。在2010年度摊销160万元、2011年度摊销1 920万元,2012年度摊销1 920万元,其余1 760万元在2013年度摊销。

根据证监会发布的《上市公司执行企业会计准则监管问题解答》(2009年第1期)的规定:"对于跨越多个会计期间的期权费用,一般可以按照该期期权在某会计期间内等待期长度占整个等待期长度的比例进行分摊",股权激励成本费用分摊的比例取决于等待期的长短,本案的期权成本应当按照等待期的长度进行分摊,所以,我们倾向于采用上述第二种观点,即相关股权激励总成本、费用在等待期内的每个报告期按月分摊各期成本、费用,而非在等待期的每年结束时点摊销。

另外,根据《激励计划》规定:"激励对象因执行职务死亡,公司应当根据激励对象被取消的股票期权价值对激励对象进行合理补偿,并根据法律由其继承人继承",对于不受可行权条件限制就可立即行权的豁免情形,应当立即全额确认为发生当期的成本或费用。

☞ **参考文献**

1.《证监会会计监管工作通讯》(2017年第2期),2017年4月17日。

2. 中国证监会会计部:《上市公司执行企业会计准则案例解析(2019)》,中国财政经济出版社,2019年4月。

## 第三节　研发费用的会计处理

费用与资产的划分牵涉到会计确认问题。会计确认是指按照规定的标准和方法,辨认和确定经济信息是否作为会计信息进行正式记录并列入财务报表的过程。

企业在生产经营过程中发生的各项支出(指为了生产经营而有目的的支出,以下均指此类),在会计核算的账簿体系及财务会计报表中,是以资产或费用的方式进行确认的,不同的确认方式,会影响到企业当期的财务状况和经营成果,从而产生不一样的报表信息。

一项支出,若将其确认为资产,则在增加总资产的同时,可将该项资产的成本分期摊销,由各受益期共同承担,从而减小该项支出对当期利润的不利影响;相反,若将其确认为费用,则该项支出应全额冲减当期损益,不会递延到以后各期,那么在支出金额较大时,将会给当期利润带来较大负面冲击。

综上所述,站在企业的角度而言,一般总存在着将支出作为资产确认的倾向,然而,不管是国际会计准则还是各个国家包括我国企业会计准则均对资产和费用的确认做了较为明确的规定(这些规定,均是在符合会计基本理论、原则和假设的基础上制定的,以最大限度保证会计信息的可靠性和相关性为目的),使企业不得任意妄为。企业一旦违反这些规定,将本应费用化处理的支出作为资产确认,则会虚增企业的资产价值,粉饰企业的盈利能力;构成严重的会计造假(如世通公司的造假手段之一:将38.52亿美元的线路成本转入资产账户,以降低经营费用,高估经营利润),给报表使用者造成损失。实际上,将费用作为资产确认,这正是许多粉饰经营业绩的企业惯常使用的造假手段。

在知识经济时代,随着科技的进步和市场竞争的加剧,企业的创新能力已成为企业的核心竞争力,尤其是高新技术企业(如通讯设备制造业),是否拥有领先于行业的先进技术和创新能力,是决定其生死存亡的关键,关系到其在未来的市场竞争中是否拥有强有力的竞争力,是否拥有可持续发展的能力。而新技术的产生,必然离不开研究和开发,这是推动技术进步的必要手段。我国很多优质企业均十分注重企业的研究和开发工作,纷纷加大了对研发工作的投入。以国内技术和市场全面领先的汽车集团——上海汽车集团股份有限公司(以下简称"上汽集团")为例,上汽集团2018年的研发投入为153亿元,同比增加39.08%,2018年研发投入占净利润的比例为31.78%;再如,位列第二届中国品牌发展论坛发布的"2018年中国品牌价值百强榜"中家电行业首位的珠海格力电器股份有限公司(以下简称"格力电器"),2018年其研发投入为72亿元,同比增加26.04%,2018年研发投入占净利润比例为27.55%。近年来,随着企业研发费用的投入增长,研发费用的信息披露问题日益受到重视,与此相关,研究与开发费用的会计处理又成为会计界争论的一个焦点问题。

关于研究与开发费用的处理,无外乎是将其资本化还是费用化的问题。长期以来,存在着两种观点:①发生时全部资本化。其理由是,研发活动的最终目的是为了获得未来较长时期的收益,资本化处理较符合配比性原则和划分资本性支出和收益性支出原则。②发生时全部确认为费用,计入当期损益。其理由是,单个研究开发项目的未来收益具有高度不确定性,即便不确定因素会随着研究开发项目的进展而消失,但研究开发项目仍具有极高的失败率,将其确认为费用符合谨慎性原则;除此之外,根据资产确认的可计量性标准,要求一项资源不能依据会计处理的目的确认为资产,除非这项资源在取得或开发时,它未来的经济收益能被确认并能客观地计量。

将研发费用全部资本化显然是不可能的,《国际会计准则第 38 号——无形资产》和我国《企业会计准则第 6 号——无形资产》均将研究和开发阶段给予了区分,指出,研究阶段不会产生应予确认的无形资产,这个阶段的支出或费用应在当期确认为损失;而在开发阶段,则可能产生应予确认的无形资产,因为项目的开发阶段比研究阶段进了一步,企业可将某些符合无形资产确认条件的开发费用予以资本化,并证明该资产将产生可能的未来经济利益。

虽然从理论上讲,在开发费用符合资产的确认条件时,对其采用资本化政策是合理的,但是,对于某项目而言,要明确地定出研究阶段何时结束或开发阶段何时开始往往是很难且不易操作的。

总而言之,研究与开发支出不管是费用化还是资本化,都有不足之处,值得理论和实务界进一步探讨。

 案例分析

## 绩优公司 TX 公司为何警报不断

☞ **案例介绍**

2016 年 2 月,TX 股份有限公司(简称 TX 公司)董事会发布了 2015 年度业绩预警公告,摘要如下:

"业绩预告期间:2015 年 1 月 1 日至 2015 年 12 月 31 日……

本期业绩预亏的主要原因:

我公司于 2015 年 3 月 8 日公告的 2014 年度报告中利润总额为 433 577 683.94 元;但根据《企业会计准则第 6 号——无形资产》的规定,我公司 2014 年度发生的研发费用不满足资本化条件,我公司于 2015 年中期将以前年度研发所形成的无形资产作为会计差错进行了追溯调整,调整后的 2014 年度利润总额为 248 485 663.58 元,并于 2015 年 8 月 21 日公司 2015 年中期报告中予以公告……预计公司 2015 年度利润总额将比 2014 年度报告中公布的 2014 年度利润总额 433 577 683.94 元减少 50% 以上;具体数据待本年度决算并经审计后在 2015 年度报告中予以详细披露。"

2016 年 6 月 28 日,TX 公司又就 2016 年中期业绩发布了提示性公告,称由于上半年 DC 公司重组于 5 月份完成,预期市场未能如期启动,因此预计本年中期盈利水平较去年同期出现大幅下滑,利润总额减少 50% 以上,但中期经营业绩不会发生亏损。

TX 公司自 2012 年 10 月上市以来,前 3 年每股收益分别达 0.35 元、0.40 元、0.41 元,股价也一度冲至 40 多元。这样一家投资者寄予厚望的绩优企业,为什么一而再、再而三地预警,其股价也熊途漫漫,2016 年 6 月跌至 16 元多呢?

TX 公司 2014 年利润总额为 43 356 万元,2015 年发布预警时称,将比这一数字减少 50% 以上,谁知年报出来实绩仅 11 298 万元,净利润更减至 7 222 万元,扣除委托理财收益

后,每股收益仅 0.02 元。就是在这样"大幅下滑"之后,2016 年中期还要"大幅下滑"。TX 公司到底要滑向何处?

TX 公司是高科技企业,科研费用投入很大,根据公司 2014 年度财务报告,当年增加的研发费用中计入无形资产的为 2.16 亿元,并按照预计使用寿命 5 年进行分摊。2015 年,TX 公司更换会计师事务所,新聘请的 P 会计师事务所认为,TX 公司相关研发费用资本化时点不符合《企业会计准则第 6 号——无形资产》规定,但具体的资本化时点较难确定,基于谨慎性原则,要求全部计入当期损益。2015 年,由于电信设备市场竞争激烈,公司投入大量研发费用后,营业利润率反而由 2014 年的 3.15% 降至 2015 年的 1.04%,2016 年一季度更是出现 9 600 多万元亏损,这还是以 1 年 40 多亿元销售、被客户拖欠 40 多亿元应收账款为前提的。就这样,TX 公司每年投入的巨额科研费用都要进入当年损益。别的不说,2014 年 6 月,公司以 52 元高价配股募资 16 亿元,在 15.2 亿元项目投入中,约 11 亿元用于"软件购置、研发环境建设和研发成本"等,这些本计划在 5 年内分摊的无形资产,按 P 会计师事务所的要求也将一次性计入当期损益。

☞ **案例背景**

TX 股份有限公司是某电信科学技术研究院控股的高科技企业。公司于 2012 年 9 月在北京注册成立,同年 10 月,公司股票在上海证券交易所挂牌上市。TX 公司是国内具有自主知识产权的信息产业高科技骨干企业,主要从事各类通信设备系统、各类通信终端、计算机软硬件、系统集成等业务,是国内专业覆盖面最广的通信设备制造商与服务商。TX 公司是公认的明星股,但其业绩却屡屡遭到质疑。自 2015 年来,该股一直迷雾重重,技术与业绩悖离,资金链严重吃紧。

☞ **资料来源**

TX 公司 2014 年、2015 年、2016 年年度报告及公司公告。

☞ **依据及相关法规**

《企业会计准则第 6 号——无形资产》。

☞ **案例思考题**

1. 作为一家业绩良好、经营一向稳健的上市公司,出现业绩大幅下滑是整个通信设备制造业的行业因素,还是公司的内部原因?

2. 试对目前我国会计准则中有关研究与开发支出的规定做出评价。

☞ **讨论与分析**

1. TX 公司是一家高科技企业,科研投入很大,按照公司过去的会计处理,科研费用作为无形资产在 5 年内分摊。但根据《企业会计准则第 6 号——无形资产》的规定,这些科研费用的资本化时点不符合要求,TX 公司改为将当期研发费用全部计入当期损益,TX 公司按照上述原则调整了会计处理,并对以前年度会计处理进行了差错更正。正是这一差错更正,将 2014 年利润总额由 4.34 亿元调减为 2.48 亿元。

2015 年在国内外电信设备市场竞争日趋激烈的情况下,受上述会计处理调整影响,公司当期科研费用均计入当期损益,使公司 2015 年度利润总额比上年减少 50% 以上。公司是以通信网络系统、计算机软硬件和系统集成为主要业务的高科技通信制造企业,对于高科技公司来说,科研费用是投入成本的主要部分。为了实现研发成果的商业化和产业化,公司进行了大量的以产品为目标的研发工作,资料显示,公司每年的投资、合资项目都多达十余个。

综上所述,引发 TX 公司业绩下降的主要因素,并非公司所在行业的变化,通讯设备制造业在近年包括未来的几年中仍然会是增长速度最快的行业之一。TX 公司将相关科研费用全部改为计入当期损益,并且公司在当期的科研费投入较大,才是 TX 公司业绩大幅下滑的主要原因。

2. 根据《企业会计准则第 6 号——无形资产》第九条的规定:"企业内部研究开发项目开发阶段的支出,同时满足下列条件的,才能确认为无形资产:(一)完成该无形资产以使其能够使用或出售在技术上具有可行性;(二)具有完成该无形资产并使用或出售的意图;(三)无形资产产生经济利益的方式,包括能够证明运用该无形资产生产的产品存在市场或无形资产自身存在市场,无形资产将在内部使用的,应当证明其有用性;(四)有足够的技术、财务资源和其他资源支持,以完成该无形资产的开发,并有能力使用或出售该无形资产;(五)归属于该无形资产开发阶段的支出能够可靠地计量。"实务中,上述五个条件的判断存在较大的操作难度,考验着会计师的职业判断能力。

TX 公司将研发费用全部计入当期损益,可能出于如下考虑:①可以给企业带来延期纳税的好处。将研发费用计入当期损益,减少了企业当期应纳所得税,对发展中的企业是有利的。②符合谨慎性原则。研究与开发的项目是否能够成功、是否能给企业带来未来经济利益存在较大不确定性,对一些产生未来收益的可能性不是很大的研发项目进行资本化,会虚增企业的资产价值,粉饰企业的盈利能力,容易导致投资者盲目投资,不利于投资者规避风险。况且从资产确认的角度讲,也不满足资产确认的第一个标准,即"未来经济利益很可能流入企业"。③研究与开发支出往往与其他项目的支出混合在一起,难以单独辨认,不满足资产确认的可计量性标准。④避免了因为资本化处理所带来的资产成本的任意摊销、利润操纵行为。⑤便于会计人员操作,且减少了监管成本。目前阶段,我国会计人员职业判断能力有待提高,且企业造假动机也一直存在,所以"一刀切"的规定最易于操作且便于管理。

但是,"一刀切"的处理方式不可避免地存在以下一些问题:①不能真实地反映企业拥有资产的价值。当研发项目成功后,计入无形资产价值的只是金额较少的注册费、律师费等费用,而为其形成付出较大数额的研究与开发费用却并不包含在内,歪曲了企业资产的实际价值,使企业的账面价值与公允价值相差很大,使所提供的会计信息缺乏相关性,不利于投资者的决策。②研发项目成功后各期的收益和费用缺乏配比性,导致产生研发前期低盈利甚至亏损,较低投入的研发后期及研发成功投入使用后的各受益期高盈利的现象,使企业不同时期利润波动较大,亦不利相关信息使用者做出决策。③促使企业管理层重视短期效应,降低企业研发热情。就西方的经验而言,企业在研究和开发方面的大量投入是推动当今西方国家技术进步与经济增长的主要动力。在科技已成为第一生产力的今天,如果将研究与开发支出"一刀切"地全部确认为当期费用,企业管理层为了当期业绩或上市公司为享有配股权等,可能不会积极地进行研发投入,久而久之,会导致企业技术落后,失去长远发展的竞争力。而对于长期致力于研发的企业而言,如 TX 公司,则可能会久久徘徊在亏损的边缘。

综上所述,出现部分公司将研究与开发支出"一刀切"地全部确认为当期费用,与我国现阶段会计人员的职业判断能力和业务管理能力不高、会计师事务所等中介机构公信力不强有密切关系。但是这样产生的会计信息,是以牺牲相关性来换取可靠性,而且存在上述诸多缺点。为提高企业的技术水平,对研发费用部分资本化是必要的,只是研发费用资本化时点的确定仍需遵循谨慎性原则。公司通常可以参考行业惯例审慎确定研发费用资本化时点。例如,医药行业的药品研发费用一般在拿到临床批件后才可以资本化,北大医药股份有限公司、北京双鹭药业股份有限公司、上海复星医药(集团)股份有限公司、云南沃森生物技术股份有限公司、天士力医药集团股份有限公司等医药上市公司均在其年度报告中明确披露,自行立项的药品开发项目自取得临床批件后的支出进行资本化,但我们还注意到,上市公司浙江海正药业股份有限公司(以下简称"海正药业")并非按照上述行业惯例确定资本化时点,其在年度报告中披露:"开发阶段的起点为项目可以进入临床试验或者进入申报期(已有国家药品标准的原料药和制剂)",海正药业 2016 年亏损,2017 年实现盈利避免被 * ST,而其 2018 年再度亏损的重要原因是 2018 年出现部分前期资本化的项目本期暂停或终止,导致前期资本化的支出本期需费用化,海正药业的研发费用资本化时点受到投资者的广泛质疑。所以,我们建议公司在确定研发费用资本化时点考虑行业惯例,若与行业惯例不符的,则需要进行审慎斟酌。

李曼在其 2018 年 5 月发表的论文中随机选取了 50 家样本公司进行调研,"将统计的 50 家样本公司 2016 年披露的内部研究开发政策的不同类型进行归纳",发现"大部分企业沿用准则的模糊性规定,没有披露具体的符合行业特点的资本化政策,而披露了具体资本化时点政策的企业的规定也不统一"(李曼:《医药行业研发费用资本化时点选择问题研究——以海正药业为例》,上海国家会计学院硕士学位论文,2018 年 5 月),我们对上市公司年报关于研发费用资本化披露也进行了调研,同样发现很多上市公司确实未对研发费用资本化时点进行详细披露,导致无法进行横向比较。随着我国投资者对会计信息质量要求的逐步提高,我们认为,上市公司在信息披露中应更多反映研究与开发方面的信息,使得投资者对公司革新活动所产生的效益能有一个客观的了解和评价。建议相关监管部门制定法规引导上市公司在年报中对开发支出资本化具体时点进行个性化披露,并加强对财务报告披露的监督。

☞ **参考文献**

1. 李曼:《医药行业研发费用资本化时点选择问题研究——以海正药业为例》,上海国家会计学院硕士学位论文,2018 年 5 月。
2. 曹学平:《海正药业研发费用资本化激进路径惹争议》,中国经营报,2016 年 5 月 30 日。

第六章

# 利润及利润分配

## 第一节　利润结构与财务指标

利润是公司在一定期间生产经营活动的最终成果,是收入与费用配比相抵的余额,也是评价企业经营成果、盈利能力等财务指标的重要依据。会计报表中所罗列的与利润相关的财务指标,如每股收益、净资产收益率等,是人们预测企业发展的标准,也是上市公司的生命线。这些指标可能决定股票价格的高低,影响上市公司能否保留上市资格和能否获得再融资的资格,是评价经营者业绩的重要指标之一。于是,部分上市公司可能采取种种手段操纵利润。因此,会计信息使用者不应该只关注利润表上的利润总额或净利润,而应该利用会计信息的相关性,具体分析利润结构和利润来源,正确判断企业的经营成果和盈利水平。

在《企业会计准则》中,利润总额主要是指营业利润加上营业外收入,减去营业外支出后的金额。其中一种是企业经常发生的、正常进行的交易或事项所产生的损益,即经常性损益;另一种是与经营业务无直接联系或虽与经营业务相关,但其性质、金额、发生频率不能公允反映公司正常盈利能力的损益,即非经常性损益。上市公司的利润除来自经常性损益外,还可能来自处置资产、减值准备转回、委托投资收益、补贴收入等非经常性损益。不同的利润来源对企业持续经营能力的影响不同。通过对上市公司利润构成的分析,如分析利润总额中主营业务利润和非经常性损益的比例,可以进一步揭示公司财务数据背后的利润质量问题。

最近几年,上市公司的业绩确实有较大幅度的提高,利润结构也日趋合理。但有不少公司利润结构仍存在问题,如主营业务利润在利润总额中所占比重小,投资收益或其他非经常性损益所占比重较大。例如,分析中国航油集团公司下属新加坡控股子公司中国航油出现的巨额期货亏损事件,可以看出,不论是从交易规模,还是交易的方向来看,中航油都是在进行巨大的投机活动。"据中航油的公告,自2003年以来,公司的利润结构中,原先的核心业务,如中国进口航油采购和国际石油贸易仅仅分别占到总利润的16%,而公司依靠投资获得的回报则已经占到公司税前盈利的68%"(引自安明静:《最早发现中航油巨亏系法兴业银行贷款审查》,2004年12月7日《国际金融报》)。主营业务是实现利润的基础,主营业务利润在企业的利润当中最具有稳定性与持久性,其比重在很大程度上决定了企业的盈利质量和获利能力,如果一个公司老是不务正业,依赖偶发事项带来利润,就有可能隐藏着极大的经营风险和财务风险。

正因为非经常性收益具有偶发性、一次性、非持续性的特点,容易受到人为操纵,所以证监会采取了一系列措施,加强对上市公司非经常性损益信息披露的监管,增强上市公司会计信息的相关性。会计信息使用者在判断上市公司的盈利能力时,特别要关注其所披露的非经常性损益信息,以便做出明智的决策。

## 补贴收入补亏立功

☞ **案例介绍**

2003 年是我国全力抗"非典"的一年。在交通运输企业中,航空、出租车等行业都受到较大程度的影响。BJ 巴士股份有限公司(简称 BJ 巴士)2003 年度在上半年净利润为－1 298 多万元的情况下扭亏为盈。

1. BJ 巴士 2003 年度利润表,如表 1 所示。

| 表 1 | 2003 年度利润表 | 单位:元 |
|---|---|---|
| 一、主营业务收入 | | 1 641 330 850.78 |
| 减:主营业务成本 | | 1 392 676 734.87 |
| 　主营业务税金及附加 | | 42 694 230.50 |
| 二、主营业务利润 | | 205 959 885.41 |
| 加:其他业务利润 | | 49 013 635.24 |
| 减:营业费用 | | 15 882 171.23 |
| 　管理费用 | | 253 700 364.09 |
| 　财务费用 | | 22 248 765.83 |
| 三、营业利润 | | －36 857 780.50 |
| 加:投资收益 | | 201 213.72 |
| 　补贴收入 | | 110 080 000.00 |
| 　营业外收入 | | 5 464 149.98 |
| 减:营业外支出 | | 8 596 617.91 |
| 四、利润总额 | | 70 290 965.29 |
| 减:所得税 | | 147 521.14 |
| 　少数股东损益 | | 3 510 588.69 |
| 加:未确认的投资损失 | | |
| 五、净利润 | | 66 632 855.46 |
| 注:扣除的非经常性损益包括: | | |
| 投资收益 | | －366 031.50 |
| 补贴收入 | | 110 080 000.00 |
| 财政贴息 | | 19 490 374.60 |
| 营业外收入 | | 5 110 646.99 |
| 营业外支出 | | －8 162 740.20 |
| 　　　　合　计 | | 126 152 249.89 |

注:以上报表是根据当时会计制度规定的格式进行编制。

2. 主要会计数据比较,如表 2 所示。

**表 2** 主要会计数据比较

| 项目 | 2003 年(元) | 2002 年(元) | 本年比上年增减 |
|---|---|---|---|
| 主营业务收入 | 1 641 330 850.78 | 1 418 525 071.00 | 15.71% |
| 利润总额 | 70 290 965.29 | 169 869 241.35 | −58.62% |
| 净利润 | 66 632 855.46 | 119 940 606.71 | −44.45% |
| 扣除非经常性损益的净利润 | −59 519 394.43 | 101 763 371.99 | −158.49% |

3. 主要财务指标比较。

**表 3** 主要财务指标比较

| 项目 | 2003 年(元) | 2002 年(元) | 本年比上年增减 |
|---|---|---|---|
| 每股收益 | 0.26 | 0.48 | −45.83% |
| 净资产收益率 | 5.42 | 10.33 | −47.53% |
| 扣除非经常性损益的净利润为基础计算的净资产收益率 | −4.84 | 8.76 | −144.75% |
| 调整后的每股净资产 | 4.71 | 4.80 | −1.88% |

本报告期,公司财务状况较好,北京京都会计师事务所有限责任公司对 BJ 巴士出具了标准无保留意见的审计报告。其经营成果和利润构成与上年度相比发生重大变化的原因:

(1) 2003 年度公司主营业务利润 20 595.99 万元,较上年度主营业务利润 35 235.19 万元,降低了 41.55%,主要是因为受"非典"影响,客运收入下降所致。

(2) 2003 年度公司其他业务利润 4 901.36 万元,较上年度其他业务利润 4 200.71 万元,增长了 16.68%,主要是因为广告媒体占用费增加所致。

(3) 2003 年度公司收到补贴收入 11 008 万元,其中因受"非典"影响,市政府补贴 1 亿元,安置失业人员补贴 1 008 万元。

☞ **案例背景**

BJ 巴士主营业务的范围包括城市公共汽车客运、出租汽车客运、省际公路运输、汽车租赁、修理、公交 IC 卡、ITS 智能交通系统的技术开发、技术转让、技术咨询、技术服务及公交广告等业务。

截至 2003 年年末,BJ 巴士已经拥有运营车辆 6 393 部,运营线路 139 条,运营线路长度达到 6 080 公里。2003 年上半年由于受到"非典"的影响,BJ 巴士的各项业务均受到不同程度的影响,尤其是城市客运和郊区长途客运遭受了前所未有的损失。BJ 巴士在全力抗击"非典"的同时,积极开展生产自救工作,一方面努力增收;另一方面减少成本支出,在市政府的政策支持下,渡过了难关。在 2003 年下半年,BJ 巴士的生产经营基本恢复正常,达到了 2002 年同期的水平。

☞ **资料来源**

BJ 巴士 2003 年年报,2004 年 2 月 29 日《上海证券报》。

☞　**依据及相关法规**

1. 2001 年 4 月证监会颁布的《公开发行证券的公司信息披露规范问答第 1 号——非经常性损益》。

2. 2004 年 1 月修订的《公开发行证券的公司信息披露规范问答第 1 号——非经常性损益》。

☞　**案例思考题**

1. 请分析政府给予的补贴对 BJ 巴士的经营成果带来的影响。

2. 通过对该公司利润结构各组成部分的分析能得到什么结论？你认为该公司今后在经营过程中应该采取哪些措施来改善目前的经营状况。

3. 中国证监会要求上市公司在招股说明书、定期报告以及申请发行新股材料中对非经常性损益项目、内容与金额予以披露有什么现实意义？

☞　**讨论与分析**

1. 从 BJ 巴士 2003 年度的财务报表的数据来看，扣除非经常性损益的净利润为 -5 951.9 万元，而实际的净利润为 6 663.3 万元。两者相差 12 615.2 万元，当年政府给予 BJ 巴士的补贴收入为 11 008 万元，占 12 615.2 万元的 87.3%。正是因为政府给予的这 1 亿多元补贴，2003 年 BJ 巴士才能在特殊环境中扭亏为盈。

2. 从 BJ 巴士 2003 年度的利润表中可以看到，其营业利润是负值，净利润却是正值，这主要是由于补贴收入 1 亿多元所起的作用。其实，公司的主营业务收入还是比较好的，比 2002 年增加 15.71%。但是公司 2003 年主营业务利润却比 2002 年下降了 41.55%，并且利润总额、净利润，以及扣除非经常性损益的净利润比 2002 年分别下降了 58.62%、44.45% 和 158.49%。可见，2003 年 BJ 巴士公司可能在成本费用的开支中有很大的消耗，以致主营业务收入增加，而利润却下降。首先，企业的管理费用 2003 年为 25 370 万元，同期增幅达 40%。其次，有关的报道指出："BJ 巴士主营业务收入的增加主要是由于公司对控股子公司八方达长途客运公司增资导致长途客运业务增收 80.22% 所致，但由于成本增加更多，导致该项业务盈利能力不增反降。而公司的城市客运业务成本也增加了 24.61%，导致毛利率大幅下降了 75.26%"（引自徐效鸿：《北京巴士收入增加难抵成本上升》，《上海证券报》2004 年 2 月 6 日）。因此，如何降低成本，提高盈利能力，应是 BJ 巴士管理、决策层关注的焦点。

让我们不妨先来看一看 BJ 巴士与作为同行的巴士股份在经营管理上的比较：

首先，在"非典"期间，同为城市公交类运营企业的巴士股份业务也受到很大冲击，但受灾情况较 BJ 巴士轻。因为巴士股份采取积极应对措施，与各大采购供应商积极洽谈来降低成本渡过难关。反观 BJ 巴士，在借助市场行为减轻企业负担方面动力明显不足。

其次，从市场化进程来看，巴士股份与东方明珠牵手引入"多媒体巴士"并急剧扩张其规模，使得巴士股份平均每年进账 2 000 万元左右。再看看 BJ 巴士，在其实际的公司业务中，作为主营业务的城市公共交通运输的利润贡献并不是很高，广告收入却占了较高的比重。

从以上的比较中，我们对 BJ 巴士提出以下建议供参考：

159

（1）BJ 巴士可以参照巴士股份，在积极涉足多元化经营的基础上充分发挥市场的作用。

（2）BJ 巴士可以对公交车辆进行环保、节能技术革新，推广应用高科技环保节能清洁燃料来替代柴油。此项技术可改善车辆的动力性，不产生积碳结焦，减少气缸磨损，延长发动机大修间隔时间，节约维修费用。

（3）BJ 巴士可以整合货运信息资源，动态"随机"地反映价格行情和市场趋势。搭建长途客运联售平台，提升市民出行的质量和速度，提高乘客满意度指数。优化公路客运班线资源，使班线配置更加合理。

3. 对非经常性损益项目、内容与金额的披露的现实意义至少有以下两个方面：

（1）有利于更加客观、公正地评价上市公司盈利能力及经营业绩，促进上市公司利润结构合理化。信息使用者在查看上市公司年报时经常会面对两组不同的指标，"净利润和扣除非经常性损益后的净利润"以及"每股收益和扣除非经常性损益后的每股收益"。扣除非经常性损益前的指标代表企业全部业务所实现的收益，而扣除后的指标是企业正常和经常发生的经营业务所实现的收益。两者都属于反映利润或收益的指标，但与企业盈利能力的相关度却大不一样。有些公司可能报表很好看，但主营业务可能是亏损的。公司的持久经营和发展不能依靠这些偶尔发生的非经常性收益来维持，而应该依靠比较稳定的、持久的、有自身优势的主营业务。理性的长期投资者对于自己所投资的上市公司，主要看重它是否能够稳定持久经营并保持一个较高的盈利水平，而不是暂时性的或一次性的高利润水平。毕竟像 BJ 巴士获得的 1 亿元政府补贴不是每家公司都有，也不是每年都有的。对非经常性损益项目、内容与金额予以披露，能够帮助投资者客观地了解自己的投资公司的运营情况和盈利能力，避免信息误导。

（2）有利于在一定程度上遏制利用非经常性损益操纵利润的倾向，促使上市公司重视发展主营业务和提高企业竞争能力。现在，中国的证券市场还有待进一步成熟和完善，上市公司频频利用各种手段粉饰公司业绩的情况比比皆是，而非经常性损益也常常被上市公司作为提升业绩的"魔术棒"，试图用非经常性损益扭亏为盈。"截至 2005 年 8 月 10 日，沪深两市披露半年报共有 430 家上市公司。其中，没有发生非经常性损益的公司 9 家，所占比例仅 2%；发生非经常性收益的公司达 255 家。换言之，这 255 家公司的净利润若扣除非经常性损益将出现不同程度的'缩水'"（引自王璐：《非经常性损益再挑公司业绩大梁》，2005 年 8 月 11 日《上海证券报》）。证监会在对上市公司财务信息披露进行规范时，明确要求披露非经常性损益的有关信息，对有些财务指标的衡量口径以"扣除非经常性损益前后孰低的净利润"为依据，在一定程度上缩小了上市公司利用非经常性损益操纵利润的空间。

综上所述，对非经常性损益项目、内容与金额的披露是必要的，它不仅提高了会计信息的质量，增强了会计信息的可靠性和相关性，能够进一步满足使用者对会计信息的需求，同时也为证券市场的健康有序发展奠定了良好的基础。

李　茸　指导并修改

04017003 班　吴　吉　林泳君　蒋欣妍　贺凯莉

## 第二节　可抵扣亏损涉及的递延所得税资产确认

企业纳税年度发生的亏损,按我国企业所得税法规定,准予向以后年度结转,用以后年度的所得弥补,但结转年限最长不得超过 5 年。我们通常将上述按照税法规定可以抵扣以后年度应纳税所得额的亏损称为"可抵扣亏损"。虽然可抵扣亏损不是因资产、负债的账面价值与计税基础不同产生的,但本质上其与可抵扣暂时性差异具有同样的作用,均能减少未来期间的应纳税所得额和应交所得税,所以会计上将可抵扣亏损视同可抵扣暂时性差异处理。

对于递延所得税资产的确认和计量原则,《企业会计准则第 18 号——所得税》有明确规定:在估计未来期间能够取得足够的应纳税所得用以利用可抵扣暂时性差异时,应当以很可能取得用来抵扣可抵扣暂时性差异的应纳税所得额为限,确认相关的递延所得税资产。由于可抵扣亏损的结转年限最长不得超过 5 年,所以,公司需要估计在可抵扣亏损到期前其是否能够取得足够的应纳税所得额用以抵扣。《企业会计准则讲解(2010)》提供了进行上述估计需要考虑以下相关因素影响的指导意见:①在可抵扣亏损到期前,企业是否会因以前期间产生的应纳税暂时性差异转回而产生足够的应纳税所得额。②在可抵扣亏损到期前,企业是否可能通过正常的生产经营活动产生足够的应纳税所得额。③可抵扣亏损是否产生于一些在未来期间不可能重复发生的特殊原因。④是否存在其他的证据表明在可抵扣亏损到期前能够取得足够的应纳税所得额。

实务中,部分公司利用对可抵扣亏损确认递延所得税资产调节利润,粉饰财务报表。例如,上市公司獐子岛集团股份有限公司(以下简称獐子岛)于 2014 年 10 月发布第三季度报表,报表显示其三季度税前亏损 10.78 亿元,并因此确认递延所得税资产 2.64 亿元。但当时"獐子岛主产品市场增长率有限,同时又存在巨大财务风险,企业发展存在重大不确定性,短期内获利能力不能有大的改善。在这种情况下,獐子岛管理层主观判断企业未来五年内可获得 12.6 亿元的应纳税所得额,是缺乏足够证据的"(王晓民、白猛猛:"可抵扣亏损的递延所得税资产确认问题探析——以獐子岛递延所得税资产的确认为例"[《宝鸡文理学院学报(社会科学版)》,2015 年 8 月]。后续年度獐子岛的扇贝总是"跑路了"又"回来了",其业绩表现总是在巨亏与微利之间徘徊,这确实也表明其并不可能取得如此巨大的应纳税所得额。

证监会会计部在《2016 年上市公司年报会计监管报告》中揭示:"部分上市公司没有结合实际经营情况合理预计未来是否很可能取得足够的应纳税所得额,递延所得税资产的确认不够谨慎。例如,有些上市公司经营情况并未发生实质性好转,仅由于本年处置股权等偶发性交易产生的收益实现了扭亏为盈,而将以前年度未确认相关所得税影响的可抵扣亏损于本年度确认了递延所得税资产;甚至个别公司连续发生亏损,也确认了与可抵扣亏损相关的递延所得税资产"。这表明仍然有一些企业利用可抵扣亏损确认递延所得税资产进行盈余管理或利润操纵,对此需要继续加强监管。

案例分析

# 可抵扣亏损也是增加利润的"法宝"

☞ **案例资料**

2018 年 3 月 20 日,MM 通讯设备股份有限公司(以下简称 MM 通讯)公告 2017 年年度财务报告,其 2017 年度利润总额为亏损 1 774 万元,但净利润却盈利 34 万元,MM 通讯 2017 年度净利润免于亏损主要归功于其因可抵扣亏损计提的递延所得税资产。

S 会计师事务所对 MM 通讯的 2017 年年度报告进行审计,并出具了标准无保留意见的审计报告,其在关键审计事项中提道:

"(二)与可抵扣亏损相关的递延所得税资产

1. 事项描述

MM 通讯合并资产负债表中列示了 10 074.88 万元的递延所得税资产,其中 5 155.24 万元递延所得税资产与可抵扣亏损相关。在确认与可抵扣亏损相关的递延所得税资产时,MM 通讯管理层在很有可能有足够的应纳税利润来抵扣亏损的限度内,就所有未利用的税务亏损确认递延所得税资产。这需要 MM 通讯管理层运用大量的判断来估计未来应纳税利润发生的时间和金额,以决定应确认的递延所得税资产的金额。评估递延所得税资产能否在未来期间得以实现需要管理层做出重大判断,并且管理层的估计和假设具有不确定性,因此,我们将与可抵扣亏损相关的递延所得税资产识别为关键审计事项。

2. 审计应对

在审计相关税务事项时,实施的审计程序主要包括:

(1) 我们对 MM 通讯与税务事项相关的内部控制的设计与执行进行了评估。

(2) 我们获取了与可抵扣亏损相关的所得税汇算清缴资料,复核可抵扣亏损金额计算过程。

(3) 我们获取了经管理层批准的相关子公司未来期间的财务预测,评估其编制是否符合行业总体趋势及各该子公司自身情况,是否考虑了特殊情况的影响,并对其可实现性进行了评估。

(4) 我们复核了递延所得税资产的确认是否以未来期间很可能取得用来抵扣可抵扣亏损的应纳税所得额为限。

根据我们所实施的审计程序及获取的审计证据,我们认为公司管理层在确认与可抵扣亏损相关的递延所得税资产时所作出的假设和相关认定是合理的。"

MM 通讯在 2017 年年报中全额确认了可抵扣亏损相关的递延所得税资产,但并未具体披露其预计能够产生足够应纳税所得额的估计理由。2017 年年末,MM 通讯的递延所得税负债账面价值为 0。MM 通讯的所得税税率为 25%。

MM 通讯 2016—2018 年利润表部分数据,如表 1 所示。

| 表 1 | | 2016—2018 年利润表部分数据 | | 单位:元 |
|---|---|---|---|---|
| 项目 | 2018 年度 | 2018 年 1~3 月 | 2017 年度 | 2016 年 |
| 营业利润 | −1 494 138 742.94 | −29 402 937.60 | −23 155 619.18 | 26 506 628.32 |
| 利润总额 | −1 177 153 619.24 | −29 212 757.64 | −17 730 847.28 | 38 051 733.82 |
| 所得税费用 | 17 230 037.06 | −7 348 022.24 | −18 073 251.46 | 1 350 152.82 |
| 净利润 | −1 194 383 656.30 | −21 864 735.40 | 342 404.18 | 36 701 581.00 |

MM 通讯 2016 年年末至 2018 年年末递延所得税资产中可抵扣亏损明细的金额分别如表 2 所示。

| 表 2 | 各年末递延所得税资产(可抵扣亏损)金额 | | 单位:元 |
|---|---|---|---|
| 项目 | 2018 年年末 | 2017 年年末 | 2016 年年末 |
| 递延所得税资产——可抵扣亏损 | 21 661 767.02 | 51 552 426.3 | 2 068 760.88 |

☞ **案例背景**

1. 主营业务调整。

MM 商社为上市公司,于 2016 年 10 月完成对浙江 D 电子科技有限公司(以下简称 D 电子)的收购,正式进入智能移动终端领域;2016 年 12 月终止经营家电零售业务,并将与家电零售业务相关的存货、固定资产等非流动资产出售给公司关联方 Z 电器有限公司,于 2017 年 1 月完成交割。通过资产收购及家电业务相关资产出售,MM 商社主营业务变更为智能移动通讯终端产品的研发、生产及销售,公司未来将专注于从事智能移动终端的研发、生产和销售。鉴于公司战略发展规划及主营业务的调整,并根据公司业务发展需要,证券简称变更为"MM 通讯",公司行业分类为 C39"计算机、通信和其他电子设备制造业"。

MM 通讯的主要产品包括自有品牌手机、ODM 移动通讯整机及 ODM 移动通讯主板。D 电子为国内外手机品牌厂商及运营商提供全产业链、一站式的研发、设计、制造服务,其主要产品包括 ODM 移动通讯整机及移动通讯主板。上市公司收购 D 电子后,经公司关联方北京 MM 电器有限公司授权使用"MM"相关商标,公司于报告期内开始设计、生产并销售自有品牌 MM 手机。

2. 业绩承诺及完成情况。

该上市公司收购 D 电子时,交易对方承诺本次交易完成当年及其后两个会计年度内(即 2016 年、2017 年、2018 年),标的资产实现的经审计的扣除非经常性损益后的净利润不低于人民币 12 000 万元、16 000 万元、20 000 万元。如果标的资产的实际净利润数低于上述预测净利润数,则交易对方将对公司进行补偿。经 H 会计师事务所审计,D 电子 2016 年、2017 年、2018 年 3 年业绩合并归属于母公司所有者的净利润分别为 13 947.04 万元、15 619.8 万元、10 634.24 万元,扣除非经常性损益后的净利润分别为 13 395.42 万元、15 015.82 万元、10 111.8 万元。

☞ **资料来源**

1. MM 通讯 2017 年、2018 年年报,2018 年第一季度报。

2. MM 通讯重大资产重组业绩承诺实现情况说明的审核报告(2017 年 3 月 14 日、2018 年 3 月 20 日、2019 年 4 月 30 日)。

☞ **依据及相关法规**

1.《企业会计准则第 18 号——所得税》。

2.《企业会计准则讲解 2010》。

3.《中华人民共和国企业所得税法(2018 修正)》。

☞ **案例思考题**

1. MM 通讯 2017 年就可抵扣亏损确认递延所得税资产的会计处理是否合理?

2. MM 通讯 2018 年冲回因可抵扣亏损确认的递延所得税资产属于会计估计变更还是会计差错?

☞ **讨论与分析**

1. MM 通讯 2017 年就可抵扣亏损确认递延所得税资产的会计处理不合理。其主要问题在于 MM 通讯对可抵扣亏损到期前是否能够取得足够的应纳税所得额的估计不当。

MM 通讯 2017 年年末因可抵扣亏损确认的递延所得税资产的期末余额为 5 155.24 万元,而在可抵扣亏损到期前,MM 通讯不会因以前期间产生的应纳税暂时性差异转回而产生足够的应纳税所得额,这意味着 MM 通讯认为其近 5 年至少能够实现 2.06 亿元(5 155.24 万元÷25%)的应纳税所得税额以使用该项可抵扣亏损,但我们对该项判断的合理性提出以下质疑:

(1) MM 通讯 2017 年年报出具日之前生产经营仍在恶化。MM 通讯需要估计在可抵扣亏损到期前,其是否可能通过正常的生产经营活动产生足够的应纳税所得额。但是 MM 通讯不仅 2017 年的营业利润亏损了 2 316 万元,而且其在 2018 年第一季度的营业利润亏损金额就已经超过了其 2017 年全年的金额,并未显示有好转的情况。在 MM 通讯生产经营继续恶化的情况下,如何能预计在未来 5 年能够产生 2.06 亿元的应纳税所得额?

(2) MM 通讯的主要子公司未达到业绩承诺。上市公司 2016 年 12 月终止了原家电零售业务,而通过收购 D 电子将主营业务变更为智能移动通讯终端产品的研发、生产及销售,所以 D 电子是上市公司的重要组成部分,该部分未来的发展决定着上市公司的发展。

但是在 2017 年,D 电子并未实现收购时的业绩承诺,虽然实际业绩与当时的承诺业绩相差并不是很大,但至少预示着该公司并没有按照预期发展。在上市公司的主要子公司未达到业绩承诺的情况下,仍然预计其在未来 5 年能够产生 2.06 亿元的应纳税所得额,似乎不够审慎。

(3) MM 通讯在智能移动终端市场不具竞争优势。2017 年我国智能移动终端市场的竞争激烈,国际巨头"苹果"手机仍占据着高端市场的巨大份额,国内品牌"华为"在中高端市场异军突起抢占了大部分市场份额,国内品牌"小米""VIVO""OPPO"等已经占据了中低端市场的大部分市场份额,而该上市公司在 2017 年才开始设计、生产并销售自有品牌手机,其品牌在智能移动终端市场不具有竞争优势,未来业绩存在很大的不确定性。

MM 通讯在没有确凿证据表明未来能够产生足够的应纳税所得用以抵扣未弥补亏损，却有迹象显示经营环境恶化和业绩不断下滑的情况下，于 2017 年对可抵扣亏损确认了 4 948.36 万元的递延所得税资产（包括因部分子公司巨额亏损计提的递延所得税资产），同时冲减了当年的所得税费用，MM 通讯 2017 年度利润总额为－1 774 万元，该项递延所得税资产的确认使其从亏损变为盈利 34 万元。

另外，《企业会计准则讲解 2010》要求："企业在确认与可抵扣亏损相关的递延所得税资产时，应当在会计报表附注中说明在可抵扣亏损和税款抵减到期前，企业能够产生足够的应纳税所得额的估计基础"，但 MM 通讯并未在附注中按照此项要求进行说明，不符合准则的上述要求。

2. MM 通讯 2018 年冲回因可抵扣亏损确认的递延所得税资产属于会计差错。

从 MM 通讯披露的财务数据来看，2018 年其因可抵扣亏损确认的递延所得税资产大大减少，而 MM 通讯 2018 年巨额亏损，这说明递延所得税资产的减少原因不是因为当年盈利而转销，而是本该预计的亏损发生导致冲回，即 MM 通讯在 2017 年年末基于内外部情况就已经能够对未来很可能发生的巨亏进行估计，不应当再对可抵扣亏损继续确认递延所得税资产了，其在 2017 年年末对未来经营业绩和能够产生足够的应纳税所得额估计错误或者出于经营业绩的压力在会计上故意"视而不见"。所以我们认为，MM 通讯 2018 年冲回因可抵扣亏损确认的递延所得税资产属于会计差错更正，并非会计估计变更，因为其后续进行估计的基础并未发生变化。结合上述情况，有理由怀疑，MM 通讯 2017 年财务报表就是利用可抵扣亏损计提大额递延所得税资产达到扭亏为盈的目的。

为避免上市公司利用递延所得税资产的确认操纵利润或进行盈余管理，我们建议监管部门加强对递延所得税资产确认的监督，并可以采取以下措施：

（1）对于亏损企业就可抵扣亏损确认大额递延所得税资产的情况需予以重点关注，若公司未详细披露其能够产生足够的应纳税所得额的估计基础，应通知其补充披露。

（2）要求亏损企业对于未来产生的应纳税所得额进行审慎估计，若亏损企业就可抵扣亏损确认大额递延所得税资产，但以后期间的情况与其估计的情况大相径庭的，应要求公司将该项错误估计作为差错进行更正，以示惩罚。

☞ **参考文献**

王晓民、白猛猛：《可抵扣亏损的递延所得税资产确认问题探析——以獐子岛递延所得税资产的确认为例》，《宝鸡文理学院学报（社会科学版）》，2015 年 8 月。

## 第三节　企业利润分配的不同方式

利润分配是对投资者的回报。对上市公司的股东而言，最好的投资回报莫过于股票的升值和股利的获取。上市公司的利润分配方式主要有两种：发放现金股利（即现金分红）和分派股票股利（俗称送红股）。用资本公积转增股本，虽然常与利润分配方案一起公布，但其不属于利润分配，因为转增股本的来源不是留存收益，而主要是发行股份时投资者购买股票所支付的溢价。

发放现金股利与分派股票股利,对上市公司的影响和对股东的影响均不相同。

发放现金股利特别是连续现金分红的上市公司,人们普遍认为,这些公司有良好的经营业绩和现金流量支撑。现金分红将减少公司的净资产和货币资金。超大规模的上市公司发放一次现金股利甚至可能流出几十亿元至数百亿元现金。例如,交通银行仅 2017 年度的利润分配就支付现金 212.09 亿元。而对于股东,收到现金股利,是实实在在的"真金白银"进账。如果每年都有现金收益源源不断地流入,投资者可能会看好此类上市公司的发展前景而长期持有。相反,也有部分上市公司即使盈利也不实施现金分红,甚至多年不分派现金股利,被股民称为"一毛不拔的铁公鸡"。

分派股票股利,公司不会减少现金,不影响股东权益总额,只是在股东权益的大盘子里,从留存收益转入股本。这种内源性补充方式是股本扩张的一种途径。一般情况下,股本增加意味着公司保护债权人利益、吸收损失的能力增强。当然,由于股本增加,对公司的每股收益、每股净资产等指标会起到摊薄作用。而对于股东,获得送红股,持有公司的股份数量增加,但由于摊薄作用,在公司享有的权益并不因此而增加。如果上市公司经营出色、业绩优良,或抓住新的发展机遇和新的利润增长点而被投资者热捧,其股价在除权(不再含有红股的权利)后可能出现填权(交易市价高于除权基准价)的行情,投资者则可能赚取到价差收益。但有的上市公司缺乏业绩支撑却高比例送股或转股,不仅自身承受每股收益、每股净资产大幅下降的重压,而且未给股东带来真实的回报,还可能导致他们遭受贴权(交易市价低于除权基准价)的损失。

近年来,资本市场的监管部门已经出台政策引导和鼓励上市公司现金分红。证监会加大了对上市公司推出"高送转"方案的问询力度,强化与二级市场交易核查的监管联动,遏制利用"高送转"恶意炒作,尤其对长期没有现金分红的"铁公鸡"严格监管。同时,沪、深交易所也加大了对一些"铁公鸡"的问询,维护投资者获取投资回报的合法权益。一些长期没有现金分红的上市公司正逐渐被投资者抛弃。

 案例分析

## 某些上市公司的"高送转"为何遭冷遇

☞ **案例介绍**

某上市公司上年度年初和年末的股本合计均为 24 000 万元,本年度净利润(经注册会计师审计后)为 31 200 万元。在本年度 5 月份召开的审议上年度财务决算和利润分配预案的董事会上,针对分派现金股利或分派股票股利的两套分红方案进行了讨论,并且形成董事会决议。

方案一:分派现金股利,以上年年末发行在外的普通股股数 24 000 股为基数每 10 股派发现金 5 元。

方案二:分派股票股利,以上年年末发行在外的普通股股数 24 000 股为基数每 10 股送 5 股。

该公司有关会计数据,如表 1 所示。

| 表1 | | 某公司有关会计数据 | | 单位:万元 |
|---|---|---|---|---|
| 项　目 | 净利润 | 股东权益 | | 股　本 |
| 本年度 | 31 200 | — | | — |
| 本年初 | — | 168 000 | | 24 000 |
| 本年末 | — | 199 200 （未考虑分红送股） | | 24 000 （未考虑分红送股） |

☞ **案例思考题**

1. 假定股东大会通过了董事会有关利润分配预案,并于本年度7月1日公告,8月1日实施分红或办理增资手续。请分别分析方案一和方案二对公司本年度报告所披露股本总额、股东权益总额、每股净资产、每股收益、加权平均净资产收益率等财务指标的影响。

2. 试从股东的角度分析分派现金股利和分派股票股利的影响。

3. 试分析企业采用利润分配不同方式可能的动机。

☞ **依据及相关法规**

1.《公开发行证券的公司信息披露编报规则第9号——净资产收益率和每股收益的计算及披露》(2010年修订)。

2.《企业会计准则第34号——每股收益》(2006)。

3.《2019年注册会计师全国统一考试辅导教材——财务成本管理》。

4.《关于修改上市公司现金分红若干规定的决定》,中国证券监督管理委员会令第57号,2008年10月9日。

5.《关于鼓励上市公司兼并重组、现金分红及回购股份的通知》(证监发〔2015〕61号)。

☞ **讨论与分析**

1. 公司向投资者分红是对公司净利润的分配,是公司对投资者的回报,向投资者分红的方式主要有分派现金股利(现金分红)和分派股票股利(送红股)两种。

分派现金股利会引起公司现金和未分配利润的减少,从而导致股东权益总额减少,进一步导致每股净资产减少,但是净资产收益率会提升。由于分派现金股利不会影响公司股本总额,所以也不会影响每股收益金额。

分派股票股利会引起股本增加和未分配利润减少,其不仅是利润分配还兼有股本扩张性质,虽然不改变公司股东权益总额,但会改变其结构。分派股票股利不会改变公司的净资产收益率,但是由于股本的增加,每股净资产和每股收益均会减少。

需要说明的是:企业派发股票股利,会增加其发行在外普通股的数量,但并不影响所有者权益金额,这既不影响企业所拥有或控制的经济资源,也不改变企业的盈利能力,即意味着同样的损益现在要由扩大了的股份规模来享有或分担。因此,为了保持会计指标的前后期可比性,企业应当在相关报批手续全部完成后,按调整后的股数重新计算各列报期间的每股收益。

两个方案对该公司股本总额、股东权益总额、每股净资产、每股收益、加权平均净资产收益率等指标的影响,如表2所示。

表 2　　　　　　　　　　　　　　　　两个方案对有关财务指标的影响

| 财务指标 | 计算公式 | 方案一:现金股利 | 方案二:股票股利 |
|---|---|---|---|
| 本年末股本总额<br>(万元) | 面值×股数 | 24 000<br>→ | 24 000＋24 000÷10×5<br>＝36 000<br>↑ |
| 本年末股东权益总额<br>(万元) | 股东权益<br>＝净资产<br>＝资产−负债 | 199 200−24 000÷10×<br>5＝187 200<br>↓ | 199 200<br>→ |
| 每股净资产<br>(元) | 净资产÷发行在外<br>的普通股股数 | 187 200÷24 000<br>＝7.8<br>↓ | 199 200÷(24 000＋<br>24 000÷10×5×12/12)<br>＝199 200÷36 000<br>＝5.53 |
| 每股收益<br>(元) | 净利润÷发行在外<br>的普通股股数 | 31 200÷24 000<br>＝1.3<br>→ | 31 200÷(24 000＋24 000÷<br>10×5×12/12)<br>＝31 200÷36 000<br>＝0.87<br>↓ |
| 加权平均净资产收益率 | 净利润÷加权平均<br>净资产 | 31 200÷(199 200−<br>24 000÷10×5×6/12)<br>＝0.161<br>↑ | 31 200÷199 200<br>＝0.157<br>→ |

如表 2 分析,分派现金股利和分派股票股利对于公司的财务指标影响是不一样的。从对公司现金和净资产总额的影响来看,分派现金股利会导致公司现金的减少,从而减少公司净资产;而分派股票股利则对公司现金和净资产总额均没有影响。从每股净资产、每股收益及加权平均净资产收益率等指标的影响来看,分派现金股利的表现显然优于分派股票股利。

2. 分派现金股利和分派股票股利对于股东而言虽然都是来自股利的分配,但是对股东的影响有很大不同。

分派现金股利,股东实实在在地获得了现金。现金分红深受长期投资者的欢迎。有些股民将购买一些绩优且连续、稳定高比例现金分红的银行股,与把现金存入银行进行比较,觉得前者所获较为丰厚的现金股利和股票稳定的增值比后者所获利息收益更多,从而得出结论:存银行不如买银行股。相比一些“一毛不拔的铁公鸡”,那些连续坚持现金分红政策的上市公司,懂得善待和回报投资者。例如,交通银行自 2007 年在 A 股上市以来,绝大多数年份的现金分红比率均超过 30%。交通银行对外披露的 2017 年度利润分配方案为:每股分配现金股利人民币 0.285 6 元(含税),共分配现金股利人民币 212.09 亿元,占集团净利润(归属于母公司股东)的 30.20%。“如果以目前 16 家上市银行披露的每股股利计算,截至 4 月 20 日收盘的价格测算它们的股息率,交通银行以 4.70% 的股息率位列 16 家上市银行中的第二名,比第一位仅低不到 0.1%,这一水平远超目前市场上普遍不足 2% 的 1 年期普通银行定期存款利率”(冷辉:“16 家 A 股上市银行分红逾 3 400 亿交行股息率达 4.7%”,每日经济新闻,2018 年 4 月 25 日)。

分配股票股利,股东只是名义上获得了股利,实际并未获得现金。但是公司分派高额的股票股利"往往能够起到刺激股价上涨的作用,代价小,收益高,以至于出现很多没有条件,创造条件也要进行高送转的奇葩案例。资料显示,2017年中期推出10送转10股分配方案的公司中,长海股份、赤峰黄金2017年中期的净利润均同比出现下滑。以往甚至有公司亏损也要高送转,如新潮能源2016年中期亏损3 678.89万元,但当年中期公司推出10转28股高送转方案,送转方案、送转比例明显与其当时业绩表现不相匹配,甚至背道而驰"(胡华雄:"10送转10绝迹?!今年中报利润分配情形大不同现金分红成主流拒绝套路式高送转",2018年8月26日《证券时报网》)。高比例送红股,迎合了短期炒作的需求,但如果没有业绩支撑,则难以为继。未来每股收益、每股净资产双双摊薄,股价跌幅甚至可能超过先前的涨幅,对长期投资者而言无益反而有损。现在,对于那些没有业绩支撑的高送转股票,已不再为投资者追捧,对拉升股价的刺激效应也大不如前,甚至失效。

近年来,我国证券监管部门加大了对上市公司分派股利的监管:

2008年10月9日,中国证监会发布《关于修改上市公司现金分红若干规定的决定》。将《上市公司证券发行管理办法》第八条第(五)项"最近三年以现金或股票方式累计分配的利润不少于最近三年实现的年均可分配利润的20％"修改为"最近三年以现金方式累计分配的利润不少于最近三年实现的年均可分配利润的30％",并将《公开发行证券的公司信息披露内容与格式准则第2号——年度报告的内容与格式(2005年修订)》第三十七条修改为:"上市公司应披露本次利润分配预案或资本公积金转增股本预案。对于本报告期内盈利但未提出现金利润分配预案的公司,应详细说明未分红的原因、未用于分红的资金留存公司的用途。公司还应披露现金分红政策在本报告期的执行情况。同时应当以列表方式明确披露公司前三年现金分红的数额、与净利润的比率"。从此之后,上市公司如果希望再融资,则必须在最近3年以现金方式累计分配的利润不少于最近3年实现的年均可分配利润的30％。

2015年8月31日,中国证监会、财政部、国务院国资委、银监会联合发布的《关于鼓励上市公司兼并重组、现金分红及回购股份的通知》(证监发〔2015〕61号)规定:"上市公司应建立健全现金分红制度,保持现金分红政策的一致性、合理性和稳定性,并在章程中明确现金分红相对于股票股利在利润分配方式中的优先顺序。具备现金分红条件的,应当采用现金分红进行利润分配"。监管部门对于引导资本市场的股利分配起到了关键的作用,目前上市公司的现金分红已逐渐成为主流,有利于保障投资者的权益。

"已经披露2017年度利润分配方案的16家上市银行中,大多数现金分红比例均在20％以上,合计分红超3 400亿元,五大行分红金额位居前列"(冷辉:"16家A股上市银行分红逾3 400亿交行股息率达4.7％",每日经济新闻,2018年4月25日)。上市银行可谓上市公司中连续、稳定实施现金分红的表率。

3. 上市公司以现金分红,一是因为政策的引导;二是为了满足再融资的要求;三是有助于提升公司在社会公众心目中的形象。稳定的现金分红政策能够增强长期投资者的信心。一家公司能够连续坚持现金分红,是其经营业绩和财务状况良好的表现。

企业分派股票股利,可能的原因有:资金压力大,货币资金紧缺;为了满足资本扩张的需求,有些行业划分资质等级标准、一般招标项目对投标资格的要求、监管部门对某些特定行业的考核等,与注册资本大小或与股本有关的指标有一定联系。例如,监管部门为了增强银行体系的稳健性,提高了对资本充足率的要求。资本充足率＝银行资本总额/加权平均风险资产,表明资本工具吸收损失的能力。在业务扩张、信贷增速、风险资产相应增加的同时,补充资本的压力加大,在积极寻求外源性资本补充的同时也会注意内源性资本的补充,如送股、转股。此外,不排除少数上市公司可能存在恶意炒作的动机。

☞ **参考文献**

1. 冷辉:《16 家 A 股上市银行分红逾 3 400 亿交行股息率达 4.7%》,《每日经济新闻》,2018 年 4 月 25 日。
2. 胡华雄:《10 送转 10 绝迹?! 今年中报利润分配情形大不同现金分红成主流拒绝套路式高送转》,《证券时报网》,2018 年 8 月 26 日。

张维宾　指导并作重大修改

04017001 班　严雅萍　王璐琮　杨嘉华

040110201 班　曹　君　孙轶群

# 第四节　股利分配政策对财务指标的影响

对企业创造的净利润进行分配,有广义和狭义之分。广义的利润分配包括以股利的形式分派给投资者或股东,作为投资回报;留存于企业内部的留存收益(包括盈余公积和未分配利润),用于扩大生产经营规模、弥补亏损、转增资本以及以后年度的股利分配。狭义的利润分配仅指作为投资回报向投资者分派股利。

企业进行利润分配,一方面要遵守法律规定;另一方面要考虑企业自身经营和发展的需要,在此基础上合理确定留存收益的比例,以及股利分配的形式和数额,采取既符合法律规定又有利于企业发展和维护股东权益的股利分配政策。

股利分配政策是指在企业实现的净利润当中,合理确定股利和留存收益的比例,以便使企业未来的发展有足够的资金保障。股东既希望分红,又希望每股盈余在未来不断增长。两者有矛盾,前者是当前利益,后者是长远利益。如何制定股利政策,使股利的发放与公司的未来持续发展相适应,便成为企业管理者应做好的一项决策。

我国有关的法律法规规定,企业本年实现的净利润加上年初未分配利润(或减去未弥补亏损)为本年可供分配的利润。企业利润分配的一般程序如下:

(1) 弥补以前年度的亏损,但不得超过税法规定的弥补期限。

(2) 缴纳所得税。

(3) 弥补在税前利润弥补亏损之后仍存在的亏损。

(4) 提取法定公积金。

(5) 提取任意公积金。

(6) 向股东分配利润。

由上述规定可知,企业必须在弥补亏损、提取法定盈余公积和法定公益金之后,才能进行股利分配。

另外,股利分配政策还涉及采用何种股利形式的问题。我国《公司法》规定,公司分配股利可以采用现金股利和股票股利两种方式。派发现金股利会减少企业的货币资产和所有者权益。派发股票股利,不会影响所有者权益总额,会引起所有者权益内部结构的调整,减少企业的"未分配利润",增加"股本";但对企业的资产没有任何影响。

股利分配政策受到多种因素的影响,包括法律因素、股东利益、企业因素(如投资机会、筹资能力、资产的流动性、资本成本),以及如债务合同约束等其他方面的因素。

采用不同的股利分配政策会对企业的资产总额、净资产数额、货币资金数额等因素产生影响,进而影响企业的财务指标。另外,还会对企业未来筹资和投资决策,以及所有者的利益产生影响。现代财务理论通常提到的股利政策有稳定的股利政策、低正常股利加额外股利政策、剩余股利政策和固定比率股利政策。由于我国资本市场不发达、不完善,以及处于不断改革和完善过程中,因此,我国上市公司的股利政策有其独特的表现。

 案例分析

## XT 公司缘何高额派现

☞ **案例介绍**

XT 钢铁股份有限公司(简称 XT 公司)是经营特殊钢冶炼及压延加工、机械设备制造和来料加工的 A 股上市公司,XT 公司的控股股东为 XT 钢铁集团,持有公司股权 70.13%。2003 年 2 月 18 日,该公司公布 2002 年年报,其中的股利分配方案(每 10 股派现 5.2 元)作为重大利好迅速推动 XT 公司股价上涨。但是这一超常派现额度大大超过了该公司当年的每股收益,因此也引起了较多的猜测和质疑。

1. 公司近 3 年的主要财务指标,如表 1 所示。

表 1                        XT 公司近 3 年的主要财务指标

| 项　目 | 单位 | 2002 年 | 2001 年 | 2000 年 |
|---|---|---|---|---|
| 加权平均每股收益 | 元 | 0.195 3 | 0.153 4 | 0.143 5 |
| 扣除非经常性损益的每股收益 | 元 | 0.188 1 | 0.136 8 | 0.103 5 |
| 加权平均净资产收益率 | | 7.80% | 6.59% | 6.88% |
| 扣除非经常性损益的加权平均净资产收益率 | | 7.52% | 5.88% | 5.13% |

2. 报告期内公司财务状况及经营成果数据,如表 2 所示。

表 2                        XT 公司近 2 年有关会计数据

| 名　称 | 2002 年末(元) | 2001 年末(元) |
|---|---|---|
| 总资产 | 2 952 283 129.79 | 2 724 555 950.97 |
| 长期负债 | 30 000 000.00 | 200 000 000.00 |
| 股东权益 | 1 210 822 317.53 | 1 399 886 334.77 |
| 净利润(年度) | 113 690 382.76 | 89 332 106.54 |

说明:(1)本期末总资产较上期末增长 8.36%,其主要原因,一是本期负债增加;二是本期实现的净利润增加。

(2)本期末长期负债较上期末减少 85%,主要原因系本期归还到期债券以及部分长期借款将于 1 年内到期。

(3)本期末股东权益较上期末减少 13.51%,主要原因系本期拟向股东分配现金红利所致。

3. 利润分配事项及说明。

(1) 公司本年度利润分配预案：经审计，公司 2002 年度共实现净利润 11 369.04 万元，按 10%提取法定公积 1 136.90 万元，按 5%提取法定公益金 568.45 万元，未分配利润为 9 663.68 万元。加上以前年度未分配利润 21 184.81 万元，总计可供分配的利润为 30 848.49 万元。公司董事会决定以 2002 年 12 月 31 日公司股本总数 58 222 万股为基数，向全体股东每 10 股派送现金红利 5.2 元（含税），共分配 302 754 400.00 元，剩余 5 730 485.31 元结转 2003 年度。

(2) 利润分配政策差异的说明。公司在 2001 年年度报告中预计本年度不进行利润分配，但同时董事会保留调整利润分配政策的权利，主要是考虑公司 2002 年度在连续式轧机工程上有资金投入的要求，资金来源不能完全确定。本年度进行利润分配，主要是因为市场供需及价格发生较大变化，公司的经营业绩取得了较大幅度增长，并且公司连续式轧机工程的前期资金投入问题得到了解决。同时，进行利润分配，既是对广大股东的回报；也有利于增强广大股东对本公司的信心。

4. XT 公司 2002 年度现金流量表，如表 3 所示。

| 表 3 | 现金流量表（摘要） 单位：人民币元 |
|---|---|
| 一、经营活动产生的现金流量： | |
| 经营活动产生的现金流量净额 | 121 623 834.10 |
| 二、投资活动产生的现金流量： | |
| 投资活动产生的现金流量净额 | (219 312 204.28) |
| 三、筹资活动产生的现金流量： | |
| 借款所收到的现金 | 551 850 000.00 |
| 偿还债务所支付的现金 | 374 850 000.00 |
| 分配股利、利润或偿付利息所支付的现金 | 43 515 708.85 |
| 筹资活动产生的现金流量净额 | 133 484 291.15 |
| 四、汇率变动对现金的影响额 | — |
| 五、现金及现金等价物净增加额 | 35 795 920.97 |

5. XT 公司 2003 年度现金流量表，如表 4 所示。

| 表 4 | 现金流量表（摘要） 单位：人民币元 |
|---|---|
| 一、经营活动产生的现金流量： | |
| 经营活动产生的现金流量净额 | 164 902 419.88 |
| 二、投资活动产生的现金流量： | |
| 投资活动产生的现金流量净额 | (307 348 988.60) |
| 三、筹资活动产生的现金流量： | |
| 发行债券所收到的现金 | 490 000 000.00 |
| 借款所收到的现金 | 871 800 000.00 |

（续表）

|  |  |
|---|---|
| 偿还债务所支付的现金 | 751 850 000.00 |
| 分配股利、利润或偿付利息所支付的现金 | 346 971 318.27 |
| 支付的其他与筹资活动有关的现金 | 20 187 017.97 |
| 筹资活动产生的现金流量净额 | 242 791 663.76 |
| 四、汇率变动对现金的影响额 | —— |
| 五、现金及现金等价物净增加额 | 100 345 095.04 |

6. 2003 年 XT 公司发行可转换公司债券公告。

经中国证监会（证监公司字〔2003〕88 号）文件批准，本公司于 2003 年 8 月 11 日发行了 4.9 亿元可转换公司债券，并于 2003 年 8 月 26 日在上海证券交易所上市。XT 公司转债每张面值 100 元，共 490 万张，期限为 5 年，即 2003 年 8 月 11 日至 2008 年 8 月 10 日，其中 2004 年 2 月 11 日至 2008 年 8 月 10 日为转股期。

☞ **资料来源**

1. 上海证券交易所网站 http://www.sse.com.cn/。

2. XT 公司 2002 年、2003 年年报及临时公告。

☞ **案例背景**

中国证监会于 2001 年年初发布了《上市公司新股发行管理办法》，其中的规定使得现金分红成为上市公司获得再融资资格的一个前提条件。证监会《关于做好上市公司可转换公司债券发行工作的通知》中明确规定，"公司最近三个会计年度加权平均净资产利润率平均在 10% 以上；属于能源、原材料、基础设施类的公司可以略低，但是不得低于 7%。"另外"公司扣除非经常性损益后，最近三个会计年度的净资产利润率平均值原则上不得低于 6%。"

☞ **案例思考题**

1. 试分析 XT 公司的现金流是否能够支撑 2002 年度股利分配方案，并从遵守法律规范、兼顾股东利益与企业未来发展等方面评价该分配方案。

2. 该分配预案影响 XT 公司哪些主要财务指标，结合 XT 公司 2003 年的经营情况，试分析管理层提出该方案的深层次动机。并进一步分析我国上市公司股利分配存在的问题。

☞ **讨论与分析**

1. XT 公司 2002 年股利分配方案的派现总额高达 3 亿元，显然需要强大现金流的支持。分析该公司 2002 年和 2003 年的现金流量表可知其经营活动产生的现金流入远不能满足支付股利的需要。另外，该公司 2002 年、2003 年投资活动频繁，现金支出较大，两年投资活动现金净流出达 5 亿多元。面对巨额现金需求，该公司在融资方面采取的重要措施是 2003 年发行 4.9 亿元可转换公司债券，另外，2003 年归还 1 年内到期长期负债后又按长期贷款重新贷回。由此可知，XT 公司主要利用债务方面筹资带来的现金流支撑 2002 年的高额派现和 2002 年与 2003 年的投资需求。

对照有关法律规范，该公司的分配方案没有违背相关规定。报告期内实现的税后利润，提取法定盈余公积和法定公益金后,加上往年累计未分配利润,即为当年可供分配的利润。虽然 XT 公司 2002 年度的净利润在提取两金后仅为 9 663.68 万元,但由于以前年度未分配利润累积达 21 184.81 万元,所以该分配方案的派现额度仍然是在法规允许的范围之内。另外,该公司自上市后至 2002 年,只在 2000 年度实施过 10 派 0.48 元(税后)的分配方案。此次派发现金股利,可以理解为公司对股东的一次总回报。

从股东利益角度看,XT 公司此次高额派现,持股 70.13% 的控股股东 XT 钢铁集团无疑是最大的赢家,派现后约获得 2.1 亿元的现金流入,我们怀疑 XT 钢铁集团当时很可能面临资金困难的窘境,故选择通过上市公司高额派现获得巨额资金,大大节省自己的资金成本,为此却不顾上市公司"死活",不惜牺牲上市公司的长远利益。虽然其他中小股东也通过高额派现获得了资金,似乎也是受益者,从分配方案公布后 XT 公司股价上涨的行情就可见一斑,但从长远来看,上市公司很可能因为进行高额派现后没有足够的资金而错失发展机会,这将严重损害其他中小股东的利益。

从兼顾公司未来发展角度看,XT 公司的高额派现并没有影响该公司 2002 年和 2003 年的经营与投资。这主要是因为:一方面,该公司加大了债权性融资力度,2001—2003 年,负债总额逐年增加,尤其是 2003 年该公司发行了 4.9 亿元可转换债券,用较低的资金成本筹集到了发展所需的资金;另一方面,当时材料能源市场需求旺盛,钢铁行业经营状况普遍较好,该公司也有较高的经营性现金流量来支持公司的发展。

不过 XT 公司这种与效益脱钩、大起大落的股利分配政策不能不让人产生疑问,而且对股东的长远利益未必是件好事。另外还有一点疑问,就是如果该公司 2003 年发行可转换债券没有成功,没有筹得 4.9 亿元的资金,那么该公司 2003 年支付 2002 年年报中宣告的巨额现金股利以及其他一系列投资支出都会遇到一定的困难。

2. XT 公司高额派现,除了对涉及股利分配的财务指标产生影响外,还会影响企业的所有者权益总额等重要指标。2002 年该公司扣除非经常性损益后的每股收益为 0.188 1 元,较 2001 年度的 0.136 8 元上升了 37.5%。而宣告分派高额现金股利后,导致 2002 年年末未分配利润大幅度减少,最终使净资产收益率这一重要的财务指标从 2001 年度的 5.88% 上升到 2002 年度的 7.52%。作为原材料类上市公司,XT 公司在 2001—2003 年 3 年的加权平均净资产利润率分别为 7.8%、6.59%(调整后)、6.88%,平均值为 7.09%;扣除非经常性损益的加权平均净利润率分别为 7.52%、5.88%、5.13%,平均值为 6.18%。通过派现降低公司净资产值后的 XT 公司刚刚满足证监会规定的发行可转换债券的条件。随后在 2003 年 8 月 XT 公司就发行了 4.9 亿元可转换债券。这很可能不仅仅是一个简单的巧合。

另外,XT 公司 2002 年和 2003 年投资和融资的力度都比较大,证明该公司资金需求量还是比较大的,为什么在这种情况下还要采用高额派现,不得不让广大公众产生疑问。该公司管理层为了发行资金成本较低的可转换债券,通过高额派现调节财务指标,也许是一个比较合理的解释。

从 XT 公司的特例,可以看出我国上市公司股利分配存在着较多的问题。如现金股利的支付额度与公司业绩脱钩,没有明确的股利政策目标,股利政策缺乏稳定性,有些纯粹是为了配合二级市场走势或是为了调整财务指标满足监管部门对再融资的规定,股利分配中的短期行为严重。这些问题的产生背后有许多原因,如我国资本市场不完善,相关法律法规不健全，上市公司股权结构复杂，以及一些公司经营状况不佳，缺乏竞争力。解决这些问题、完善我国上市公司的股利分配政策还需要从多方面入手。

☞ **参考资料**

1. 李映宏：《公司追踪：解读西宁特钢高派现》，2003 年 2 月 19 日《证券时报》。

2. 李小宁：《豪分 3 亿现金西宁特钢高派现之"财务买家"》，2003 年 5 月 12 日《21 世纪经济报道》。

3. 黄玉云：《我国上市公司股利政策现状分析及建议》，《经济师》2005 年第 8 期。

刘睿洁 指导并修改

04017003 班 严 辉 韩京晶 秦陈怡

# 第七章

# 外 币 业 务

## 第一节　外币负债的汇率风险

外币业务是指企业以记账本位币以外的货币进行款项收付、往来结算等经济业务。外币业务主要包括企业购买和销售以外币计价的商品或劳务、企业借入或借出外币资金、企业承担或清偿以外币计价的债务等。汇兑损益是指在持有外币货币性资产和负债期间，由于汇率变动而引起的外币货币性资产或负债的价值发生变动或不同货币兑换而产生的损益。

按照我国《企业会计准则第 19 号——外币折算》的规定，外币交易折算在初始确认时，一般采用交易发生日的即期汇率将外币金额折算为记账本位币金额。外币货币性项目因资产负债表日即期汇率与初始确认时或者前一资产负债表日即期汇率不同而产生的汇兑差额，计入当期损益。《国际会计准则第 21 号——汇率变动的影响》也（IAS21）指出，外币交易在初始确认时应当以功能货币（指主体经营所处的基本经济环境的货币）进行记录，外币金额按照交易日功能货币和外币的即期汇率进行折算，在初始确认后的每一个资产负债表日，外币货币性项目应按期末汇率折算，以历史成本计量的外币非货币性项目应按交易日的汇率折算，以公允价值计量的外币非货币性项目应按确定公允价值日的汇率折算。当由外币交易而产生的货币性项目的发生日与结算日之间的汇率发生变动时，所产生的汇兑差额在形成的当期确认为收益或费用。可以看出，汇率的波动会给企业带来一定的汇率风险，对企业损益产生影响。

为了有效规避汇率风险，国际上往往采用掉期交易衍生工具。所谓掉期交易（Swap Transaction），是指交易双方约定在未来某一时期相互交换某种资产的交易形式。更为准确地说，掉期交易是当事人之间约定在未来某一期间内相互交换他们认为具有等价经济价值的现金流（Cash Flow）的交易。掉期交易较为常见的是货币掉期交易和利率掉期交易。货币掉期交易是指两种货币之间的交换交易，在一般情况下，是指两种货币资金的本金交换。利率掉期交易是相同种类货币资金的不同种类利率之间的交换交易，一般不伴随本金的交换。掉期交易与期货、期权交易一样，是近年来发展迅猛的金融衍生产品之一，是国际金融机构规避汇率风险和利率风险的重要工具。1981 年，IBM 公司和世界银行进行了世界上第一笔货币掉期交易即瑞士法郎和德国马克与美元之间的货币掉期交易。当时世界银行在欧洲美元市场上能够以较为有利的条件筹集到美元资金，但是实际需要的却是瑞士法郎和德国马克。此时持有瑞士法郎和德国马克资金的 IBM 公司，恰好希望将这两种货币形式的资金换成美元资金，以回避利率风险。在所罗门兄弟公司的中介下，世界银行最终将美元资金提供给 IBM 公司，而 IBM 公司将自己持有的瑞士法郎和德国马克资金提供给了世界银行。通过这种掉期交易，世界银行以比自己筹集资金更为有利的条件筹集到了所需的瑞士法郎和德国马克资金，IBM 公司则回避了汇率风险，低成本筹集到美元资金。世界银行和 IBM 公司均在没有改变与原来的债权人之间的法律关系的情况下，以低成本筹集到了自身所需的资金。

在国际金融市场一体化潮流的背景下，掉期交易作为一种灵活、有效的避险和资产负债综合管理的衍生工具，越来越受到国际金融界的重视，用途日益广泛，交易量急速增加。后来,这种交易形式已逐步扩展到商品、股票等汇率、利率以外的领域。

## 汇率波动,风险不定

☞ **案例介绍**

Z 公司是在深圳证券交易所上市的股份公司。Z 公司所属的河津电厂一期 2 台 2× 350 MW 日本某公司进口机组所需资金,是利用中国进出口银行转贷的日本海外协力基金银行贷款,贷款本金共 217.77 亿日元(最终贷款数额)。其中年利率为 2.6% 的借款本金 100.84 亿日元;年利率为 2.3% 的借款本金 116.93 亿日元。本金归还时间为 2015— 2025 年。

由于 2012 年日元汇率上升使 Z 公司形成高达 1.23 亿元人民币的巨额汇兑损失,Z 公司为了降低汇率风险采取了以下措施:

1. 2012 年 12 月 5 日,与工商银行签订了外汇货币交换、利率交换、远期利率协议、货币期权、利率期权等货币掉期交易协议。协议约定公司未来按照固定的汇率与工商银行进行货币互换。

2. 2013 年 10 月 31 日,Z 公司对掉期保值交易业务进行了平盘。从该公司 2013 年 11 月 5 日披露的情况看,平盘后,负债恢复为原来的本金和利率水平,并获得平盘收益 21 万美元(人民币金额为 173 万元)。

3. 公司四届一次、五次董事会审议通过了外币债务置换方案,即转贷美元,提前偿还未到期的日元债务,将原来的日元债务转换为美元债务。外币债务置换方案分两步实施:第一步骤,公司于 2014 年 4 月 28 日,向中国工商银行贷日元借款(期限 10 年,贷款利率约 1.268 5%),归还了中国进出口银行的日本海外协力基金 217.77 亿日元借款(期限 20 年,贷款利率约 2.44%)。通过借低还高的债务置换,降低了财务费用,年节约费用 1 283.20 万元人民币。第二步骤,公司选择合适的时机,组织实施贷美元(或人民币)归还日元借款,降低汇率风险。

☞ **案例背景**

Z 公司筹建于 1986 年 7 月,是由某省电力公司和某省地方电力公司共同投资兴建的一座大型现代化坑口火力发电企业。2002 年,该电厂改制为股份制企业,2007 年 6 月,公司股票在深圳证券交易所上市交易。

Z 公司主营火力发电生产,拥有两座大型火力发电厂和一家电力检修公司,总资产为 47 亿元。其中,公司下属的 Z 发电厂位于山西省河津市,是一座现代化的火力发电厂,该厂资金主要来源于日本海外协力基金第三批贷款,一期工程为 2 台 350 MW 日本三菱机组,2 台机组已分别于 2010 年 8 月、11 月投入试生产,2011 年 5 月投入商业运行,年发电能力 45 亿千瓦时。

☞ **资料来源**

1. Z 公司 2013 年年报。

2. Z公司2014年4月《关于实施外币债务置换的公告》。

☞ **依据及相关法规**

1. 《企业会计准则第22号——金融工具确认和计量》（2006）。
2. 《企业会计准则第19号——外币折算》。
3. 《国际会计准则第21号——汇率变动的影响》。

☞ **案例思考题**

1. Z公司由于日元汇率上升而造成的巨额汇兑损失是账面损失还是实际损失？
2. Z公司为何在签订掉期交易协议？
3. Z公司为何在公司四届一次、五次董事会审议通过了外币债务置换方案？

☞ **讨论和分析**

1. 按照我国《企业会计准则第19号——外币折算》规定，企业在资产负债表日，需采用资产负债表日即期汇率对外币货币性项目进行折算，因资产负债表日即期汇率与初始确认时或者前一资产负债表日即期汇率不同而产生的汇兑差额，计入当期损益。2012年由于美国逐步放弃美元强势政策，导致西方主要货币兑美元大幅升值，日元兑美元升值尤为明显，仅2011年年底至2012年年底，日元兑美元的汇率就由0.0076上升为0.0087，由于人民币盯住美元，日元兑人民币亦大幅升值。日元汇率的上升使Z公司217.77亿日元债务形成超过1亿元人民币的巨额汇兑损失，加大了外币债务风险。确认巨额财务费用，虽降低了企业账面利润，但是引发巨额汇兑损失的外币债务尚未到期，当期并未因此而发生现金流出，当期资产并未减少，所以Z公司由于日元汇率上升而造成的巨额汇兑损失是账面损失而非实际损失。

2. 虽然Z公司2012年12月5日与工商银行签订了外汇货币交换、利率交换、远期利率协议、货币期权、利率期权等货币掉期交易协议，协议约定公司于2013年10月31日按照固定的汇率将人民币存款及利息与工商银行的日元进行货币互换，该合同的价格将随汇率变动而变动，不需要初始净投资，将在未来某一日结算，故该合同属于衍生工具，公司可以将该合同作为衍生工具处理，即划分为交易性金融资产，并采用公允价值进行计量，公允价值变动计入当期损益。该衍生工具的公允价值变动是与日元汇率相关的，所以因该衍生金融工具确认的损益金额会与因日元贷款汇率变动确认的损益形成对冲。所以，Z公司签订货币掉期交易是为了将其会计上确认的损益与日元贷款汇率变动确认的损益进行对冲，减少Z公司的损益波动。

3. 2013年10月31日，既然Z公司对日元贷款的掉期交易进行了平盘，Z公司就不得不继续受日元汇率的波动困扰。如日元继续走强，公司的汇率风险将进一步加大。

于是公司四届一次、五次董事会审议通过了外币债务置换方案。第一步骤，公司于2014年4月28日，向中国工商银行贷日元借款（期限10年，贷款利率约1.2685%），归还了中国进出口银行的日本海外协力基金217.77亿日元借款（期限20年，贷款利率约2.44%）。通过借低还高的债务置换，降低了财务费用，年节约费用1283.20万元人民币。第二步骤，公司选择合适的时机，组织实施贷美元（或人民币）归还日元借款，降低汇率风险。

## 第二节 外币折算

外币交易是指以外币计价或者结算的交易。外币交易主要包括企业购买和销售以外币计价的商品或劳务;企业借入或借出外币资金;其他以外币计价或结算的交易。外币是企业记账本位币以外的货币。记账本位币是指企业经营所处的主要经济环境中的货币。我国企业通常应当选择人民币作为记账本位币,也可根据准则规定一种其他货币作为记账本位币。

外币折算的会计处理主要涉及两个环节:

一是在交易日对外币交易进行初始确认,将外币金额折算为记账本位币金额。外币交易折算在初始确认时,一般采用交易发生日的即期汇率将外币金额折算为记账本位币金额。在我国,即期汇率通常是指中国人民银行公布的当日人民币外汇牌价的中间价,中间价是银行买入价与卖出价的平均价。企业发生货币兑换交易时,需要使用买入价或卖出价折算。

二是在资产负债表日对期末持有相关外币项目的折算。汇兑损益是指在持有外币货币性资产和负债期间,由于汇率变动而引起的外币货币性项目的价值变动或不同货币兑换而产生的损益:若属于外币货币性项目产生的汇兑差额,计入"财务费用——汇兑差额";若属于以公允价值计量的非货币性项目,计入"公允价值变动损益"或"其他综合收益"。

企业对境外经营的财务报表的折算。在折算时,对资产负债表中的资产和负债项目,采用资产负债表日的即期汇率折算,所有者权益项目除"未分配利润"项目外,其他项目采用发生时的即期汇率折算;对利润表中的收入和费用项目,采用交易发生日的即期汇率折算。上述折算产生的外币财务报表折算差额,在资产负债表中"所有者权益"项目下"其他综合收益"项目中列示;在利润表中"其他综合收益的税后净额"项目下"外币财务报表折算差额"项目列示。此外,对处于恶性通货膨胀经济中的境外经营的财务报表,需要先将资产负债表项目运用一般物价指数予以重述,将利润表项目运用一般物价指数变动予以重述,再按照最近资产负债表日的即期汇率进行折算。

即期汇率在汇率单轨制下很容易确定,不存在选择的问题。在汇率双轨制或多规制情况下,就存在选择何种汇率作为折算汇率更合理的问题。影响一个国家汇率制度的主要因素有经济规模和经济结构、对外开放程度、金融市场发展程度和区域经济合作情况等。我国在社会主义初级阶段发展进程中,为了调节外汇的供求状况和调动外贸企业出口创汇的积极性等,也曾经实行过汇率双轨制。但汇率双轨制也有其弊端。例如,其带来的价差矛盾,导致一些单位或个人利用官方汇率和调剂市场价之间的差异来谋取私利,一些企业依靠双轨汇价的差额来弥补经营亏损等。所以,从 20 世纪 90 年代末至 21 世纪初,我国取消了汇率双轨制,逐渐形成以市场供求为基础的、参考一揽子货币进行调节的、有管理的浮动汇率制度。

在我国境内的企业和在境外的企业都可能存在外币折算问题。随着改革开放,我国不少企业在国外投资经营,而有的国家,如委内瑞拉仍然存在汇率双轨制,从而带来折算汇率的选择问题,即选择哪一种汇率折算的会计信息更加有用。

## 在委内瑞拉的 X 公司采用哪一种汇率折算更合理

☞ **案例介绍**

Y 公司在委内瑞拉有一全资子公司——X 公司。X 公司主要经营活动为向委内瑞拉石油公司 W 公司提供钻井工程服务。X 公司与 W 公司签订的合同报价由委内瑞拉当地货币玻利瓦尔（以下简称玻币或 BS）和美元混合组成。其中美元日费价格基本稳定，而对于玻币日费价格，在报价中已考虑了市场行情和通胀预期。

X 公司记账本位币为美元，当地商品用美元和玻币两种货币报价，公司根据自己的存量货币选择用美元或玻币进行支付。外币交易（即美元以外的货币交易）按交易发生日的即期汇率折算成美元记账。资产负债表日外币货币性资产和负债按资产负债表日的即期汇率折算，由此产生的汇兑损益，属于生产经营期间发生的，计入财务费用。

2016 年 3 月，委内瑞拉宣布新汇制改革后处于 DIPRO 与 DICOM 两种合法汇率并存的双轨制状态。

一是保护性固定汇率（DIPRO）。用于进口食品、药品和生产原材料等重要物资，支付境外留学费用和境外公民退休金和养老金，以及卫生、文化、体育、科研等领域用汇。该汇率固定于 1 USD = 10 BS。

二是补充性浮动汇率（DICOM）。用于出口、国际旅行、外交使团换汇等。起始价为 1 美元兑换 206.92 玻币。此汇率按市场供求关系自由浮动。浮动汇率与固定汇率之间差异较大，且变动频繁。例如，2016 年 9 月 23 日 1 USD = 654.19 BS，2017 年 5 月 23 日 1 USD = 2 640 BS，2017 年 9 月 7 日 1 USD = 3 345 BS 横盘至 9 月末。

目前 X 公司对以玻币结算的业务按照保护性固定汇率（DIPRO）进行折算，但考虑在下一个会计年度变更为按补充性浮动汇率（DICOM）进行折算。

☞ **案例背景**

受国际油价持续下跌的影响，委内瑞拉外汇收入严重短缺，导致其经济环境不断恶化，十几年来，委内瑞拉经济形势急剧下滑、通货膨胀严重，官方数据通货膨胀率 2013 年 56.19%，2014 年 68.54%，2015 年 180.87%，而实际情况是，国际货币基金组织 IMF 表示该国 2016 年通胀已超过 600%，持续恶性通货膨胀，货币大幅贬值。

从 2003 年开始，委内瑞拉关闭外汇交易市场，实行严格的外汇管制政策，多次调整官方固定汇率，并实施多种补充汇率机制。2016 年 3 月委内瑞拉宣布新汇制改革，形成保护性固定汇率 DIPRO 与补充性浮动汇率 DICOM 两种合法汇率并存的双轨制状态。由于外汇管制，官方美元供应不足，造成委内瑞拉国内地下外汇交易频繁，黑市美元兑换玻币（BS）的汇率与官方固定汇率差异很大。

☞ **依据及相关法规**

1.《企业会计准则第 19 号——外币折算》。

2.《国际会计准则第 21 号——汇率变动的影响》。

☞ **案例思考题**

你认为在委内瑞拉的 X 公司外币折算改用补充性浮动汇率是否合理。

☞ **讨论与分析**

1. 按保护性固定汇率折算虚增采购资产的成本。

对处于恶性通货膨胀经济中的 X 公司,按照保护性固定汇率(DIPRO)1 USD=10 BS 进行折算会虚增所购资产的成本。以下仅对购买普通打印机举例说明采用两种汇率进行外币折算的不同影响,表 1 中补充性浮动汇率(DICOM)按 2017 年 9 月 1 USD=3 345 BS 折算。

表 1                     采用两种汇率进行外币折算的不同影响

| 项目 | 报价金额 | | 折算成美元 | | 当地货币报价换算成美元后与美元报价的比较(倍数) | |
|---|---|---|---|---|---|---|
| | 当地货币 BS | 美元 | 按 DIPRO (1 USD=10 BS) | 按 DICOM (1 USD=3 345 BS) | 按 DIPRO 折算 | 按 DICOM 折算 |
| 普通打印机 | 100 万/台 | 200/台 | 100 000 | 298.95 | 500 | 1.495 |

一台普通打印机,按当地货币报价 1 000 000 BS,按美元报价为 200 美元。若支付的 1 000 000 玻币按保护性固定汇率(DIPRO)1 USD=10 BS 折算成美元记账,则账面成本为 100 000 美元,是美元报价的 500 倍,虚增资产成本 99 800 美元。

同样是上例,若按补充性浮动汇率(DICOM)1 USD=3 345 BS 折算,则所支付的玻币折算为美元的金额是美元报价的 1.495 倍,差异明显缩小。从本例还可看到,即使选用 Dicom 进行折算,由于黑市汇率对物价的影响,仍然存在对以玻币结算的资产成本高估的情况,但高估幅度比采用 Dipro 折算大幅降低。

采用上述两种汇率折算的结果大相径庭。委内瑞拉实行外汇管制和固定汇率的直接后果之一,就是官方的保护性固定汇率长期背离由市场供求关系决定的浮动汇率。在高度恶性通货膨胀并推行汇率双轨制的委内瑞拉,保护性固定汇率已经几乎完全失去了信用。这一问题具有普遍性,不仅存在于 X 公司。在委内瑞拉经营的我国公司初期多以委内瑞拉央行汇率(即后来的 Dipro)为折算汇率。随着玻币的不断贬值,Dipro 和 Dicom 的差距越来越大,继续按 Dipro 折算带来了一系列会计信息失真的问题。委内瑞拉政府规定的当地员工最低工资标准以玻币计量,委内瑞拉当地物资的采购价格受黑市汇率的影响极大,而玻币对美元的黑市汇率远远脱离 Dipro,若以玻币支付物资采购款项和员工薪酬,按 Dipro(1 USD=10 BS)折算的采购成本和人工成本虚增程度离谱,导致资产价值严重高估。如果采用补充性浮动汇率折算,能比较真实地体现市场意愿和行情,所提供的购买资产和接受劳务的成本信息比较客观。

《国际会计准则第 21 号——汇率变动的影响》第 26 条规定:"当存在多个汇率可供选择时,使用的汇率是如果交易或余额所反映的未来现金流量在计量日发生时可以用来结算该现金流量的汇率"。这项规定有助于我们从另一个角度来分析 X 公司对折算汇率的选择。

如果 X 公司购买的商品所蕴含的未来现金流量在计量日流入,假定客户支付的是玻币,绝对不可能按官方的保护性固定汇率(1 USD＝10 BS)兑换到美元的。在汇率存在双轨制的情况下,无疑采用按市场供求关系变化的补充性浮动汇率(DICOM)折算是明智的选择。IAS21 的上述规定,强调了在多种汇率并存的情况下选择折算汇率时应关注的可行性或可实现性。

2. 按保护性固定汇率折算虚增账面收入。

由于通货膨胀严重,委内瑞拉项目不断更新的合同价格中玻币(BS)部分基本提高了数倍,而会计核算采用固定汇率(DIPRO)折算,收入也相对虚增很高,财务指标严重失真,歪曲了公司的财务状况和经营成果。

3. 按保护性固定汇率折算导致高额汇兑收益。

在委内瑞拉经营的中方公司为降低自身汇率风险,会尽量提高收入的美元比例,但采购当地物资、支付当地雇员工资等使用玻币不可避免。X 公司也如此,其项目经营的特点决定了其收入多以美元结算,委内瑞拉项目合同价格构成中美元部分相对较为富余,而项目合同价格构成中的玻币部分则不能满足实际支出需求。项目经营中玻币缺口的弥补一般用美元兑换来解决。"虽然在黑市兑换美元更符合公司的经济利益,但在黑市外汇交易在委内瑞拉属严重经济违法犯罪行为,一旦被查处,后果严重,因此唯一合法的途径是在银行进行交易"(接桂馨:《跨国公司汇率风险的应对——以在委内瑞拉经营的我国股市为例》,《现代商业》2018 年 19 期)。X 公司通过官方渠道按补充性浮动汇率(DICOM)将 USD 兑换为 BS,而这项业务却按保护性固定汇率(DIPRO)折算,就会形成高额的账面汇兑收益。例如,项目部出售 100 000 美元给委内瑞拉中央银行,兑换汇率 1 USD＝3 345 BS,项目部收到 334 500 000 BS,按固定汇率(1 USD＝10 BS)折合 33 450 000 美元入账(334 500 000/10),形成 33 350 000 美元(33 450 000－100 000)的巨额汇兑收益。可见按固定汇率折算所提供的有关信息几近荒谬。

综上所述,X 公司委内瑞拉项目使用保护性固定汇率(DIPRO)为折算汇率进行核算,已经造成其财务核算结果严重偏离实际,严重影响到公司合并后数据的可用性,甚至对决策会产生误导。因此,在委内瑞拉的 X 公司改按补充性浮动汇率(DICOM)进行外币折算是合理的,也是势在必行。当然,要降低折算风险主要应当重视资产、负债各项目的币种、金额和期限相匹配。

☞ 参考文献

接桂馨:《跨国公司汇率风险的应对——以在委内瑞拉经营的我国股市为例》,《现代商业》,2018 年 19 期。

第八章

关联方关系及关联交易

## 第一节　关联方关系判断与实质重于形式原则

在我国证券市场中,上市公司大部分是由国有企业改制后上市的,国企的改制上市往往以非市场化方式进行,带有浓重的计划经济和行政命令的色彩,上市的主要目的是为了融资。在股份制改造过程中大量采用了"剥离"和"分立"方式对拟上市公司进行包装,造成上市公司对控股股东存在着较大的经济依赖性。这种机制转换的不彻底,导致了我国上市公司存在大量不公平的关联交易。

在我国,那些显失公允的关联交易通常是通过一股独大的地位不平等而产生交易上的不平等,这就导致关联交易往往带有非市场化特征。笔者认为,主要表现在以下几方面。

1. 交易的公平性。

例如,控股股东高价从上市公司手中收购亏损的投资项目,或将获利的项目低价转让给上市公司;上市公司高价从控股股东中购入原材料,其产品出售后仅赚取微薄的利润甚至连成本都不能收回。在非关联方之间,这些显失公平的交易根本就不可能成交。

2. 交易条件的差异。

例如,价格、支付方式、验收等条件。由于我国当前产权、生产要素市场并不很活跃,相关公允价值的资料难以取得,从而给企业利用公允价值来调节利润留下一定空间,尤其是关联交易的定价弹性就更大些。关联交易支付方式更为灵活,现金充裕的企业用现金支付;资金周转困难、紧缺的企业可以用不良债权或其他实物资产进行偿付。关联交易的验收工作往往流于形式。

3. 交易成本低廉、成效明显。

关联交易可以使那些戴上"ST"帽子的经营困难的上市公司经营业绩在短时间内一下子提升,给人造成一种繁荣假象。例如,GK 公司就是依靠关联交易渡过难关的。该公司2004 年度面临摘牌窘境,公司凭借着与母公司 GK 集团的巨额关联交易渡过难关;2006 年度公司再次用关联交易的手法,将 1.1 亿元的库存存货和债务一并划给母公司,其实转出去的存货市值早就低于账面价值,此外,母公司还免了 GK 公司 5 000 多万元的债务。就凭这些,GK 公司 1999 年就实现了 0.35 元的每股收益,步入绩优股行列。财政部在《关于做好执行企业会计准则企业 2008 年年报工作的通知》(财会函〔2008〕60 号)中明确了上市公司通过权益性交易获得的利得需计入资本公积,不能确认当期损益,但在此之前财政部尚未发布关于权益性交易的会计处理,GK 公司就是利用当时会计法规该项空白,通过关联交易达到了使上市公司扭亏为盈的目的。

为了规范关联交易,财政部颁布实施了《企业会计准则第 36 号——关联方披露》,并通过出台解释公告的形式规范了股东对公司进行直接或间接捐赠等行为的会计处理。这些规定对上市公司与关联方之间的交易做出了明确要求,关联交易不但要披露,必要时还须进行财务报表的调整。这从一定程度上遏止了不公允关联交易。在实务中的关联交易形式远比准则和有关规定的内容复杂、多样。现行的会计准则和规范很大程度上注重关联交易形式上的披露,这就给有些上市公司提供了可乘之机,它们尽量将实质上是关联方之间的交易转化为非关联交易，以便规避财政部发布的相关规定，从而达到粉饰业绩的目的。由此，关联交易呈现出非关联化的趋势，而这种手法往往更加隐蔽，不易被察觉。例如，关联方之间通过一个或数个看似没有任何关系的第三方进行间接交易；上市公司通过降低自己对重要关联方的持股比例或由上市公司的母公司分散转让股权等方式转为非关联方，以此来逃避关联交易的披露。因此，更需要我们根据上市公司关联交易中出现的新情况和新特点，遵循实质重于形式的原则，加强职业判断与分析，抱着合理怀疑的态度来探寻交易的实质，这样才能对不公允的"非关联方"交易明察秋毫。

## P 公司是否作为 F 公司的关联方披露

☞ **案例介绍**

2018 年度，F 上市公司向 P 公司销售产品 7 731.26 万元，向 P 公司采购产品 13 342.88 万元，期末 P 公司应收账款余额 6 486.72 万元，P 公司应付账款余额 2 691.64 万元。

经调查：

P 公司股东结构为 M 公司持股 60%；N 公司持股 40%。

M 公司和 N 公司均为 H 公司控股子公司。

H 公司的股东结构为 F 上市公司职工股权委员会持股 87%；G 公司持股 13%。H 公司股东会决议由 2/3 股东同意方为通过，H 公司的董事会董事均由 F 上市公司职工股权委员会派出。

G 公司是 F 上市公司的全资子公司。并且，F 上市公司职工股权委员会在 H 公司派出的董事长也是 F 上市公司的董事长。

股权结构图，如图 1 所示。

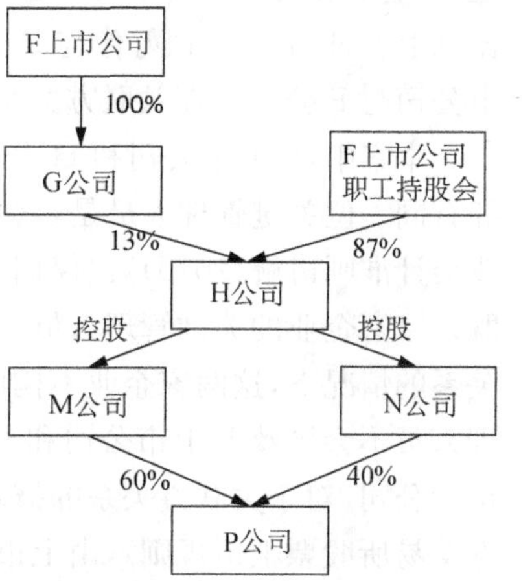

图 1　股权结构图

☞ **案例背景**

F 上市公司是一家在上海证券交易所上市的高科技公司，原主业为 UPS 不间断电源的生产和销售。F 公司在 UPS 不间断电源的国内品牌中产销量高居第一。但由于不间断电源市场竞争日益激烈，毛利率呈现逐年下降的趋势，大大影响了 F 上市公司的盈利能力。故 F 上市公司在大股东的帮助下进行产业结构的调整。通过与大股东资产置换，由原来生产 UPS 不间断电源的制造业向以软件、生物医药及园区房地产为主的产业进行过渡。而原 UPS 不间断电源的制造业转向经济欠发达、劳动力密集的地区生产，利用劳动力成本较低的优势，来提高 UPS 不间断电源产品毛利。由 F 上市公司职工持股会出资、G 上市公司参股的 H 公司由此诞生。2018 年度 F 上市公司正处于产业转型期。

☞ **资料来源**

F 上市公司 2018 年年报。

☞ **依据及相关法规**

1.《企业会计准则第 36 号——关联方披露》。

2.《企业会计准则第 2 号——长期股权投资》(2014 年修订)。

3.《上海证券交易所股票上市规则》(2019 修订)。

4.《企业会计准则讲解(2010)》。

☞ **案例思考题**

上述交易事项是否作为关联方交易披露？F 公司对 H 公司 13％持股比例投资应确认为金融资产还是长期股权投资？如何进行后续计量？

☞ **讨论与分析**

本案中，P 公司虽然是 H 公司通过其控股子公司 M 公司和 N 公司间接控制的公司，但是，F 上市公司通过其全资子公司 G 公司间接持有 H 公司的比例只有 13％。因此，从持股比例上看，F 上市公司好像与 P 公司的关系较远。但通过深入调查及分析，我们发现，F 上市公司与 P 公司存在关联方关系。

本案中，F 上市公司和 H 公司的董事长同属一人，而董事长显然是关键管理人员，那么，拥有同一位关键管理人员是否会导致两者存在关联关系呢？根据财政部 2010 年发布的《企业会计准则讲解(2010)》："仅拥有同一位关键管理人员的两家企业之间不构成关联方，某人既是一家企业的关键管理人员，同时又能对另一家企业实施重大影响，在不存在其他关联方关系的情况下，这两家企业不构成关联方"，从会计准则的上述规定来看，拥有同一位关键管理人员不会导致 F 上市公司和 H 公司存在关联关系。但是，F 公司是在上海证券交易所上市的公司，对于关联方关系的披露还需遵循上海证券交易所上市规则的规定，根据《上海证券交易所股票上市规则》，由上市公司董事担任董事的法人也是上市公司的关联法人，所以，F 上市公司与 H 公司存在关联方关系。

而且，根据《企业会计准则第 36 号——关联方披露》，企业与对该企业施加重大影响的投资方构成关联方。虽然 F 上市公司间接持有 H 公司股权比例仅占 13％，低于重大影响的一般投资比例 20％，也未在 H 公司中派出董事，通常认为 F 上市公司不能对 H 公司实施重大影响，但实务中能否实施重大影响应该综合各方面的情况遵循实质重于形式原则进行判断，不能一概而论。由于 F 上市公司职工股权委员会在 H 公司中派出的董事长正好是 F 上市公司的董事长，而且 H 公司的股东结构为 F 上市公司职工股权委员会持股 87％，G 公司持股 13％，H 公司股东会决议由 2/3 股东同意方为通过，H 公司的董事会董事均由 F 上市公司职工股权委员会派出，故 F 上市公司职工股权委员会控制了 H 公司，从而控制了 P 公司。结合上述两点，我们有理由推断，F 上市公司能够通过职工股权委员会对 H 公司实施重大影响，进而对 H 公司的控股子公司实施重大影响。所以，F 上市公司与 P 公司属于关联方，双方的交易需作为关联方交易披露。

根据以上分析，F 上市公司能够通过职工股权委员会对 H 公司实施重大影响，所以该项股权应作为长期股权投资确认并采用权益法核算,对于 F 上市公司与 H 公司控股子公司 P 公司之间的交易,需对其中的内部交易未实现损益进行抵销。此外,由于 F 上市公司与 H 公司控股子公司 P 公司之间的交易属于关联交易,故还需关注上述交易是否存在显失公允的情况,如果存在显失公允的情况,则需作为权益性交易处理,相关利得需计入资本公积,而不得确认交易的损益。

在我国,同时担任两个或多个企业的关键管理人员的情况也不少,在某些上市公司中利用同一关键管理人员对两个或多个企业进行操纵从而达到粉饰财务状况和经营成果的情况也时有发生。在这种情况下,为了防止两个或多个企业在同一关键管理人员控制下对交易可能产生的微妙影响,应根据其对企业的影响程度来鉴别同受某一关键管理人员控制的企业之间是否构成关联方。

## 第二节　关联交易对上市公司的影响

关联交易是一把双刃剑。按照关联交易对于上市公司的总体影响划分,关联交易有积极作用型与负面影响型之分;按照关联交易对于上市公司与关联方之间的资源转移划分,关联交易有输入型和导出型之分。

我国发展资本市场的目标是实现资源的有效配置。上市公司的部分关联交易确实对上市公司的发展起到了积极推进的作用,有利于资源配置优化、产业结构调整和集团内部合理分工协作,也有利于上市公司增强其市场功能和可持续发展能力。然而,也有相当一部分的关联交易,留给上市公司的是风险,甚至是灾难。有些上市公司的控股股东,利用上市公司的"壳资源"和各种手段为自己圈钱,关联交易成为他们操纵自如的一把利刃。他们或者利用关联交易调节上市公司经营业绩和粉饰财务状况;或者利用各种名目占用上市公司资金,甚至赤裸裸地抽取资金无需任何理由。大股东掏空上市公司后,风险和麻烦留给上市公司,让其余股东为大股东"埋单",中小股东的利益受到严重侵犯。

国家宏观经济管理部门和社会公众对规范关联交易的重要性有了进一步认识。有关法律法规在不断健全,相关会计规范在不断完善。例如,对于大股东占用上市公司资金要求作为重点问题披露,根据证监发〔2003〕56 号文《关于规范上市公司与关联方资金往来及上市公司对外担保若干问题的通知》(以下简称证监发〔2003〕56 号文)的要求,不仅上市公司自己要如实披露,而且注册会计师在为上市公司进行年度财务会计报告审计时,应当对上市公司控股股东及其他关联方占用资金的情况出具专项说明,上市公司要对专项说明作出公告;上市公司独立董事还应在年度报告中,对上市公司累计和当期对外担保情况、执行有关规定情况进行专项说明,并发表独立意见。证监发〔2003〕56 号文还明确规定:"上市公司不得为控股股东及本公司持股百分之五十以下的其他关联方、任何非法人单位或个人提供担保"。

监管部门针对大股东占用资金、违规担保等侵害上市公司资金资产安全的违法违规行为,加大了处罚力度。2018 年,在市场资金趋紧的大背景下,部分上市公司控股股东、实际控制人存在资金链紧张的情形,违规占用上市公司资金、要求上市公司违规提供担保等行为有所抬头。2018年12月末,上交所集中对*ST保千、*ST工新和*ST天业等三家公司的资金占用和违规担保行为作出处理,对有关责任人予以了顶格处分。"对于三家公司的违规行为,上交所根据相关案件事实,依法依规对三家公司及相关责任方予以公开谴责,并公开认定*ST保千、*ST天业实际控制人(时任董事长)、*ST工新时任董事长终身不适合担任上市公司董监高,认定其他董监高等有关责任人十年不适合担任上市公司董监高"(王全浩:《上交所:从严监管控股股东资金占用、违规担保等行为》,2018年12月28日《新京报》)。2019年3月初,深交所新闻发言人就2018年度深市上市公司自律监管与纪律处分情况,回答了记者提问,其中就包括对大股东侵害上市公司资金安全的违法违规行为的处罚。"全年共对10起违规占用上市公司资金案件进行处分,有效震慑了违规行为,净化了市场环境。其中,对ST准油、千山药机、新疆浩源、高升控股等4单实施公开谴责,并对84人次相关责任人员予以精准打击;此外,对8起违规担保行为予以纪律处分,涉及关联担保未履行审议披露程序、违规对外担保等情形。"违规占用资金也成为一些上市公司被闪电ST的主要原因,即公司向控股股东或其关联方提供资金或违反规定程序对外提供担保且情形严重。

大股东或实际控制人占用上市公司资金,尽管被披露、被处罚,终究还是给上市公司带来了损失甚至是灭顶之灾。推进混合所有制改革的目的之一,就是要改变"一股独大"的局面,促进公司治理结构的完善,以期有效遏制上市公司被占用资金的现象,有利于保障上市公司健康发展。

监管部门不是要反对和取消一切关联交易,而是要重拳出击那些妨碍证券市场有序发展的显失公允的关联交易,并且通过建立相互制衡的上市公司股权结构等改革举措,阻止损害上市公司利益的关联交易发生,以维护证券市场的公开、公平和公正,保护广大投资者的合法权益,实现社会资源的有效配置。

案例分析

## 为什么N轻骑难以驰骋

☞ **案例介绍**

N轻骑摩托车股份有限公司(简称N轻骑)截至2002年12月31日为下列单位提供债务担保,如表1所示。

表1         N轻骑为关联方及其他单位提供债务担保       单位:元

| 单位名称 | 担保金额 | 预计负债 |
|---|---|---|
| *N集团有限公司 | 630 187 000.00 | 577 128 000.00 |
| *N集团对外贸易有限公司 | 104 082 750.00 | 114 131 750.00 |
| *N集团总公司模具厂 | 2 760 000.00 | 3 130 000.00 |
| 海南X股份有限公司 | 78 000 000.00 | |
| *N集团总公司发泡厂 | 470 000.00 | |

（续表）

| 单位名称 | 担保金额 | 预计负债 |
|---|---|---|
| * N 轻骑贴花有限公司 | 800 000.00 | |
| 济南 D 机床集团有限公司 | 30 000 000.00 | |
| 山东 S 电视机厂 | 38 879 249.00 | |
| * N 轻骑天海线束公司 | 1 210 000.00 | |
| 合计 | 886 388 999.00 | 694 389 750.00 |

注：带 * 者为 N 轻骑的关联方；担保金额中 72 010.10 万元贷款已逾期。

有关会计师事务所对 N 轻骑 2002 年度财务报告审计后出具审计报告如下：

"N 轻骑摩托车股份有限公司全体股东：

我们审计了贵公司财务报表，包括 2002 年 12 月 31 日的合并及母公司资产负债表、2002 年度的合并利润及母公司利润表、合并及母公司现金流量表、合并及母公司股东权益变动表及相关财务报表附注。这些会计报表由贵公司负责，我们的责任是对这些会计报表发表意见。我们的审计是依据《中国注册会计师审计准则》进行的。在审计过程中，我们结合贵公司实际情况，实施了包括抽查会计记录等我们认为必要的审计程序。

在审计中，我们发现，截至 2002 年 12 月 31 日，贵公司对应收母公司 N 集团有限公司和其他关联公司往来款 280 297.90 万元，全额计提了坏账准备，计入本期损益 269 529.23 万元，由于我们无法取得充分适当的审计依据，故无法对公司上述计提数额的恰当性作出判定。

在 2002 年度，公司对 N 集团有限公司担保借款本息 57 712.80 万元、N 集团模具厂逾期担保借款本息 313 万元，共计 58 025.80 万元确认为或有损失，计入当期损益。由于我们无法取得充分适当的审计证据对担保人的偿还能力做出判断，故无法判定公司对上述款项预计损失是否恰当。

截至 2002 年 12 月 31 日，贵公司为母公司 N 集团有限公司及其他关联公司和其他第三方银行借款人民币 88 639.00 万元提供担保，其中 72 010.10 万元已逾期（2001 年度已预计或有损失 10 408.28 万元，2002 年度预计或有损失 59 030.70 万元）；截至 2002 年 12 月 31 日，公司银行借款 73 354.98 万元，其中已逾期 24 889 万元；2002 年度公司亏损 340 224.75 万元，2002 年 12 月 31 日净资产为 -161 162.33 万元。我们认为，以上事实会对贵公司的持续经营能力产生重大影响。贵公司会计报表是建立在持续经营的会计假设基础上编制的，并未对资产、负债的数额和分类作出在无法持续经营情况下所必需的调整。

我们仅对上述公司已经记录的担保及借款实施了相应的审计，没有适当的审计程序以证实公司对外担保及银行借款的完整性。

我们认为，由于上述事项的存在和对公司持续经营能力的质疑，从而不能确定其对会计报表整体反映的影响程度，我们无法对上述会计报表是否符合《企业会计准则》和《企业会计制度》的规定，以及是否公允地反映了贵公司 2002 年 12 月 31 日的财务状况及 2002 年度经营成果和现金流量情况发表审计意见。"

☞ **案例背景**

1. N 轻骑由 N 集团总公司(简称 N 集团)作为独家发起人,将其下属的 3 个核心分厂(第一总装厂、第二总装厂和发动机厂)重组改制而成,于 1993 年 10 月 20 日公开发行股票(A 股),并于 1993 年 12 月 6 日公开上市。1997 年 5 月 27 日,根据国务院证券委员会证委发〔1997〕37 号《关于同意 N 轻骑摩托车股份有限公司发行境内上市外资股的批复》,N 轻骑向社会公开发行境内上市外资股(B 股),并于 1997 年 6 月 17 日在上海证券交易所挂牌交易,成为业内首家同时拥有 A、B 股的企业。N 轻骑主要生产"Q""M"牌系列摩托车及相关备件。自 1993 年 10 月 20 日公开发行股票起,N 轻骑先后 3 次从资本市场累计融资 16 亿多元,且截至 1999 年年末该公司在经营中所实现的净利润约 16 亿元。

2. N 轻骑上市后,N 轻骑的国有股股东授权股份管理单位 N 集团及其他关联方通过各种关联交易占用上市公司资金:至 2002 年年末共计 28.03 亿元;至 2002 年年末,N 轻骑为 N 集团及其他关联公司银行借款人民币 73 830 万元提供担保,确认预计负债 69 439 万元,2002 年当年确认担保损失 59 031 万元。

2000 年 N 轻骑亏损 2.7 亿元。2001 年亏损近 7 亿元,2002 年 4 月 29 日股票简称变动为"ST 轻骑",2002 年年报显示全年亏损 34.055 亿元,创下了上市公司 2002 年最大亏损额记录。N 集团挪用上市公司 N 轻骑 28 亿元资金的重大违规事件被曝光。至 2002 年,ST 轻骑已连续 3 年出现亏损。其股票自 2003 年 5 月 19 日起被暂停上市。

3. 经 ST 轻骑申请及上海证券交易所核准,其 30 671.004 万股 A 股可流通股份和 23 000 万股 B 股可流通股份自 2004 年 8 月 9 日起恢复上市交易。

4. 2006 年 9 月,N 轻骑公告称,该公司的 3.97 亿股国有股份全部划转给兵装集团,兵装集团重组 N 轻骑的全部资产业务,承接现有全部职工。

5. 2010 年 9 月 3 日,N 轻骑公告:控股股东兵装集团拟将所持公司股份转让给中国长安,占公司总股本的 31.43%;中国长安则将其持有的湖南天雁 100% 股权与济南轻骑全部资产和负债进行置换。

6. N 轻骑 2009 年、2010 年连续 2 年亏损。2011 年 4 月,股票简称变更为"*ST 轻骑"。2011 年继续亏损,2012 年 4 月股票就被暂停上市。

7. 2012 年 3 月 20 日,N 轻骑收到中国证监会核准本次重大资产重组方案的批复。拟置入资产、拟置出资产的交割日确定为 2012 年 3 月 31 日。

8. 2013 年 4 月 N 轻骑申请恢复上市,2013 年 7 月恢复上市,股票简称变更为"ST 轻骑"。

9. 上海证券交易所自 2014 年 5 月 5 日起撤销该股其他风险警示。撤销其他风险警示后,A 股证券简称由"ST 轻骑"变更为"湖南天雁",B 股证券简称由"ST 轻骑 B"变更为"天雁 B 股"。原有摩托车业务退出资本市场。

10. N 集团鼎盛之时旗下曾拥有 3 家上市公司、500 多家成员单位,员工达 10 万多名。2002 年,该集团全年亏损 34 亿元,旗下的上市公司除 N 轻骑外,X 和 H 两家上市公司也相继脱离了 N 集团。到 2013 年,N 集团入围 N 市重点帮扶解困的 44 家困难国企名单,又成为"依法破产退出一批"的一员。其剩下的多是尚未解决的职工内债等。

☞ **资料来源**

N 轻骑 2000—2002 年年报及有关年度年报。

☞ **依据及相关法规**

1.《企业会计准则——关联方披露》。

2.《企业会计准则——或有事项》。

3.《关于规范上市公司与关联方资金往来及上市公司对外担保若干问题的通知》(证监发〔2003〕56 号,2017 年修订)。

4. 中共十八届三中全会《关于全面深化改革若干重大问题的决定》,2013 年 11 月 15 日发布。

5. 中共中央、国务院《关于深化国有企业改革的指导意见》,2015 年 8 月 24 日发布。

6.《国务院关于国有企业发展混合所有制经济的意见》国发〔2015〕54 号,2015 年 9 月 24 日。

☞ **案例思考题**

1. 分析本案例中的关联交易对 N 轻骑的影响。

2. 结合本案例中 N 轻骑及轻骑集团从兴到衰的历程,分析积极发展混合所有制经济的现实意义和所需的相关配套政策或措施。

☞ **讨论与分析**

1. 分析本案例中的关联交易对 N 轻骑的影响。

(1) N 轻骑大量关联交易产生的原因。N 轻骑上市采用剥离非核心资产,以原国有独资企业,即 N 集团作为唯一发起人组建股份有限公司进行首发公募(IPO)的模式。由于原材料的采购和产品的销售都只能依靠 N 集团来进行,N 轻骑不具备制造业资产的完整性。因此,N 轻骑在日常经营中与 N 集团发生大量的频繁的关联交易,其中产品销售的关联交易几乎达到百分之百。N 轻骑的生产经营高度依赖关联方及关联交易。

(2) 关联交易曾经带来辉煌业绩。"踏上轻骑,马到成功"20 世纪 90 年代中后期,这句广告语曾经响彻全国。N 轻骑在 1993 年上市后的 4 年里,共募集资金 16 亿多元,为公司的发展壮大提供了资金保证。公司业绩一路攀升,资产合计由 9.51 亿元上升至 27.89 亿元,主营业务收入由 19.49 亿元增加到 33.05 亿元,净利润由 1.1 亿元增长到 4.7 亿元,每股收益连续几年保持在 0.48 元以上。由于 N 轻骑和 N 集团之间的微妙关系,关联交易的价格协议具有一定的灵活性,N 集团可以轻松地将原本属于自己的供应或销售环节的利润转移到生产环节,即 N 轻骑。由此看来,N 轻骑增长的业绩不免含有一些水分。

(3) 应收关联方债权的金额"一路飙升"。但是好景不长,无法收回的巨额应收款将 N 轻骑推向了濒临"退市"的边缘。在 B 股上市后的 1997 年,N 轻骑披露 N 集团对 N 轻骑的欠款总额达 10.73 亿元(包括应收账款 7.45 亿元,其他应收款 3.28 亿元)。此后,N 集团对 N 轻骑的欠款一直居高不下。1999 年 N 轻骑通过大股东实现的主营业务收入竟未产生任何现金流量。截至 2001 年 12 月 31 日,N 轻骑应收母公司 N 集团有限公司及关联公司往来款净额 25.80 亿元(已扣减计提的坏账准备 2.30 亿元)。N 轻骑上市之初,产品通过大股东

N集团渠道销售,而货款常常被大股东占用而不能及时回笼。这种占用现象一开始就发生,1993年大股东占用N轻骑销货款近2.37亿元,当时未要求计提"四项准备",对上市公司影响还不大,或许被高增长的业绩掩盖了。从1998年开始,由于会计制度要求计提资产减值准备,N轻骑的报表开始暴露其财务风险。

N轻骑应收大股东的债权金额为何一路飙升? 其原因是:1996年年末、1997年年初,N集团开始盲目扩张,而这需要大量的资金投入,钱从哪里来? N轻骑成了大股东手中可操纵的"棋子",N轻骑上市后所募集的16亿元资金和上市7年所实现的近16亿元净利润也几乎全部被大股东"拿走"。N轻骑就这样成了大股东的"提款机"。

同时,从1998年开始,N轻骑效益开始明显滑坡,主营业务收入由33.05亿元下降至19.5亿元,年降幅达41%,到2001年主营业务收入下降至6.43亿元。N轻骑这支绩优股,由1993年每股收益0.63元降至2001年的－0.72元,公司亏损近7亿元。从以上数据可以看出:公司业绩下滑与大股东通过关联交易占用巨额资金有关。其实,N轻骑的产品还是有一定市场需求的,但由于巨额资金被占用,N轻骑研发新产品的能力、开拓市场的能力大大削弱,特别是生产流动资金严重不足,甚至连部分供不应求的产品也生产不出来,从而使其在严峻的市场竞争中处于劣势。

(4) 为关联方担保发生巨额损失使N轻骑"雪上加霜"。不仅如此,N轻骑还为母公司及其他关联公司提供巨额资金担保,承担了巨大的财务风险。截至2002年12月31日,N轻骑为母公司N集团及其他关联公司银行借款人民币7.38亿元提供担保,其中7.20亿元已逾期,确认预计负债6.94亿元,2002年当年确认担保损失5.90亿元。财务状况糟糕的关联方向银行贷款硬拉上N轻骑作担保,就此将财务风险陆续转嫁给N轻骑。

在某些上市公司的控股股东眼里,上市公司的功能如下:

上市公司好比"提款机",可以无偿占用其资金。

上市公司好比"避风港",可以随时将自己的风险转嫁给它。

上市公司好比"垃圾箱",可以将不良资产高价卖给它。

N轻骑就被其大股东N集团当成了"提款机"和"避风港"。怪不得N轻骑一位职工忿忿地说:"大股东不仅抽干了上市公司的血液,而且几乎吸尽了上市公司的骨髓,掏空了上市公司!"

2. 在本案例中,N集团经历了从小到大、从荣到衰的历程。随着我国经济社会改革的不断深化,企业内部和外部之间的利益关系逐渐复杂和多样化,相当一批国有企业面临经营和财务困境。中共十八届三中全会《关于全面深化改革若干重大问题的决定》(以下简称决定),提出"积极发展混合所有制经济。国有资本、集体资本、非公有资本等交叉持股、相互融合的混合所有制经济,是基本经济制度的重要实现形式",意义重大。

(1) 结合本案例分析发展混合所有制经济的现实意义。

第一,推进混合所有制改革,有利于形成相互制衡的股权结构。要改变国有股"一股独大"的局面,应从根本上改善公司股权结构。在目前的国有企业中,由于国有资本"一股独大",未能形成投资主体多元化下相互监督和制衡的机制。在竞争性行业的国有企业减持国有股,大力吸收民营资本和外资,可以形成相互制衡的股权结构。通过实施股权多元化改革,完善法人治理结构和内部运行机制,让非公有资本在国有企业的治理中产生重要影响。

"尤其是机构资本的加入,有利于改善'一股独大'带来的内部人控制和监管失效等问题。多元产权主体的构成必然要改进董事结构和决策流程,健全信息披露制度,这些都有利于改善国有企业的公司治理"(黄速建:《中国国有企业混合所有制改革研究》,《经济管理》2014年第7期,第4页)。

相互制衡的股权结构,能够有效遏制利用控股权占用上市公司资金的违法违规行为,避免发生本案例中N轻骑的中小股东权益遭受严重侵犯的现象。N轻骑若不是因为被大股东占用巨额资金,有可能不会丧失开发新技术、新产品或投资新产业的发展机遇。

近年来,民企背景的上市公司控股股东或实际控制人占用上市公司资金的违规现象也有所增加,发展混合所有制经济,国有资本参股非公有企业,同样可以形成互相制衡与监督的股权结构,有助于遏制利用控制权违法违规的行为。

第二,推进混合所有制改革,有利于提升国有企业活力。在竞争性行业的国有企业引入非公有资本,能够充分发挥民营企业市场化管理效率和运作机制的优势,提升混合所有制企业的市场反应能力和竞争力。非公有资本在市场经济中生存与发展有其优势,吉利汽车就是一个明显的例证。当时整个摩托车生产行业实际上已经开始进入夕阳期,在产能过剩的情况下,潜力已逐渐被挖尽。而与N轻骑同属于摩托车行业的民营企业吉利,在汽车产业开始兴起之际,于1997年果断涉足汽车产业,成为中国第一家民营轿车企业。至2002年,吉利已经跻身汽车行业前十位,并聘请职业经理人,开始从家族制企业向现代股份制企业转型。2003年8月,首批吉利轿车出口海外,实现吉利轿车出口"零的突破"。2004年,吉利控股集团开始流程再造,建立了董事会领导下的经营管理委员会负责制的治理架构,且启动全面信息化建设。2005年5月,吉利在香港成功上市(00175 HK),在国际化道路上迈出了重要的一步。从2013年起,吉利大力开展国际合作,在全球拥有五家研发中心,四大设计中心,与瑞典、德国等合作研发电动汽车技术或共享发动机等技术。同样是以生产摩托车起家的吉利及其集团的发展历程,与N轻骑及N集团这对母子公司迥然不同。吉利无论在市场化管理及资本运作、国际化合作及海外收购、产业升级及科技创新等方面均反应迅速,抓住机遇,所以,才能够不断发展壮大。推进混合所有制改革,在国有企业引入像吉利这样的非公有资本,对于改善公司治理、促进市场运营、提升经营绩效都具有重要的现实意义,有利于实现国有资本的放大功能和保值增值,增强国有经济的活力、竞争力和影响力。

第三,推进混合所有制改革,有利于不同利益主体互利共赢。推进混合所有制改革的目标,是要加强国有经济的主导作用,引导非公有制经济健康发展,使国有资本和非公有资本的效率和效益最大化,协调不同利益主体之间的关系,促进经济社会更加和谐发展。中共十八届三中全会《决定》指出:"经济体制改革是全面深化改革的重点,核心问题是处理好政府和市场的关系,使市场在资源配置中起决定性作用和更好发挥政府作用。"一方面大幅度减少政府对资源的直接配置;另一方面激励更多要素参与市场交易,激发市场活力,提升资源配置效率,"让一切劳动、知识、技术、管理、资本的活力竞相迸发,让一切创造社会财富的源泉充分涌流,让发展成果更多更公平惠及全体人民。"

"2013年至2017年,民营资本通过各种方式参与中央企业混改,投资金额超过1.1万亿元,省级国有企业引入非公有资本也超过5 000亿元。同期,国有企业积极投资入股非国有企业,其中省级国有企业投资参股非公有企业金额超过 6 000 亿元"(顾志娟,《国资委:民资参与央企混改投资超 1.1 万亿元》,《新京报》,2018 年 11 月 14 日)。国企和民企各有优势。实行混合所有制改革,可以使两者的优势互补。例如,依托国有企业在垄断行业或资源性行业的优势,借助民营企业市场化管理和运作机制的优势,实现国企和民企的互利共赢,最终实现经济社会的协调发展。

(2)要实现发展混合所有制经济的目标需要以下相关配套政策或措施。

第一,优化国有资产管理体制和运营模式。《决定》提出,"要组建若干国有资本运营公司""完善国有资产管理体制,以管资本为主加强国有资产监管"。这就意味着,要推动国有资产管理体制从"国资委+国有企业"运营模式向"国资委+国有资本运营公司+国有企业"转变。国有资产监管机构职能从"以管企业为主"向"以管资本为主"转化,不再干预企业自主经营权。妥善处理国有与企业市场化运营的关系,需要准确定位国资委和国有资本投资公司的职能和作用,将监管职能、股东职能、决策职能、经营管理职能进行分离:由国资委作为行政性出资人从事监管职能,由国有资本运营公司行使股东职能,由国有企业(包括混合所有制企业)董事会行使决策职能,由职业经理人或经理层行使经营管理职能,发挥企业家作用,使企业按市场化要求健康发展。"实际上,混合所有制并不能完全解决国有企业存在的诸多弊端,但让国有企业以控股或参股方式进入到竞争市场,通过市场的监督和约束,可使混合所有制企业的公司治理得以发展和完善,并进一步提高其效率,实现经济社会和谐发展与多赢"(杨红英、童露:《论混合所有制改革下的国有企业公司治理》,《宏观经济研究》2015 年第 1 期,第 50 页)。

第二,营造国有资本与非公有资本公平竞争的市场环境。在对股权结构、治理结构和治理机制进行调整的同时,还要营造一个公平竞争的市场环境,坚持权利平等、机会平等、规则平等,废除对非公有制经济各种形式的不合理规定,消除各种隐性壁垒,使非公有资本在产业政策、信贷政策和市场监管等方面享有与国有资本平等的权利和机会。当前,一些不利于公平竞争的情况仍然存在。例如,由于种种原因,民营企业特别是小微企业融资难、融资成本高(获得贷款的实际利率偏高)的问题依旧突出。在保护国有资本不流失的前提下,公正公平对待非公有资本,使非公有资本的权利得到同样保护,才能使民营企业健康发展。

第三,建立明确的资本进入和资本退出机制。发展混合所有制经济,需要确定非公有资本进入的范围,即明确哪些行业对非公有资本开放,哪些行业需要国有资本绝对控股和相对控股。竞争性行业具有明显的市场化特征,是混合所有制改革的重点领域,国有资本在大多数的竞争性行业没有必要绝对控股,可以相对控股或参股。要制定非公有资本进入特许经营领域的具体办法。非公有资本可以通过出资入股、收购股权、认购可转债、股权置换、并购重组等方式进入。同样,非公有资本也可以通过股权转让、股份回购等方式退出。无论进入还是退出,均应通过市场运作,定价公允,既要防止国有资产流失,又要坚持公正平等。

第四,增加非公有资本的话语权。除了改善股权结构外,还必须考虑非公有资本在混合所有制企业的话语权,让非公有资本参与混合所有制企业的公司治理。否则非公有资本的投资人就有可能只是企业的资金提供者。

享有话语权,首先要保障知情权。在混合所有制企业,应当向各方利益相关者平等地公开经营决策的信息。建立完善的企业内部和外部信息披露制度,有助于形成监督合力。在混合所有制企业,国有资产管理部门应当将有关职业经理人的选聘权和薪酬决定权等放权给董事会。此外,还应该根据国有资本和非公有资本的股权结构进一步完善监事会结构。监事会成员的分配应考虑不同类企业股权结构的差异,在国有资本控股的混合所有制企业中,应将较多的监事名额分配给非公有资本、员工或社会公众;而在国有资本参股的混合所有制企业中,国有资本应该在监事会成员中占较大比例。这样有利于保障各利益相关者的监督权和话语权。

☞ **参考文献**

1. 高国华:《"清欠风暴":斩断伸向上市公司的"黑手"》,《金融时报》,2005 年 8 月 30 日。
2. 刘彪:《别了轻骑》,《济南时报》,2013 年 11 月 27 日。
3. 杨红英、童露:《论混合所有制改革下的国有企业公司治理》,2015 年第 1 期《宏观经济研究》。
4. 顾志娟,《国资委:民资参与央企混改投资超 1.1 万亿元》,2018 年 11 月 14 日《新京报》。

张维宾　指导并作重大修改

040110201 班　于丹萍　陈　晨　程婷婷　程思琪　曹　君

## 第三节　资产收购重组与关联交易

在我国,上市公司的关联方交易尤其是上市公司与控股股东之间的关联交易有着深刻的历史根源。我国上市公司的相当部分是由原有的国有企业改制而成。我国的企业改制顺应经济体制改革需要产生,并因国企改革而得到发展。处于经济转型时期的企业改制难免带有一定的计划经济和行政干预的色彩。融资是企业改制上市的主要目的,但企业上市规模受到市场资金、融资指标及股份制改制模式(如剥离改制)等因素的限制。由于上述种种原因,导致企业改制和机制转换不彻底,这是上市公司发生关联交易的历史原因。

关联交易的历史原因导致下列关联交易的产生。

1. 与经营业务不可分割的关联交易。

由于控股股东及其他关联方继续保留与上市公司主营业务有关的其他资产,上市公司与关联方之间普遍存在千丝万缕的关系。不可分割的生产工艺流程被人为切断,关联交易就难于避免。企业改制上市后,保留在原企业集团内所生产产品的目标市场与上市公司存在一定程度的重叠,由于上市公司与其控股股东的业务相同或相似,也容易产生同业竞争的行为。

2. 向上市公司索取回报或补偿的关联交易。

很多上市公司当初采用"剥离改制"的上市模式,相对优质的资产进入改制后的上市公司。同时,将辅业资产、非经营性资产、不良资产及富余人员剥离,把沉重的负担留给原企业集团或控股股东。部分控股股东在激烈市场竞争中经营状况恶化,就以推进上市的有功之臣自居,向上市公司"伸手",或长期占用资金不还,或将资产高价出售给上市公司,或采用其他手段索取回报及补偿。为了能够持续从上市公司获益,充分利用上市公司的"壳资源"圈钱,又可能"泡制"出一系列的不公允关联交易,使上市公司利润迅速"增肥",得以通过再融资的审核关。在此类关联交易中,资产收购或置换占有较大比例,这是因为采取这种形式能快速增长利润或扭亏为盈,资产置换还有另一好处:不涉及或少涉及现金的流动。

3. 解决历史遗留问题,增强上市公司市场功能的关联交易。

部分上市公司向控股股东或其他关联方收购上市公司自身经营链的必需资产,或相互间进行资产置换,加强对采购、销售业务的控制能力,形成独立、完整的供、产、销系统以强化市场功能。发生此类关联交易可以从根本上减少关联交易。

对关联交易的规范和监管,很重要的一方面,就是从源头切断部分关联交易。可通过以下途径实现:

将具有独立运营能力作为企业改制上市的必备条件,在满足一定条件的情况下支持企业集团整体改组上市。

上市公司收购控股股东或其他关联方的资产,进行资产重组,减少上市公司对关联方的依赖性,减少与关联方之间的同业竞争。

通过资产收购或资产置换能减少对关联方的依赖,但也不能指望一蹴而就,可通过渐进式的系列资产重组来实现。湖南华菱管线股份有限公司就是一个典型案例。其通过渐进式的资产重组不断减少关联交易,把相关资产逐步、分期纳入上市公司,逐步推进整体上市。这种利用资本市场逐步推进整体上市的模式,与采取大规模增发融资一步到位式的集团整体上市模式相比,可以减少对资本市场的冲击。这种模式是目前部分上市公司根治"剥离改制"的后遗症、从源头切断某些关联交易和增强可持续发展能力的切实可行的有效途径。

 案例分析

## BG 股份为什么要收购 BG 集团资产

☞ **案例介绍**

BG 钢铁股份有限公司(简称 BG 股份)是一家钢铁业上市公司。

一、2001 年至 2002 年 BG 股份收购 BG 集团三期工程资产和部分托管资产,该公司披露的有关信息如下:

1. 2001 年向 BG 集团公司收购部分 BG 三期工程资产。

BG 股份于 2001 年 6 月 18~19 日召开的第一届董事会第五次会议通过决议,批准向 BG 集团公司收购部分 BG 三期工程资产。BG 股份于 2001 年 8 月 17 日召开的 2001 年第二次临时股东大会,通过决议批准本次收购及相应的《BG 三期工程资产收购协议》(简称《收购协议》)。同日,BG 股份与 BG 集团公司签署《BG 三期工程资产收购协议》,该协议即刻生效。随后 BG 股份与 BG 集团公司开始了本次收购所涉资产的财产移交及办理相关的资产过户、债务转移手续。收购协议涉及标的为 BG 集团公司拥有的部分三期工程资产和业务,以及与此相关的部分债务(简称三期资产)。其中固定资产主要包括:250 吨炼钢转炉 2 台,1 450 毫米板坯连铸机组 2 套,150 吨炼钢电炉 1 台,178 圆坯、153 圆坯、160 方坯连铸机组 1 套,1 580 毫米热轧机组 1 套,1 420 毫米冷轧机组 1 套,1 550 毫米冷轧机组 1 套。本次收购的定价为人民币 179.16 亿元。收购价格将根据该等流动资产和负债在评估基准日和本次收购完成日的价值的差额进行调整。上述收购价款 BG 股份将以经营活动产生的现金净流

量,并适度提高资产负债率的方式筹措,在 2005 年 6 月 30 日之前分六期向 BG 集团公司支付完毕。

2. 2002 年收购 BG 集团部分托管资产。

2002 年 9 月 10 日 BG 股份第一届董事会第十次会议、2002 年 10 月 29 日 BG 股份该年第一次临时股东大会审议通过了向集团公司收购部分托管资产的议案。BG 股份的控股股东 BG 集团原委托 BG 股份管理炼焦系统、BG 厂区内的原料码头及船队、135 吨热电机组、1 580 吨热轧平整机组、相关公辅设施等部分资产及相关负债(简称部分托管资产)。为强化对原材料、燃料资源的控制能力,BG 股份于 2002 年 11 月 1 日以最终结算价人民币 3 967 367 133.09 元收购了 BG 集团的部分托管资产。收购价格最终确定为 39.67 亿元。BG 股份于 2002 年 11 月完成了资产交割,并向集团公司支付首期收购价款 9.67 亿元。

3. 对于关联交易的影响披露。

BG 股份 2002 年度报告中所披露的关联交易部分内容列示如下:

"(1)向关联方销售货物:

本公司主要向上海 BG 集团公司销售焦煤、铁矿石、铁水、生石灰、连铸方坯、板坯等。三期资产收购后,本公司主要向上海 BG 集团公司销售能源介质、材料及提供焦煤加工服务。本年度收购上海 BG 集团有限公司的部分托管资产后,本公司与上海 BG 集团公司的上述销售业务不再存在。具体如下:

① 本公司以成本加成 5.5％向上海 BG 集团公司销售焦煤、铁矿石及提供焦煤加工服务……2001 年三期资产收购后,本公司不再向上海 BG 集团公司销售焦煤和铁矿石……于本年度收购部分托管资产前,本公司向上海 BG 集团公司提供焦煤加工服务的费用为人民币 83 417 775 元(2001 年:84 643 102 元)。收购部分托管资产后,由于收购了炼焦系统,该关联交易不再存在。

② 本公司将焦炭、烧结矿石、块状矿石和少量石灰石及镁矿石投入高炉并熔成铁水,形成供给本公司和上海 BG 集团公司炼钢工序的原料。三期资产收购后,该关联交易不再存在。

③ 本公司将石灰石加工成生石灰,以成本加成 5.5％作为销售价销售生石灰给上海 BG 集团公司……三期资产收购后,该关联方交易不再存在。

④ 自公司成立日起,本公司以市场价销售生活水给上海 BG 集团公司,以协议价销售工业水、纯水、过滤水、电力及其他能源介质。于本年度收购部分托管资产前,本公司向上海 BG 集团公司销售能源介质为人民币 397 985 264 元(2001 年:944 336 714 元)。收购部分托管资产后,该关联交易不再存在。

⑤ 于本年度收购部分托管资产前,本公司以市场价向上海 BG 集团公司销售原材料及辅助材料人民币 24 068 669 元(2001 年:884 784 540 元),三期资产收购后,销售给集团公司的原材料大幅下降。收购部分托管资产后,由于收购了炼焦系统等资产,该关联交易不再存在……

(2)向关联方采购货物:

本公司主要向上海 BG 集团公司采购焦炭、管坯、板坯、方坯、能源介质、零星辅助材料和备件等。三期资产收购后,本公司主要向上海 BG 集团公司采购焦炭和能源介质。本年

度收购上海 BG 集团有限公司部分托管资产后,本公司与上海 BG 集团公司的上述采购业务不再存在。具体如下:

① 自公司成立日起,上海 BG 集团公司生产的冶金焦以同类产品的市场价格销售给本公司;生产的其他焦炭产品以成本加成 5.5% 的价格销售给本公司,用于炼铁工序……于本年度收购部分托管资产前,本公司向上海 BG 集团公司购入焦炭产品为人民币 1 736 066 144 元(2001 年:2 046 415 000 元)。收购部分托管资产后,由于收购了炼焦系统,该关联交易不再存在。

② 上海 BG 集团公司生产的管坯和板坯以同类产品的市场价格销售给本公司。三期资产收购后,该关联交易不再存在。

③ 上海 BG 集团公司以成本加成 5.5% 作为销售价将方坯销售给本公司。三期资产收购后,该关联交易不再存在。

④ 上海 BG 集团公司以协议价销售焦炉煤气、转炉煤气、高炉煤气及中、低压蒸汽给本公司……于本年度收购部分托管资产前,本公司向上海 BG 集团公司购入中压蒸汽为人民币 115 824 441 元(2001 年:165 030 443 元)。收购部分托管资产后,由于收购了炼焦系统,该关联交易不再存在。

⑤ 上海 BG 集团公司以市场价销售备件给本公司。于本年度收购部分托管资产前,本公司向上海 BG 集团购入备件为人民币 1 060 859 088 元(2001 年:1 296 033 000 元)。收购部分托管资产后,由于收购了备件仓库,该关联交易不再存在……

(3) 其他主要关联交易:

① 本公司为上海 BG 集团公司及其附属子公司提供宝山厂区内的运输服务……收购部分托管资产后,本公司不再向上海 BG 集团公司提供运输服务。

② 本公司为上海 BG 集团公司提供成品码头及厂区内部的装运货物服务……三期资产收购后,本公司仅向上海 BG 集团公司以成本加成 5.5% 的价格提供厂区内部的装卸服务。收购部分托管资产后,该关联交易不再存在……

③ 本公司为本公司与上海 BG 集团公司共享的计算机、通讯设备、电话、寻呼及监控系统提供管理及维护服务。三期资产收购后,该关联交易不再存在。

④ 本公司在上海 BG 集团公司原料码头卸运采购之原材料。自公司成立日起至 2001 年年底,上海 BG 集团公司以成本加成 5.5% 为基础向本公司收取原料码头使用费……收购部分托管资产后,由于收购了该原料码头,该关联交易不再存在……"

二、2005 年 BG 股份收购 BG 集团旗下主要钢铁资产,该公司披露的有关信息如下:

1. 2005 年向 BG 集团收购集团旗下主要钢铁资产。

2004 年 8 月 11 日 BG 股份公告:公司拟将通过增发不超过 50 亿股的方式募集 280 亿元,收购集团下属的一钢厂、五钢广及钢研所拥有的核心钢铁主业资产和业务;马迹山码头的全部资产和业务;集团持有的 BG 国际 100% 的股权、BG 化工 100% 的股权、梅山钢厂 84.56% 的股权、宁波宝新 54% 的股权、宝信软件 57% 的股权以及海外多家子公司的股权。

2. 对于关联交易的影响披露。

根据 BG 股份会计报告和模拟合并会计报告,2003 年度及 2004 年 1 至 6 月,BG 股份与 BG 集团的关联交易的金额,如表 1 所示。

表 1                    本次收购前后关联交易及其规模变化                    单位:万元

| 比较时期 | 关联交易内容 | 收购之前 | 占主营收入/成本比例 | 假设收购完成后 | 占主营收入/成本比例 | 关联交易增减额 | 关联交易规模增减幅度 |
|---|---|---|---|---|---|---|---|
| 2003 年度 | 销售 | 3 503 860 | 78.8% | 1 643 981 | 17.3% | −1 859 879 | −53.1% |
| | 采购 | 1 053 443 | 34.2% | 781 819 | 10.4% | −271 624 | −25.8% |
| | 其他 | 367 230 | — | 437 170 | — | 69 940 | 19.0% |
| | 总计 | 4 924 533 | — | 2 862 970 | — | −2 061 563 | −41.9% |
| 2004 年 1~6 月 | 销售 | 2 250 610 | 78.8% | 980 634 | 14.4% | −1 269 976 | −56.4% |
| | 采购 | 678 800 | 34.3% | 415 593 | 7.8% | −263 207 | −38.8% |
| | 其他 | 132 960 | — | 225 477 | — | 92 517 | 69.6% |
| | 总计 | 3 062 370 | — | 1 621 704 | — | −1 440 666 | −47.0% |

☞ **案例背景**

1. 2000 年上市。

BG 股份是中国最大、最现代化的钢铁联合企业。一期工程始建于 1978 年 12 月 23 日,1985 年 9 月 15 日建成投产;二期工程 1991 年 6 月投入正式生产;三期工程 2000 年年底全部建成。2000 年 2 月 3 日,由上海 BG 集团公司独家发起成立股份公司,同年 12 月 12 日 BG 股份上市,发行人民币普通股 187 700 万股后总股本为 1 252 100 万股。

2. 一体化进程。

BG 股份自 2000 年上市以来,对集团所拥有其他钢铁资产分步进行了收购:

2001 年,BG 股份收购 BG 集团三期资产。

2002 年,BG 股份收购部分炼焦系统、水渣码头及船队、相关公辅设施等托管资产。

2003 年,BG 股份收购益昌薄板、鲁 BG 管。

2005 年,BG 股份收购集团旗下主要钢铁资产。

2007 年,BG 股份收购上海钢管、南通钢铁。

2007 年 9 月,BG 集团持有的宝通钢铁 92.5% 股权在上海联合产权交易所挂牌,BG 股份以 6.01 亿元的价格成功摘牌。

2008 年,BG 股份收购上海浦东钢铁公司罗泾项目相关资产和业务。

☞ **资料来源**

1. BG 钢铁股份有限公司 2002—2005 年年报。

2. 2001 年 6 月 21 日,BG 股份公布收购部分三期工程资产暨关联交易公告。

3. 2002 年 9 月 13 日,BG 股份关于向上海 BG 集团公司收购部分资产的公告。

4. 2004 年 8 月 11 日,BG 股份关于资产收购及关联交易的公告。

☞ **依据及相关法规**

1.《企业会计准则第 36 号——关联方披露》。

2.《关于进一步规范股票首次发行上市有关工作的通知》(证监发字〔2003〕116 号)。

3.《关于进一步提高上市公司财务信息披露质量的通知》(证监会计字〔2004〕1 号)。

4.《上市公司收购管理办法》,中国证券监督管理委员会令第 35 号,2006 年 7 月 31 日。

5.《关于修改〈上市公司收购管理办法〉的决定》,中国证券监督管理委员会令第 108 号,2014 年 10 月 23 日。

☞ **案例思考题**

1. 请分析 BG 股份巨额关联交易产生的原因。

2. 请分析 BG 股份 2001—2002 年收购 BG 集团三期资产和部分托管资产事件,对其自身发展及未来的关联交易将发生什么影响?

3. 请分析 BG 股份 2005 年收购 BG 集团旗下主要钢铁资产事件,对 BG 股份产生的影响。

4. 结合本案例说明实现整体上市的途径。

☞ **讨论与分析**

1. 分析 BG 股份巨额的关联交易产生的原因。

(1) 历史根源。我国上市公司大部分是原国有企业改制而成的,由于受到融资规模或指标的限制,其中相当一部分采取了生产主体剥离上市的模式,原企业(即存续企业)往往成为上市公司的母公司(集团公司)。BG 股份就是采用了此种模式改制上市的。

(2) 行业及规模特点。钢铁行业的供产销环节较多,但由于与主营业务不可分割的上下游业务相关资产未进入上市公司,BG 股份无论是销售货物(如销售焦煤、铁矿石、铁水、石灰石等)还是采购货物(如采购焦炭、板坯、方坯等原材料、能源物质、辅助材料和备件等),以及相关的运输、装卸等业务,都不能够独立完成。正是因为所处行业供产销环节多,且公司生产经营规模超大,一次性将供产销系统整体资产全部纳入上市公司受到客观条件限制,使得 BG 股份在日常生产经营过程中产生巨额的关联交易。

(3) 交易资金压力。巨额的交易价款支付也是对公司流动资金的严峻考验。如果选择与关联方进行交易,对交款时间及其他交易条件的约定会相对比较宽松和灵活,有利于 BG 股份的资金调度与安排。

2. BG 股份 2001—2002 年收购 BG 集团三期资产和部分托管资产,对其自身发展及未来的关联交易将产生以下影响。

(1) 有助于显著减少部分关联交易。根据 2002 年 9 月 12 日 BG 股份发布的公告,收购的资产,按现状可分为"生产经营性资产"和"租赁性资产"。生产经营性资产包括:炼焦系统、水渣码头及船队、相关公辅设施等;租赁性资产包括:原料码头、综合码头、135 吨热电机组、1 580 mm 热轧平整机组等。此次收购之前,BG 股份与集团公司之间存在购销焦炭、备件、能源介质,提供焦煤加工等劳务,支付资产租赁费等项关联交易,收购完成后,BG 股份与 BG 集团之间的关联交易金额将减少约 40 亿元。BG 股份收购大股东及其他关联方的上述经营性资产,可以增强对采购材料、出口产品等业务的控制能力,有利于强化公司内部管理,能够从根本上减少与生产经营关系密切的那部分关联交易,明显减少对其母公司及其他关联方的依赖。

(2) 有助于加强对原料成本的控制。此次收购之前,BG 股份以市场价向 BG 集团采购焦炭,受国内外焦炭资源紧张等因素的影响,市场上焦炭的长期价格呈稳中趋涨的态势,这无疑增加了股份公司的成本。通过收购炼焦系统,将更有利于确保 BG 股份生铁产品低成本的优势。2003 年,BG 股份主营业务成本占主营业务收入比例为 69.33%,比 2002 年的 72.19%有所下降。

(3) 有助于提高市场竞争能力。BG 股份对目标资产进行的收购将完善自身的供产销系统,产能规模达到 1 100 万吨,大大拓宽公司的业务领域,形成碳钢、特钢、不锈钢三大门类钢铁产品相结合的产品生产经营体系,增强了市场功能,提升了公司的核心竞争力。

3. BG 股份 2005 年收购 BG 集团主要钢铁资产的影响如下所述。

BG 股份采用渐进式分步收购,从而实现集团内所有与钢铁主业有关的资产和业务整体上市。而集团未来将把更多精力用于金融控股平台运作。

本次收购将实现 BG 股份跨越式发展、钢铁主业一体化与整体上市。

(1) 实现规模效应和拓宽业务领域,大幅提升全球行业地位。本次收购将使 BG 股份整体生产规模得以迅速扩大,"按照 2003 年的统计数据,收购集团资产之后,宝钢股份的粗钢产量将由 1 155 万吨/年扩大到 1 655 万吨/年,同比增长 43%,由全球排名第 17 位跃居第 8 位;净利润由 70 亿元提高到 90 亿元,跃居全球第二位"(黄静:"象吞蛇何惧?——宝钢股份收购集团资产简评",《股市动态分析》2004 年第 33 期)。原先以碳钢为主的生产体系拓展为集碳钢、不锈钢、特钢为一体的完整的钢铁生产体系,并将在碳钢、特钢、不锈钢三大门类均处于国内和全球领先地位。

(2) 大幅减少 BG 股份的关联交易,避免了同业竞争。在本次收购后,向关联方销售及采购的关联交易金额都将大幅减少。经模拟测算,假定收购已经完成,2003 年度和 2004 年上半年 BG 股份与 BG 集团的关联交易总额将减少 144 亿元;2004 年上半年关联销售额占主营业务收入的比例将从 78.8%下降到 14.4%,关联采购额占主营业务成本的比例将从 34.3%下降到 7.8%,详见案例介绍二第 2 部分。

本次收购完成后,不会产生新的同业竞争,与 BG 股份存在同样钢铁产品生产的关联方数量大大减少,关联方产品的规格、品种、用户与 BG 股份以及本次收购目标资产的产品相比,差异较大。BG 集团保留的钢铁生产业务,目前基本上与 BG 股份不存在同业竞争。"收购完成后宝钢集团的钢材销售量占总销售量的比重将从 46%下降到 8%"(黄静:"象吞蛇何惧?——宝钢股份收购集团资产简评",《股市动态分析》2004 年第 33 期)。

(3) 发挥协同效应,全面提升综合竞争力和抗风险能力。本次收购完成后,BG 股份将拥有整合覆盖全国的营销网络及剪切配送中心,强化 BG 股份的营销和技术服务能力;整合矿石、煤炭和金属镍等重要原材料及辅料的长期供货资源,整合远洋运输的长期服务协议和码头中转能力,为 BG 股份长期的生产资源供应和生产成本控制提供了保障。并且大幅度提高产品覆盖面,分散产品组合风险。整合后的 BG 股份,在钢铁战略管理、生产组织、资源利用、财务管理、成本控制、市场拓展、客户服务等多方面产生协同效益,并强化 BG 股份长期持续发展和抵抗风险的能力,为股东创造更高的价值。

(4) 收入和净利润大幅度提升,每股收益和总资产报酬率有所下降。本次收购完成后,BG 股份的业绩显著提升,2005 年主营业务收入 1 266 亿元,比 2004 年的 586 亿元增长 116%;2005 年净利润 127 亿元,比 2004 年的 94 亿元增长 35%。但是,2005 年每股收益

0.72 元,比 2004 年的 0.75 元略有下降每股收益;2005 年总资产报酬率 18.77%,比 2004 年的 22.40% 有所下降。与稍早于 BG 整体上市的 WG 相比,WG 股份的业绩增长明显优于 BG 股份:"主营业务收入将由 60 多亿元增至 320 亿元,增长 2.52 倍,净利润从 5.69 亿元增加至 43.7 亿元,净资产收益率跃升至 17.55%,每股收益从 0.23 元跳升至 1.09 元"(中南财经政法大学会计学院冯亚:《回顾武钢整体上市的背景及与宝钢、TCL 的对比》。《新财经(理论版)2011 年 3 月上》)。

BG 整体上市的业绩增长较 WG 逊色的可能原因如下:

两者收购资产的质量差异。"武钢是用下游资产收购上游资产,整体盈利能力是上升的,可以获得市场的认可,但是宝钢股份已经是宝钢集团中最好的资产"(中南财经政法大学会计学院冯亚:"回顾武钢整体上市的背景及与宝钢、TCL 的对比"《新财经(理论版)2011 年 3 月上》)。

两者增发股份和收购资产的规模不同。BG 股份增发 50 亿股收购大股东 BG 集团的钢铁主业资产,WG 股份增发 14 亿股用于收购大股东武钢集团的钢铁主业资产。BG 股份增发股份和收购资产的规模均远超过武钢股份。所以,虽然 BG 股份的收入和净利润有明显增长,但每股收益和总资产报酬率均被摊薄了。

此外,也不排除 BG 股份收购的资产中处于在建期或刚投产状态的规模可能大于 WG 股份,其盈利能力尚未体现或尚未充分体现。

综上所述,本次收购对上市公司的影响:BG 股份将成为一个拥有完整的原料供应体系、完整钢铁产品体系、先进的钢铁生产体系、覆盖全国的营销网络和完整钢材国际贸易体系的国际领先的钢铁联合体,实现整体上市的战略目标,BG 股份的综合实力将得到大幅度提升。

4. 结合本案例说明实现整体上市的途径。

整体上市有不同的途径或方法。一类是通过整体改制后首次公开发行上市的方式,如中国石化、中国石油整体改制后上市。另一类是分步实现整体上市。第一阶段分拆上市,将一个大型的企业分拆,把优质的资产或主业生产的部分注入拟上市公司,发行股份上市,将其余资产剥离,包括一些和主业无关的资产、不良资产等留在母公司;第二阶段通过融资以吸收合并或资产重组的方式实现经营性资产的整体上市。例如,TCL 集团的换股吸收合并方式;WG 股份、BG 股份的增发收购方式。这些方式都需要融资,但融资主体不同:TCL 集团向 TCL 通讯全体流通股东发行 TCL 集团人民币普通股以一定比例换股,TCL 通讯注销独立法人资格,其全部资产、负债注入 IPO 后的 TCL 集团,集团公司是融资主体;WG 股份和 BG 股份均采取先增发股份,然后用募集资金购买集团主要经营性资产,实现整体上市,已上市的子公司是融资主体。BG 集团的钢铁主业规模超大,所以 BG 股份收购集团主要经营性资产是通过多次收购完成的,系名副其实的渐进式整体上市。

本案例给我们如下启示:

渐进式的资产收购是从根源上减少关联交易的有效途径之一。对于主业资产非常庞大的超大型规模集团公司来说,可通过其上市子公司多次收购集团公司的全部主业资产来实现集团主业渐进式整体上市。在渐进式收购大股东资产的过程中,从产生的根源上解决关联交易问题。同时,相对于一步式整体上市,渐进式收购可以减轻融资的压力,还可以减少对股市的冲击和扩容的压力。

　　有时发生关联交易在所难免,但关联交易应当遵循公平、公正、公允的原则。在减少部分关联交易的同时,有可能产生少量新的关联交易。新收购的资产或企业也会带入新的关联关系和关联交易。BG 股份在 2002 年度报告中披露,收购部分托管资产后,在大幅度减少关联交易的同时,新增了少量向部分关联方销售的关联交易金额。社会总是有分工的,统揽所有业务的全能型企业反而会影响经济效益。所以,有时发生关联交易在所难免,但必须彻底摆脱对关联方的依赖,必须消除显失公允的关联交易。关联交易应当遵循公平、公正、公允的原则,关联交易的价格原则上不能偏离市场独立第三方的价格或收费的标准。

☞　**参考文献**

1. 长城证券金融研究所黄静:《象吞蛇何惧? ——宝钢股份收购集团资产简评》,《股市动态分析》,2004 年第 33 期。

2. 中南财经政法大学会计学院冯亚:《回顾武钢整体上市的背景及与宝钢、TCL 的对比》,《新财经(理论版)》,2011 年 3 月(上)。

张维宾　指导并作重大修改

04017002 班　贾雅琴　徐　婷　秦佳明　阮　臻

# 第九章

# 会 计 调 整

# 第一节　会计政策、会计估计变更及其影响

会计政策是指企业在会计核算时所遵循的具体原则,所采用的计量基础以及采纳的具体会计处理方法。会计政策是企业进行会计核算的直接依据,企业应在会计一般原则的指导下,选择恰当的会计政策对经济业务进行会计处理。

为了保证会计信息的可比性与一贯性,防止企业管理者操纵利润,企业在会计处理中对相同的交易或事项在每个会计期间应采用相同的会计政策,不得任意变更会计政策。但是在以下两种情况下,企业应调整原来采用的会计政策:一是法律或会计准则等行政法规、规章要求企业变更会计政策;二是客观经济情况变化使企业必须变更会计政策才能提供更可靠、更相关的会计信息。

会计估计是指企业对结果不确定的交易或者事项以最近可利用的信息为基础所做的判断。面对持续不断的经济活动,会计为了及时提供信息,需要遵循会计分期这一基本前提,并在权责发生制的基础上对企业的财务状况和经营成果进行定期确认、计量和报告。因此,在处理结果尚不确定的交易或事项时,必须利用最近的信息进行会计估计。

随着经济情况的变化,企业掌握了更新的信息,或者积累了更多的经验,此时需要变更会计估计以更好地反映企业的财务状况和经营成果。但是如果以前期间的会计估计是错误的则属于会计差错,需要按照会计差错更正的会计处理方法进行处理。

对于会计政策变更可以根据实际情况选择追溯调整法或未来适用法进行处理。追溯调整法需要计算会计政策变更的累计影响数,并相应调整变更年度的期初留存收益以及会计报表的相关项目。未来适用法不计算会计政策变更的累计影响数,也不必调整变更年度年初留存收益,只在变更当年采用新的会计政策。会计估计变更则只能采用未来适用法。

当今会计准则规范的目标之一就是防止企业通过滥用会计政策和会计估计变更,达到操纵各期会计利润的目的。

 案例分析

## 会计估计变更是利润的来源吗?

☞ **案例介绍**

YT 能源股份有限公司(简称:YT 能源)2018 年 12 月 22 日发布公告称:根据《企业会计准则第 4 号——固定资产》相关规定,参照同行业固定资产折旧年限,结合公司新增机组固定资产折旧年限,自 2018 年 10 月 1 日起,公司对相关固定资产折旧年限进行调整。本次会计估计变更,预计影响 2018 年四季度计提折旧金额减少约 9 300 万元,净利润增加约 7 000 万元。

YT 能源在会计估计变更公告中对其会计估计变更的原因解释如下:"公司近年新增机

组固定资产参照同行业并按照《大中型火力发电厂设计规范》规定的主机系统设计寿命确定固定资产折旧年限。根据所属电力企业在运老机组相关固定资产实际情况,结合新投产机组性能测试、竣工验收等相关工作,HC子公司对电厂固定资产实际可使用年限进行了认真调研、论证和分析,发现部分固定资产折旧年限与实际可使用年限存在差异。尤其在运老机组核心三大主机设备及附属设备目前折旧年限均远低于《大中型火力发电厂设计规范》规定的主机系统设计寿命;加之公司所投运机组均为国内技术领先的高参数、大容量机组,公司通过对相关行业规范、建造合同中机组使用寿命等条款的梳理及同类机组实际使用寿命的考察、综合论证,并根据《企业会计准则第4号——固定资产》要求,拟统一公司所属电力企业部分固定资产折旧年限,对在运老机组相关固定资产折旧年限进行相应调整。"该公司对固定资产折旧年限具体调整情况,如表1所示。

**表1**                            **固定资产折旧调整表**

| 资产编码及资产类别 | 原折旧年限(年) | 调整后折旧年限(年) |
|---|---|---|
| 01 房屋建筑物 | | |
| 0101 房屋 | | |
| 010101 生产用房屋 | 40 | 50 |
| 010104 非生产用房屋 | 45 | 50 |
| 0102 建筑物 | | |
| 010201 火电站及其他建筑 | 25 | 50 |
| 010202 非生产用建筑 | 25 | 50 |
| 03 机器设备 | | |
| 0301 机械设备 | 14 | 20 |
| 0302 电气设备 | | |
| 030201 电气设备1 | 22 | 30 |
| 030202 电气设备2 | 10 | 30 |
| 0304 发电设备 | | |
| 030401 发电供热设备 | 20 | 30 |
| 030403 变电设备 | 22 | 30 |
| 030404 配电线路及设备 | | |
| 03040401 配电线路 | 16 | 30 |
| 03040402 配电设备 | 22 | 30 |
| 030408 天然气输送管道 | 20 | 30 |

选取部分同行业其他上市公司固定资产折旧年限进行对比,具体情况,如表2所示。

表 2            部分电力行业上市公司固定资产折旧年限对比表            单位:年

| 类别 ＼ 公司 | 通宝能源 | 大唐发电 | 京能电力 | 申能股份 | 浙能电力 | 西山煤电 |
|---|---|---|---|---|---|---|
| 房屋建筑物 | 8～35 | 8～45 | 15～35 | 8～35 | 15～50 | 8～45 |
| 机器设备 | 6～30 | 4～35（发电设施） | 6～20(与发电无关设备) 工作量法(发电设备) | 4～20 | 4～18 | 7～25(专业设备) 6～20(通用设备) |

之后 YT 能源公布的 2018 年年报显示,其 2018 年营业利润总额为 648 378 166.08 元,净利润为 159 229 677.72 元。该公司 2018 年至 2016 年相关重要财务指标和利润数据,如表 3 所示。

表 3             YT 能源重要财务指标和利润数据表

| 主要财务指标 | 2018 年 | 2017 年 | 2016 年 |
|---|---|---|---|
| 基本每股收益(元/股) | 0.005 3 | 0.048 5 | 0.053 8 |
| 扣除非经常性损益后的基本每股收益(元/股) | −0.049 9 | 0.052 6 | −0.015 6 |
| 加权平均净资产收益率 | 0.27% | 2.51% | 3.03% |
| 扣除非经常性损益后的加权平均净资产收益率 | −2.57% | 2.72% | −0.88% |
| 营业利润(元) | 648 378 166.08 | 1 139 442 772.35 | 1 016 886 473.63 |
| 净利润(元) | 159 229 677.72 | 867 115 717.69 | 765 354 677.23 |

YT 能源在其 2018 年年报中披露,营业利润较上年同期下降 43.10%,主要原因系本期电煤价格高企导致发电业务毛利同比下降及财务费用同比增加所致。而财务费用变动原因主要为本期电力板块新机组投产导致相关借款费用损益化所致。另外,报表中特别对流动性风险进行说明:"随着 2018 年国家金融市场资金全面收紧,对企业特别是民营企业融资产生巨大影响。由于公司所处行业为重资产行业,造成负债规模较大,资产负债率较高,财务负担较重,在 2018 年市场融资环境困难的形势下,公司出现了流动性风险。"报表中显示财务费用数据 2018 年比前期增加 23%,增加额接近 8.5 亿元。

☞ **资料来源**

YT 公司 2017 年、2018 年年报及相关公告,相关公司 2018 年年报。

☞ **案例思考题**

1. 对比表 1 和表 2 数据,分析 YT 能源此次会计估计变更的合理性。
2. 结合 YT 能源的业绩情况,分析 YT 能源此次会计估计变更背后的动机。

☞ **讨论与分析**

1. 分析表 1 发现 YT 能源对固定资产折旧年限的延长幅度较大。建筑物的折旧年限普遍延长了1倍,电气设备和配电线路的折旧年限延长了近1倍,发电设备延长了1/2。其次对比表2的同行业6家上市公司,发现YT能源无论是房屋建筑物,还是机器设备,基本上都是按照上市公司折旧的最高年限来计提折旧。尤其是房屋建筑物全部按照50年来计提折旧,在上市公司中较为少见。另外,在采用平均年限法对机器设备计提折旧的上市公司中,大部分公司的折旧年限都低于YT能源。按照YT能源在其公告中的解释,其变更折旧年限是参照同行业及规定的设计年限,并且称"公司所投运机组均为国内技术领先的高参数、大容量机组",而且"通过对相关行业规范、建造合同中机组使用寿命等条款的梳理及同类机组实际使用寿命的考察、综合论证",从而调整了折旧年限。但是我们发现在行业中处于领先地位的浙能电力、申能股份等公司机器设备的最高折旧年限远低于YT能源的30年。只有大唐发电的发电设备最高折旧年限超过YT能源5年。因此,YT能源从行业规范和技术领先角度解释此次会计估计变更是值得商榷的。

另外,京能电力2018年年初将发电设备的折旧方法改为工作量法。YT能源没有采取类似做法,而是把折旧年限调整为设计年限和相关规定允许的最高年限。众所周知,在使用过程中诸多因素会影响设备的使用年限,尤其是一些不可控的因素,如客观原因造成的损耗加大或技术进步产生的淘汰。因此,按照最高设计年限确定折旧年限的做法不符合会计信息的谨慎性要求。

综上所述,我们有理由怀疑YT能源此次会计估计变更的合理性不足。

2. YT能源披露第四季度会计估计变更产生的净利润增加额约为7 000万元,在该公司2018年全年净利润占比竟超过40%。也就是说,2018年年报中显示的全年净利润数据中超过40%来源于会计估计变更,不禁让人感叹会计变更的魔力。分析表3发现,YT能源2018年的两个重要财务指标——基本每股收益和净资产收益率都远低于2017年,扣除非经常损益后,这两个指标均为负。可见该公司2018年的日子不好过,如果没有会计估计变更,其2018年的净利润将不足1亿元,相关的财务指标将更为难看。该公司披露2018年业绩下降的主要原因是电煤价格高企,和本期电力板块新机组投产导致的相关借款费用损益化。即受原料价格上涨和金融环境影响,该公司在营业成本和财务费用方面面临较大压力。尤其是2018年的财务费用比前期增加23%,增加额接近8.5亿元。可见受客观因素影响,该公司2018年经营的确面对很多困难。在此背景下,该公司通过会计估计变更,在一定程度上缓解了2018年的业绩压力。并且延长折旧年限会在相当长一段时期内使折旧费用降低,可能缓解今后几年的业绩压力。当然会计估计变更不是真正的利润来源,只是通过把折旧费分摊到更多年份这种做法来提高利润数据。实际上,有可能会导致后期企业计提固定资产减值增加,或导致提前处置设备而产生的固定资产清理损失。

本案例给我们如下启示:

由于经济环境复杂多变,以及会计本身采用的会计假设和会计核算基础的影响,企业所采用的会计政策和会计估计不可能完全一致且一成不变。然而,会计政策或会计估计的变更势必会对企业一定时期的经营成果或某些时点的财务状况产生影响,甚至影响巨大。在这样的情况下,有相关动机的公司就可能通过会计政策或会计估计变更来达到操纵利润的目的。因此面对进行了会计政策或会计估计变更的公司,信息使用者应该关注其变更的近期和长期影响,分析变更的合理性和动机,谨防被变更带来的巨额利润等数据干扰决策。

## 第二节　会计差错更正及其影响

会计差错是指会计核算时,由于确认、计量、记录等方面出现的错误,这种错误包括与本期相关的错误及与前期相关的错误。而重大会计差错是指企业发生的使公布的会计报表不再具有可靠性的会计差错。根据会计准则的规定,若发现以前年度有滥用会计政策、会计估计及其变更的情况,应作为"重大会计差错"调整到会计差错所属的会计期间,也就是说,一旦发现成本费用应计不计、损益核算不实、资产确认不当等重大问题,都要追根溯源予以更正。

然而,这项规定在上市公司原退市规则(上市公司最近3年连续亏损,其股票暂停上市)执行过程中也遇到了一些问题。一些上市公司对会计差错进行了追溯调整后,导致连续3年亏损而立即暂停上市,使得依据公司以往定期报告做出投资决策的投资者,在信息不对称的情况下,蒙受股价暴跌的损失,客观上使得中小投资者的权益不可避免地受到侵害。而执行中究竟什么是一般的会计差错,什么是重大会计差错,什么是虚假记载,还存在太多的或然性,有待于进一步的明确。

近年来,某些公司利用会计差错的调整进行利润操纵,主动引爆公司藏匿的业绩地雷,利用重大会计差错调整的机会转嫁经营风险的情况屡见不鲜。所以,在一些上市公司年报中,频频出现"会计差错"的字眼。"会计差错"在某种意义上只是内涵不明、外延不定的模糊概念,由主观原因造成的虚假信息披露亦可利用"会计差错"改变错误性质,逃避应负的责任,大事化小,小事化了。所以,关键是要正确理解会计差错。一般认为会计差错主要有两种:一种是由于公司管理层、会计人员对会计政策把握不当等原因出现的"误用差错";另一种是公司管理层、会计人员蓄意使用不当的会计政策导致的"舞弊差错"。

可见,实事求是地更正会计差错对真实反映上市公司业绩起至关重要的作用,这不仅需要企业会计人员和注册会计师恪守职业准则,力求会计数据的客观、合理,提高报表质量,更需要投资者提高警惕和认识,明辨其中曲直。

案例分析

### 是重大会计差错还是黑幕

☞ **案例介绍**

HS公司2016年实现营业收入43 242万元,营业利润仅834万元,分别同比降低了23.5%和45.63%,该公司生产经营呈现困顿局面。而在应收账款、存货、长期投资等方面计提的巨额资产减值准备,使其继续身陷亏损的泥潭中。该公司近年来股票投资失误给经营发展带来的负面影响至今仍未消除。对应收账款计提坏账是导致该公司2016年亏损的另一重要原因。报告期内,公司对应收账款、其他应收款增加坏账计提 2 602 万元,并由此导致资产减值损失大幅上升。该公司年报中另一值得关注的问题是报告期内进行的重大会计差错调整。

HS 公司在 2016 年年报中披露:"2015 年以前年度,将价值 64 480 804.04 元的辅助材料用于产品生产,但由于发票未到等原因,在成本核算时未将其转入相应期间的生产成本,不符合《企业会计准则》关于成本核算的相关规定。公司对该项会计差错进行了追溯调整,在 2016 年年报中调整了期初留存收益及相关项目的期初数、利润表的上年数。该调整事项的累积影响数为 54 808 696.84 元,公司调减了 2015 年期初留存收益 54 808 686.84 元,其中:未分配利润 46 587 383.82 元,盈余公积 8 221 303.02 元;调减了相关年度应交税金——应交所得税 967 321.20 元,调减了相关年度存货 64 480 808.04 元;同时调减了 2016 年度期初留存收益 54 808 686.84 元,其中:未分配利润 46 587 383.82 元,盈余公积 8 221 303.02元。"

经过调整,HS 公司 2014 年、2015 年、2016 年、2017 年、2018 年净利润分别为 31 989 588.02 元、— 124 885 188.88 元、— 143 779 428.26 元、9 607 342.16 元、—101 340 853.61元。

2014 年调整前后的相关财务数据,如表 1 所示。

**表 1**              **调整前后的 2014 年相关财务指标**           单位:元

| 项 目 | 每股收益 | 每股净资产 | 净资产收益率 |
| --- | --- | --- | --- |
| 调整前 | 0.152 | 5.84 | 5.20 |
| 调整后 | 0.118 | 5.54 | 4.14 |

☞ **案例背景**

HS 公司是 HS 集团公司为发起人,以定向募集方式设立的股份有限公司。2010 年 8 月,经中国证券监督管理委员会批准向社会公开发行 3 500 万股普通股股票,并于当年 10 月在上海证券交易所挂牌交易。公司经营范围:生产销售微型汽车、柴油载重汽车及其配件、厢式柴油专用汽车等。公司主要产品:农用车、轿卡车系列、旅行车系列、微卡等。

作为我国农用车行业的上市公司,HS 公司借助上市募集的资金创造了一系列辉煌,然而,HS 公司未能将绩优高价的"光环"长久地戴在头上。自上市以来该公司主业每况愈下,业绩单边下滑。

☞ **资料来源**

HS 公司 2014 年、2015 年、2016 年、2017 年、2018 年年报。

☞ **依据及相关法规**

《企业会计准则第 28 号——会计政策、会计估计变更和会计差错更正》。

☞ **案例思考题**

试分析 HS 公司发生此项会计差错更正对其有关年度财务状况和经营成果的影响。若 HS 公司蓄意发生此项会计差错,试分析其动机。

## ☞ 讨论与分析

根据上述案例,如果 HS 公司未将 2015 年之前年度价值 6 448 万元的辅助材料转入相应期间的生产成本,引起 2014 年生产成本少计 6 448 万元,存货虚列 6 448 万元,销售成本少计 6 448 万元,净利润因此虚增 5 480 万元。公司 2016 年按照会计差错调整了 2014 年的利润,依此计算的每股收益、每股净资产、净资产收益率均有所下降。同时,2015 年、2016 年期初留存收益及相关项目的期初数、利润表的上年数也相应作了调减。

由于 HS 公司 2014 年未将用于产品生产的辅助材料转入相应期间的生产成本,当期销售收入和销售成本的确认与计量不匹配,造成 2014 年、2015 年利润虚增,违背了可靠性原则,使其提供的会计信息缺乏真实性,客观上侵害了广大投资者的权益。此项会计差错反映出 HS 公司存货的确认有误;反映出 HS 公司的内审制度欠缺,或者执行的效果欠佳;反映出 HS 公司会计基础工作的不规范,特别是未有效定期实施库存盘点制度,存货发出的凭证手续不完备,或凭证的传递未有效实施,仓库存货的管理制度不完善等。对于未收到发票的购入存货,会计上一般月末应暂估入账,下月初红字冲回,待收到发票再及时调整数额,这是会计中最基本的业务处理。而如此巨大的会计差错公司在当年并未发现,公司内审人员也竟未查出,足以反映 HS 公司的会计基础工作、会计管理工作的薄弱,内控制度等形同虚设。

HS 公司在 2015 年出现了首次亏损。2016 年国内农用车市场竞争激烈,该公司生产经营继续呈现困顿局面。而在应收账款、存货、长期投资等方面计提的巨额资产减值准备,使其继续身陷亏损的泥潭中;另外,公司近年来股票投资失误是导致 2016 年亏损的另一重要原因。2017 年 3 月 HS 公司被戴上"ST"帽子。

由于我国相关证券法规对股票暂停上市或者终止上市的情形作了规定,其中一条为"公司最近 3 年连续亏损",可以看出,2017 年公司只有扭亏为盈,才能摆脱暂停上市的困境。

上述差错调整后,公司 2014—2018 年各年的净利润分别为 3 198 万元、−12 488 万元、−14 378 万元、960 万元和 −10 134 万元。然而若 HS 公司"蓄意"发生此项会计差错,而该计入事项原属于 2017 年,则企业应相应调减 2017 年净利润,由于 2017 年调整前净利润为 960 万元,远小于其应调整数 6 448 万元,调整后公司 2017 年净利润将为 −5 488 万元,如此,HS 公司 2015 年、2016 年、2017 年均亏损,将面临暂停上市的处境。在这种情况下,公司为了避免困境,有可能将本应在 2017 年调整的事项作为 2016 年重大会计差错更正处理。由于调整前公司 2014 年盈利,2015 年、2016 年均亏损,而按照 2016 年重大会计差错更正调整后,情况依旧,从而保证了 2017 年利润的增长,且不会改变 2017 年的盈利状况,企业可暂时缓解退市的压力。根据以上分析,我们不得不为公司的未来担忧,同时对 2016 年此项重大会计差错处理的动机发生质疑。

# 第十章

# 财务会计报告

# 第一节　财务会计报告分析

比率分析是财务会计报告分析的重要方法,通过财务比率的计算可以对企业的财务状况和经营成果进行分析和评价,从而帮助投资者和债权人等信息使用者作出决策。由于决策者对信息的需求不同,所以使用分析技术的侧重点和目的也不尽相同。通常比率分析可以从盈利能力、营运能力、偿债能力等三方面进行。

1. 盈利能力。

它是反映企业获取利润能力的指标,是各方面关心的核心的指标,盈利能力也是企业生存和发展的关键。只有长期盈利,企业才能够可持续地经营和发展。通常可以从两个角度分析盈利能力:一是各种形式的销售利润率,如销售毛利率、销售净利润率等。其反映每一单位销售收入的贡献,集中于利润表项目的本身。二是资产报酬率,如总资产报酬率、净资产收益率等。其从资产投入的角度去分析资产的利用效果与盈利的关系,可将资产负债表和利润表项目联系起来进行分析。

2. 营运能力。

它是反映企业利用资源效率的指标。虽然盈利能力无疑是最受关注的,但是盈利是建立在资源有效利用基础上的。企业的作用就是要通过资本市场的运作,将经济资源集聚起来,投入到所需的各环节中去,并有效地使用这些资源,创造出更多的价值。所以在一定程度上,企业运用资源的效率决定了企业的盈利能力。可见,营运能力是企业盈利能力的重要保证。企业通过对资产的运作取得收入,获得利润,从这个角度来说,资产的直接作用就是带来收入,因此,一般用收入与资产的比值来表示资产的营运能力,这样的财务指标就是周转率指标。周转速度越快,表明企业的各项资产进入生产、销售等经营环节的速度越快,其形成收入和利润的周期就越短,经营效率自然就越高。营运能力常用指标主要有应收账款周转率、存货周转率、流动资产周转率、固定资产周转率、总资产周转率等。

3. 偿债能力。

它是反映企业偿还到期债务能力的指标。有着良好的盈利能力和营运能力并不意味着企业就一定具有良好的偿债能力,因为,良好的盈利能力和营运能力并不能保证企业已经获得大量的现金收入,而缺乏现金,企业就无法偿还到期的债务、购买所需的资产,纵然企业有着良好的盈利前景,还是可能陷入财务危机,甚至破产。因此,偿债能力是获利能力和营运能力不可替代的。通常,偿债能力可以从短期偿债能力和长期偿债能力进行分析。短期偿债能力是反映企业偿还流动负债的能力,主要指标有流动比率、速动比率、现金比率、经营活动现金流量比率等。长期偿债能力是反映企业偿还长期负债的能力,主要指标有资产负债率和利息保障倍数,前者以总资产与通过负债筹集资金的比例来表示偿债能力,也称财务杠杆,后者是从企业盈利角度来衡量企业偿还长期负债的能力,其考虑的是企业的盈利是否足以支付当年的利息费用。

## HC 公司 2017 年度财务会计报告的财务比率分析

☞ **案例背景**

HC 股份有限公司(简称 HC 公司)是以家用电器为主的生产、销售企业。其前身是国营 HC 机器厂,2001 年改制为股份有限公司,2010 年 3 月在上海证券交易所上市,是中国特大型国有独资公司,国家首批一级企业。公司主要从事电视机、空调、视听产品、电池、通讯及计算机等产品的制造和销售,2011 年 8 月被评为"中国最大彩电生产基地"和"中国彩电大王"称号。HC 公司 2012 年进入全国 300 家重点扶持企业,2011 年 HC 品牌被评为全国"驰名商标",2013 年 8 月被确定为全国 6 家技术创新试点企业之一,公司已连续十多年在中国彩电市场保持较高市场份额。目前,公司正以彩电产业为龙头,拓展国际市场,力争在短时期内成为全球最大彩电生产基地,并逐步成为空调、网络、视听产品综合能力最具影响力的企业,最终成为世界级的综合型企业集团。虽然,公司雄心勃勃,但随着整个家电行业竞争日趋激烈,中国家电行业在步入 2017 年时已呈现群雄割据局面,各大家电企业纷纷抢占市场。2017 年,HC 公司虽继续位居彩电行业前列,但其 HC 公司彩电的市场占有率仅为 17.34%,即使代表国货精品的 HC 公司"JW"系列智能彩电的市场占有率也仅为 18.5%。随着彩电价格竞争加剧,其彩电销售价格进一步降低,销售收入和盈利水平不容乐观。公司 2017 年营业收入 1 902 923.70 万元,同比下降 11.14%,利润总额 22 321.52 万元,同比下降 33.69%,且 2017 年度 HC 公司未进行任何形式的利润分派,无送股、配股,也无增发新股,公司发展将面临更为严峻的形势和挑战。

HC 公司 2017 年度三大财务报表(简表),如表 1 至表 3 所示。

**表 1**                     **合并资产负债表(部分项目)**

编制单位:HC 股份有限公司           2017 年 12 月 31 日           单位:万元

| 资产 | 年初余额 | 年末余额 | 负债和所有者权益 | 年初余额 | 年末余额 |
|---|---|---|---|---|---|
| 流动资产: | | | 流动负债: | | |
| 货币资金 | 304 760 | 329 102 | 短期借款 | 57 000 | 17 000 |
| 以公允价值计量且其变动计入当期损益的金融资产 | 227 038 | 214 790 | 以公允价值计量且其变动计入当期损益的金融负债 | 0 | 0 |
| 应收票据 | 191 216 | 220 864 | 应付票据 | 115 164 | 386 092 |
| 应收账款 | 364 114 | 576 142 | 应付账款 | 361 376 | 412 752 |
| 预付款项 | 9 148 | 25 082 | 预收账款 | 115 308 | 113 946 |
| 应收利息 | 0 | 0 | 应付职工薪酬 | 7 896 | 7 014 |
| 应收股利 | 0 | 0 | 应付股利 | 564 | 474 |
| 其他应收款 | 153 170 | 294 188 | 应交税费 | 10 414 | 12 478 |
| 存货 | 1 291 406 | 1 188 260* | 其他应付款 | 31 248 | 25 596 |

(续表)

| 资产 | 年初余额 | 年末余额 | 负债和所有者权益 | 年初余额 | 年末余额 |
|---|---|---|---|---|---|
| 划分为持有待售的资产 | 0 | 0 | 划分为持有待售的负债 | 0 | 0 |
| 一年内到期的非流动资产 | 0 | 0 | 一年内到期的非流动负债 | 2 000 | 0 |
| 其他流动资产 | 2 232 | 904 | 其他流动负债 | 0 | 0 |
| 流动资产合计 | 2 543 084 | 2 849 332 | 流动负债合计 | 700 970 | 975 352 |
| 非流动资产: | | | 非流动负债: | | |
| 可供出售金融资产 | 0 | 0 | 长期借款 | 1 200 | 0 |
| 持有至到期投资 | 0 | 0 | 应付债券 | 0 | 0 |
| 长期应收款 | 0 | 0 | 长期应付款 | 0 | 0 |
| 长期股权投资 | 29 026 | 30 404 | 专项应付款 | 0 | 0 |
| 投资性房地产 | 0 | 0 | 预计负债 | 0 | 0 |
| 固定资产 | 465 790 | 475 944 | 递延所得税负债 | 1 962 | 1 716 |
| 工程物资 | 94 | | 其他非流动负债 | 0 | 0 |
| 在建工程 | 83 268 | 76 730 | 负债合计 | 704 132 | 977 068 |
| 固定资产清理 | 70 | 172 | 负债和所有者权益: | | |
| 无形资产 | 89 098 | 90 164 | 股本 | 432 842 | 432 842 |
| 商誉 | 0 | 0 | 资本公积 | 812 898 | 813 032 |
| 长期待摊费用 | 14 330 | 0 | 其他综合收益 | 0 | 0 |
| 递延所得税资产 | 9 922 | 4 760 | 盈余公积 | 962 606 | 965 936 |
| 其他非流动资产 | 0 | 0 | 未分配利润 | 322 076 | 336 452 |
| | | | 归属于母公司所有者权益合计 | 2 530 422 | 2 548 262 |
| | | | 少数股东权益 | 298 | 2 176 |
| | | | 所有者权益合计 | 2 530 720 | 2 550 438 |
| 资产总计 | 3 234 852 | 3 527 506 | 负债和所有者权益总计 | 3234 852 | 352 750 |

注*:其中原材料 224 296 万元,库存商品 971 636 万元。

表 2　　　　　　　　　　合并利润表(部分项目)

编制单位:HC 公司 2017 年度　　　　　　　　　　　　　　　　　　　单位:万元

| 项　　目 | 本期金额 | 上年金额 |
|---|---|---|
| 一、营业总收入 | 1 902 924 | 2 141 442 |
| 其中:营业收入 | 1 902 924 | 2 141 442 |
| 二、营业总成本 | 1 915 960 | 2 097 732 |
| 其中:营业成本 | 1 664 220 | 1 821 586 |
| 税金及附加 | 11 584 | 10 260 |
| 销售费用 | 206 708 | 225 448 |
| 管理费用 | 34 104 | 38 720 |

（续表）

| 项　目 | 本期金额 | 上年金额 |
|---|---|---|
| 财务费用 | −15 658 | −10 482 |
| 资产减值损失 | 15 002 | 12 200 |
| 加：公允价值变动收益（损失以"−"号填列） | 2 248 | 1 030 |
| 投资收益（损失以"−"号填列） | 21 804 | 2 258 |
| 资产处置收益 | 17 376 | 17 784 |
| 其他收益 | 702 | 104 |
| 三、营业利润（亏损以"−"号填列） | 29 094 | 64 886 |
| 加：营业外收入 | 1 754 | 1 562 |
| 减：营业外支出 | 8 526 | 32 784 |
| 四、利润总额（亏损总额以"−"号填列） | 22 322 | 33 664 |
| 减：所得税费用 | 4 334 | 13 614 |
| 五、净利润（净亏损以"−"号填列） | 17 988 | 20 050 |
| 少数股东损益 | 280 | −3 140 |
| 归属于母公司股东的净利润 | 17 708 | 23 190 |

表3　　　　　　　　　　　　　合并现金流量表

编制单位：HC公司2017年度　　　　　　　　　　　　　　　　单位：万元

| 项　目 | 本期金额 |
|---|---|
| 一、经营活动产生的现金流量： | |
| 销售商品、提供劳务收到的现金 | 1 982 370 |
| 收到的税费返还 | 0 |
| 收到的其他与经营活动有关的现金 | 50 450 |
| 　　　　经营活动现金流入小计 | 2 032 820 |
| 购买商品、接受劳务支付的现金 | 1 387 340 |
| 支付给职工以及为职工支付的现金 | 75 834 |
| 支付的各项税费 | 125 314 |
| 支付的其他与经营活动有关的现金 | 169 644 |
| 　　　　经营活动现金流出小计 | 1 758 132 |
| 经营活动产生的现金流量净额 | 274 688 |
| 二、投资活动产生的现金流量： | |
| 收回投资所收到的现金 | 335 794 |
| 取得投资收益所收到的现金 | 32 870 |
| 处置固定资产、无形资产和其他长期资产所收回的现金净额 | 690 |
| 收到的其他与投资活动有关的现金 | 0 |
| 　　　　投资活动现金流入小计 | 369 354 |

(续表)

| 项　目 | 本期金额 |
|---|---|
| 购建固定资产、无形资产和其他长期资产所支付的现金 | 45 172 |
| 投资所支付的现金 | 528 808 |
| 支付的其他与投资活动有关的现金 | 0 |
| 　　　　投资活动现金流出小计 | 573 980 |
| 　　　投资活动产生的现金流量净额 | −204 626 |
| 三、筹资活动产生的现金流量: | |
| 吸收投资所收到的现金 | 1 600 |
| 取得借款收到的现金 | 77 000 |
| 收到的其他与筹资活动有关的现金 | 0 |
| 　　　　筹资现金流入小计 | 78 600 |
| 偿还债务所支付的现金 | 120 200 |
| 分配股利、利润或偿付利息所支付的现金 | 2 720 |
| 支付的其他与筹资活动有关的现金 | 0 |
| 　　　　筹资活动现金流出小计 | 122 920 |
| 　　　筹资活动产生的现金流量净额 | −44 320 |
| 四、汇率变动对现金及现金等价物的影响 | −1 394 |
| 五、现金及现金等价物净增加额 | 24 348 |
| 　　加:期初现金及现金等价物余额 | 304 760 |
| 六、期末现金及现金等价物余额 | 329 102 |

注:现金流量表补充资料(略)。

☞ **资料来源**

HC公司2017年度财务报告。

☞ **依据及相关法规**

《企业会计准则》(2006)。

☞ **案例思考题**

1. 请根据HC公司2017年度财务会计报告,应用比率分析法,从盈利能力、营运能力和偿债能力等三方面进行分析,并结合其他相关资料对HC公司做总体评价。

2. 你认为在应用比率分析法对公司进行评价分析时存在哪些问题?

☞ **讨论与分析**

1. 采用比率分析法分析如下:

(1) 关于HC公司盈利能力分析,如表4所示。

首先从不同层次利润占销售收入比重来看,公司毛利率为12.54%,生产环节的盈利水平不高,说明彩电行业已到了饱和、成熟阶段;公司销售净利润率为0.93%,说明公司整体业务经营环节盈利较弱。其次从资产投入的角度看,尽管总资产和归属于母公司净资产分别

| 表 4 | HC 公司 2017 年有关盈利能力指标 | | | |
|---|---|---|---|---|
| 盈利能力指标 | 销售毛利率 | 销售净利润率 | 总资产报酬率 | 净资产收益率 |
| 比　值 | 12.54% | 0.93% | 0.50% | 0.70% |

增加了 292 654 万元和 17 840 万元,但总资产报酬率为 0.50%,净资产收益率仅为 0.70%,表明投入资产并未获得更多盈利。结合 HC 公司 2017 年度年报相关数据,我们发现导致盈利能力下降的主要原因是由于主营业务收入大幅下滑,减少 238 518 万元,同比下降 11.14%,营业利润减少 35 792 万元,同比下降 55.16%,利润总额和归属于母公司净利润分别下降 33.69% 和 23.64%。进一步考察,随着家电行业竞争加剧,公司彩电等主要产品销售价格不断降低,盈利空间再度缩小;而彩电市场饱和,销售量下降,也使得主营业务收入减少,利润下降。可见,虽然公司目前还保持微利,但未来盈利能力已不容乐观。

(2) 关于 HC 公司营运能力分析,如表 5 所示。

| 表 5 | HC 公司 2017 年有关营运能力指标 | | | |
|---|---|---|---|---|
| 营运能力指标 | 存货周转率<br>(次数) | 应收账款周转率<br>(次数) | 流动资产周转率<br>(次数) | 总资产周转率<br>(次数) |
| 比　值 | 1.34 | 4.05 | 0.71 | 0.56 |

营运能力是盈利能力的重要保证,资产运营的直接作用应该带来收入和利润。其常用的指标是周转率,周转越快,获取收入和利润的周期就越短,经营效率就越高,营运能力就越强。HC 公司该年存货周转率为 1.34 次,周转次数较低,本期存货为 1 188 260 万元,其中原材料 224 296 万元,库存商品 971 636 万元,说明原材料投入生产的效率低,库存商品转化为销售收入的效率也低,存货占用资金过大;公司 2017 年应收账款大幅增加了 212 266 万元,同比增长 58.27%,主要可能是由于本期出口采用信用证结算,信用证尚未到期,以及公司改变营销政策,加大信用销售力度所致;另外,其他应收款大幅增加 141 982 万元,同比增长 92.42%,主要可能是借给 HC 集团内部的款项;预付账款增加 15 934 万元,同比增长 174.18%,主要原因可能是本年进口原材料预付的款项,从而降低了应收账款周转率和流动资产周转率,使得流动资产(包括存货、应收账款)营运效率降低。HC 公司近年来固定资产投资较多,也会影响总资产周转率,当然从长远来看其项目投资有利于公司形成新的利润增长点。因此从公司经营结果来看,公司资产营运效率有待进一步提高,一方面要加快应收账款的回笼,制定更有效的信用政策;另一方面要开拓国际市场,扩大销售,减少存货。

(3) 关于 HC 公司偿债能力分析,如表 6 所示。

| 表 6 | HC 公司有关短期偿债能力指标 | | | |
|---|---|---|---|---|
| 短期偿债能力指标 | 流动比率 | 速动比率 | 现金比率 | 经营活动现金流量比率 |
| 比　值 | 2.92 | 1.70 | 0.56 | 0.28 |

HC 公司的流动比率、现金比率和速动比率都高于经验值很多,但经营活动现金流量比

率却很低,说明公司流动资产中应收账款、存货等不能立即变现的资产所占比例很大。虽然这些比率越高,流动负债偿还越有保障,但也可能意味着公司流动资产没有得到更有效的运用和配置,资金营运效率降低,进一步影响公司营运能力和盈利能力,不过公司短期偿债能力还是很强的,如表7所示。

表7                   HC公司有关长期偿债能力指标

| 长期偿债能力指标 | 资产负债率 | 产权比率 | 利息保障倍数 |
|---|---|---|---|
| 比 值 | 28% | 0.38 | 0.43 |

HC公司的资产负债率很低,仅为28%,公司资金来源主要是股东投入的资本;债权对股权的比率为0.38倍,股东权益资本对债权资本的保障程度很高;尽管资产负债率和产权比率都很低,但利息保障倍数并不高,说明公司通过盈利用于偿还长期负债的能力不够强。总体上,HC公司长期负债的偿还目前不会出现问题,其偿还能力还是不错的,但这主要是过低的资产负债率所致。从长远来看,由于公司筹资渠道单一(主要是股东投入资本),资本结构不尽合理,融资策略太过保守,未能合理利用财务杠杆,发挥负债的杠杆作用,也未能借此提高股东资本的运作效率以获取更多利润、增强长期负债偿还能力。

(4)综合HC公司盈利能力、营运能力和偿债能力分析,我们认为,面对家电行业的激烈竞争,国外知名品牌的涌入,国内家电市场更趋严峻,HC公司收入下降,利润减少,虽有微利,但盈利能力却迅速降低。由于存货大量积压,应收账款急剧增加,存货周转率和应收账款周转率降低,资产营运效率不佳,通过资产营运获取利润的能力不强。尽管HC公司短期和长期偿债能力目前还不错,但主要还是因为资产负债率较低,其财务政策过于保守,虽降低了财务风险,但也减少了利用财务杠杆获取更多利润的能力。为了扭转不利局面,公司应把握经济全球化的有利机遇,加快推进全球化战略,扩大海外营销,积极开辟欧洲市场;努力整合全球资源,优化产业与产品结构,走产业高值化路线,一方面,强化拳头产品(彩电等)技术创新,保持彩电在技术和市场领先地位;另一方面,要寻求公司新的经济增长点,如进入IT行业等领域;优化资本结构,加强资本运作,提高资产管理效率和资产营运能力,多方位地增强公司盈利能力。

2. 实际上,直接根据上述报表运用比率分析法,对企业进行较为全面的财务分析难度是较大的。第一,我们仅仅计算了企业当年的有关比率,没有掌握HC公司过去两三年乃至更多年的相关比率,无法进行更多的纵向比较,因此,对公司有关财务比率变动的情况难以把握,趋势分析不够全面。第二,我们没有有关行业同类企业的可比性比率资料,无法进行企业间的横向比较,难以确定比率的标准水平。第三,比率分析也有着其固有的缺陷。例如,仅能对历史的数据进行分析,仅能对财务信息进行分析,而某些非财务信息和现时价值或将来的一些数据对企业的决策分析有时是非常重要的。但是,我们仍可以利用所提供的会计数据,通过比率分析对HC公司2017年度的盈利能力、营运能力和偿债能力进行相关分析,对2017年度公司的财务状况、经营成果作出有价值的判断。

☞ **参考文献**

1. 中国注册会计师协会:《财务成本管理》,中国财政经济出版社2019年版。

2. 王璞:《财务管理咨询实务》,中信出版社 2004 年版。

3. 张维宾:《中级财务会计学》(第六版),立信会计出版社 2018 年版。

## 第二节 从现金流量表剖析企业利润的"含金量"

在商品经济条件下,企业经营的目的,说到底就是追求企业利润的最大化。因此,在这个目标的驱使下,长期以来,"利润"自然而然地被作为衡量企业经营业绩最为重要的财务指标。但是,随着经济环境中不确定因素的日益增多和复杂化,企业的现金流量信息愈来愈受到会计信息使用者的重视。人们从大量的现实情况中,逐渐认识到现金犹如企业的血液,一个企业必须具备再生(创造)足够现金的能力,并保持现金合理、顺畅地流动,才能延续其生命,否则极有可能导致其破产清算而终止生命。所以,仅仅依靠利润这一指标来评价企业的经营业绩有失偏颇。利润如果没有足够的现金流量作支撑,巨额利润只不过是一种"纸上富贵"。

现金流量表是反映企业一定期间现金流入与流出情况的会计报表。它是从现金的流入和流出两个方面,揭示企业一定期间经营活动、投资活动和筹资活动所产生的现金流量,说明企业现金流入和流出的原因;它有助于会计信息使用者了解和评价企业的支付能力、偿债能力和获取现金的能力,还有助于预测企业未来现金流量的趋势。特别要指出的是,现金流量表是建立在业已实现的现金流动基础之上的,因此,在评价企业收益质量,剖析企业利润的"含金量"方面具有不可替代的作用。美国财务会计准则 1978 年颁布的第一辑《财务会计概念公告》中指出,企业编制财务会计报告的目的是为现在的、潜在的投资者、债权人以及其他用户提供信息,所提供的信息有助于他们估量有关企业期望的净现金流入量的数额、时间和或然性。由此可见,现金流量是评价企业变现能力和偿债能力的关键,也是鉴定会计利润质量的核心内容。

### YGX 公司打造的"金"利润

☞ **案例介绍**

YGX 实业股份有限公司(简称 YGX 公司)是一家以中药材的种植加工和葡萄种植、酿酒为主的企业。20 世纪 90 年代末,YGX 公司开发了利用超临界二氧化碳萃取技术对农副产品进行精深加工业务,使经营业绩迅速得到了提升,一时间公司被笼罩在炫目的"高科技生物技术"的光环下。该公司在 2000 年再创"奇迹",年度财务报告披露,全年实现净利润 4.18 亿元,比上年增加 2.9 亿元,增长 226.56%。在总股本扩张 1 倍的情况下,每股收益达到 0.827 元,比上年增长超过 60%。YGX 公司这一令人咋舌的飞跃,即刻在证券市场上引起了极大的震动并被高度关注。以下是从该公司年度财务报告和相关附注信息中摘取的有关资料,如表 1 和表 2 所示。

表1            **YGX公司2000年度利润表的部分数据及相关财务指标**

| 项　目 | 2000年 | 1999年 | 2000年比1999年增加或减少 | |
|---|---|---|---|---|
| 主营业务收入(亿元) | 9.09 | 3.84 | 5.25 | 136.72% |
| 主营业务利润(亿元) | 5.78 | 1.79 | 3.99 | 223% |
| 净利润(亿元) | 4.18 | 1.28 | 2.9 | 226.56% |
| 每股收益(元) | 0.827 | 0.51 | 0.317 | 62.12% |
| 净资产收益率 | 34.56% | 13.56% | | 154.87% |

表2            **YGX公司2000年年末资产负债表部分数据**

| 项　目 | 2000年年末 | 2000年年末比1999年年末增加或减少 | |
|---|---|---|---|
| 应收账款(亿元) | 5.44 | 2.79 | 105.28% |
| 货币资金(亿元) | 5.55 | 2.27① | 69.39%② |
| 短期借款(亿元) | 9.31 | 5.86 | 169.86% |

注①:来自经营活动的现金净流量额为1.24亿元(经营活动产生的现金净流量与营业利润的比值为0.277),来自筹资活动的现金净流量额为3.45亿元,投资活动现金流量额为一2.56亿元,因汇率变动对现金影响的增加额为0.14亿元。其中:现金流入中借款7.85亿元;交纳的增值税额为52 602.31元。

②:主要原因为公司本年度的销售增加,且回笼现金较多,其中:工业企业性销售收入8.27亿元。

公司2000年年末应交增值税余额为负数,原因为产品外销退税,但未作详细披露。

☞ **案例背景**

YGX公司于1993年8月成立,1994年6月17日在深圳证券交易所上市,曾一度被誉为蓝筹股的代表。2001年8月,该公司财务造假被揭露,该事件被称为2001年中国证券市场最大的报表欺诈案。2002年4月22日,中国证监会对YGX公司作出了行政处罚决定。同年5月29日,YGX公司被暂停上市,在暂停上市近4个月后,于2002年9月14日复牌。

☞ **资料来源**

YGX公司2000年度财务报告。

☞ **依据及相关法规**

《企业会计准则——现金流量表》。

☞ **案例思考题**

1. 你认为该公司应收账款与收入同比例增长的现象,可能隐含的事实是什么?

2. 为核实该公司收入的可信度,你认为审计人员应加强哪些方面的审查验证工作? 特别是对有出口业务的企业。

3. 该公司2000年度大幅增长的货币资金主要来自哪个方面? 该公司2000年度的现金流量状况对以后期间的现金流量会产生什么影响?

☞ **分析与讨论**

1. 应收账款与主营收入同步增长隐含的事实。

YGX公司2000年年末应收账款的金额占当年主营业务收入的59.85%,且应收账款与主营业务收入保持了大体一致的快速增长幅度。公司2000年年末应收账款和货币资金的合计比上年同期增加 5.06 亿元,而短期借款也比上年增加了 5.86 亿元。

一个运转正常、健康的企业,它的收入(或利润)增长应当与现金流量之间存在正向变动关系。但从 YGX 公司的情况来看,收入(或利润)的增长与现金流量之间存在较为严重的脱节,收入(或利润)的高速膨胀没有伴随着收益质量的改善,而是伴随着应收账款大幅度的增长,那么,至少说明该公司在销售政策等方面出现了严重问题,从而使得应收账款回收速度较慢。此外,YGX 公司应收账款与收入几乎同比例增长,其背后也可能隐含着利用应收账款虚构销售收入、调节利润的事实。同时,需要关注的是,YGX 公司不仅应收账款大幅度增长,短期借款也相应大幅度增长,这一迹象也有可能表明该公司试图以其他渠道流入企业的现金来冒顶销售所流入企业的现金,以达到包装销售业务的目的。因此,要透过巨额现金的表象来查明其销售及销售回笼现金的真实情况。

2. 关注令人生疑的增值税税额。

YGX 公司 2000 年年末应交增值税余额为负数,而在公司的现金流量表中可以看到 2000 年度实际交纳的增值税额仅为 52 602.31 元,与公司当年高达 8.27 亿元的工业企业性销售收入极不匹配。如果是因产品外销退税,实际退税情况也应得到重点的特别披露,但在年报中未见有令人信服的详细的披露。

企业销售收入的实现总是伴随着物资的运动,所以为核实 YGX 公司销售收入的可信度,不仅要关注其现金流动的情况,还要关注其物资的流动是否有异常。为了获得真实可靠的销售证据,审计人员应做好对该公司销售发票、货物出库单等凭证与有关账簿记录的核对检查工作。鉴于销售发票和货物出库单都是企业自制的原始凭证,易于造假,因此,还应追查该公司由外部取得的货物发运凭证。对于该公司出口业务部分还应追查报关单,必要时还可以通过查验出口退税凭证等,以查明销售的实际情况。

3. 关于货币资金增加的解释难圆其说。

YGX 公司在会计报表附注中对公司 2000 年年末货币资金比上年同期增加 2.27 亿元,增加 69.39% 的原因,解释为"公司本年度的销售增加,且回笼现金较多所致。"而公司的现金流量表中显示 2000 年现金流量净增加额为 2.27 亿元,其构成:来自经营活动的现金净流量额为 1.24 亿元(经营活动产生的现金净流量与营业利润的比值为 0.277),来自筹资活动的现金净流量额为 3.45 亿元,投资活动现金净流量额为 -2.56 亿元,因汇率变动对现金影响的增加额为 0.14 亿元。特别引人注目的是,现金流入中借款高达 7.85 亿元,显然该年度大幅增长的货币资金主要来自借款这一筹资渠道。作为持续经营的企业,该公司前期大量的借款必然要求后续期间要有足够的现金予以偿还,因此会给后续期间带来较大的还款压力,甚至带来较大的财务风险。

☞ **参考文献**

京证杨凡:《会计报表看银广夏造假问题》,《证券日报》,2001 年 8 月 10 日。

## 第三节 合并报表范围对合并报表的影响

为了能公允地反映整个集团的财务状况和经营成果,母公司必须编制合并财务报表。

同时,由于证券市场的逐渐成熟,合并报表拥有了更多的使用者,它披露的会计信息在证券市场中也起到了至关重要的作用。因此,合并报表的编制及披露已成为会计行业中的一项重要课题和任务。企业集团只有通过编制规范、合理的合并报表,才能为企业股东、管理层、债权人等报表使用者提供有用的会计信息,供他们准确地分析和决策。

但是,近年来部分上市公司为了实现预期利润或改善合并报表的结构与分析指标,纷纷在合并报表上做文章。从目前来看,上市公司主要通过以下方式来调节利润,粉饰报表。

(1) 收购股权只为并入利润。一些上市公司无良好的主营业务导致连年亏损,为了解决这一问题,上市公司花钱去购买业绩良好的公司股权。投资购买业绩良好的公司股权原本无可厚非,但现在许多上市公司跨行业进行投资,去经营自己不熟悉的行业,甚至在大比例购买了其他公司股权后,却根本无法对其进行控制管理,而收购股权只是为了能有利润支撑整个上市公司的业绩。2005 年 3 月 21 日,上市公司合金投资发布公告称:南京二机床有限责任公司(简称二机床)由合金投资与南京机电产业(集团)有限公司(简称南京机电)合资组建,合金投资持有其 76% 的股权,南京机电持有其 24% 的股权,现南京机电以合金投资关联企业占用二机床资金为由,阻挠合金投资聘请的审计机构对二机床进行年度财务审计。合金投资对二机床投资额为 8 512 万元,二机床对合金投资的利润贡献颇丰。合金投资 2003 年年报显示,二机床贡献的净利润为 1 596 万元,占合金投资 7 113 万元全部净利润的 22.44%,并且合金投资一直利用二机床为其关联企业进行担保,给二机床带来了很大的风险,这引起了南京机电的不满,于是就发生了"阻挠审计"这一幕。

(2) 出资未到位就并表"借利润"。有的上市公司受让股权出资并未到位,只签订了一纸协议,据此就进行合并。金荔科技 2004 年 8 月 31 日的一则"关于对公司 2003 年度报告追溯调整的提示性公告"称:因受让安徽阜阳汇鑫发展有限公司 51% 的股权,我公司 2003 年度将其纳入合并范围,实现净利润 385.82 万元。现因公司对其的股权投资款没有实际到位,安徽阜阳汇鑫发展有限公司已办理完工商变更手续,我公司不再作为其控股股东,董事会决定对公司 2003 年度报告相关财务数据进行追溯调整,并聘请会计师事务所对更正后的财务报表重新审计。"这是典型的"借利润"行为,股权转让款没有支付,办理股权变更登记后再变更转回(我们且不去探讨当年股权变更登记是否真实),这说明金荔科技根本还没有取得对该实体的实质控制权,为了业绩的需要,它就迫不及待地合并报表,现在事发了,只好追溯调整。

(3) 仅凭一纸协议将业绩优良企业并表。持股比例未超过 50%,但为了粉饰合并报表,与其他股东签订形式上的"控制管理股东会决议"或"一致行动协议",从而将业绩优良企业的报表纳入上市公司合并报表范围。

(4) 以 LP 名义规避投资项目并表。为了降低资产负债率,通过合伙平台公司进行投资,使高负债率的公司出表。2015 年 6 月 1 日,《基础设施和公用事业特许经营管理办法》正式施行,境内法人均能通过公开竞争,在一定期限和范围内参与投资、建设和运营基础设施和公用事业并获得收益(简称"PPP",Public-Private Partnership)。这些项目标的金额大,且能保持长期的稳定收益,对许多企业有非常大的吸引力,能帮助企业迅速把业务做大,抢占较多市场份额。但是,这些项目的投资金额大,通常 70% 以上资金需要银行提供配套贷款,一旦 PPP 项目公司并入报表,合并报表的资产负债率将大幅度升高,高负债率的报表对集团的融资会产生影响。此外,资产负债率也是 IPO 审核中关注的重要指标之一,又是许多央企、国企考核中的重要指标。为了能规避合并,许多公司以 LP 有限合伙人的名义进行投资,以不参与具体经营,只享有固定分配的理由,不将被投资公司纳入合并报表范围。

(5)通过托管协议将亏损子公司关在合并报表门外。当子公司出现亏损时,通过与名义上的非关联方签订托管协议,不再承担子公司的亏损额,或找出种种理由申辩未对其控制而不纳入合并报表范围。

综上所述,合并报表范围的确定对合并报表的公允反映至关重要,但实务中还是存在种种不合理的现象,需进一步加强规范和监管。对一家企业是否纳入合并报表范围需看能否对其实施控制,而对控制的判断,要实质重于形式。

## 四家股东联合反对 B 公司合并 A 公司报表说明什么

☞ **案例介绍**

1. B 公司有关合并报表范围的公告。

2017 年 6 月 25 日,B 公司刊登公告,就有关媒体"B 公司被指财务造假"一文做出澄清。公告称:A 公司系 C 公司(C 公司为 B 的控股子公司)的子公司,C 公司拥有 A 公司 42.05% 股权,为其第一大股东,同时 A 公司董事长由 C 公司委派,总经理、副总经理、财务负责人等高管人员亦由 C 公司推荐和委派,其他股东未对 A 公司的经营进行干预。2016 年 8 月 20 日,A 公司召开三届董事会第九次会议,做出决议:"同意 A 公司列入 C 公司合并财务报表范围",C 公司根据《企业会计准则》及相关规定对财务合并范围事项做出职业判断将 A 公司纳入合并报表范围,同时公司报表经有证券从业资格的会计师事务所审计,经审计本公司合并报表所反映的 2016 年度财务数据是完整、真实、准确的,并不存在财务造假之说。

2. A 公司的股本结构(截至 2018 年 6 月 30 日)。

A 公司由 C 公司(持有 42.05% 的股权)、J 公司(持有 28.60% 的股权)、K 公司(持有 23.78% 的股权)、E 公司(持有 3.57% 的股权)、F 公司(持有 2% 的股权)于 2004 年共同投资设立。

3. A 公司其余四家股东的声明。

2016 年 12 月 4 日,A 公司四家股东(J 公司、K 公司、E 公司、F 公司)致信 B 公司和 C 公司,声明:"我们四方股东认为 B 公司关于合并报表的公告无任何事实和法律依据,涉嫌财务造假,是严重的违法行为。关于 2016 年 8 月 20 日签订的《A 公司股东各方关于 C 公司并表问题的内部协议》及董事会决议,我们认为,是在 C 公司隐瞒事实和对我们四方股东实施欺诈的情况下签署的,现郑重声明撤销该协议。"

4. A 公司其余四家股东反对 B 公司合并 A 公司的起因。

2016 年 9 月 30 日,D 公司委托某香港公司在香港收购了某集团所属的 K 公司和江苏某集团所属的 J 公司。10 月 2 日,K 公司在香港媒体发布公告,宣布股权转让。10 月 11 日,J 公司和 K 公司在 A 公司的两位董事将此事以传真形式致函 C 公司董事长,并建议尽快召开董事会,完成董事变更和其他交接事宜(J公司持有A公司28.60%的股权,K公司持有A公司23.78%的股权,D公司间接持有A公司52.38%股权),但C公司拒绝召开董事会,从而引起了股东间的争议。

5. A公司其余四家股东反对C公司合并A公司的依据。

四家股东称:C公司持有A公司42.05%股份,未到达50%投资比例,C公司在A公司8席董事中占3席,并未对A公司拥有实质控制权。

6. B公司有关A公司纳入合并报表范围的实际情况。A公司四家股东反对B公司2015年将A公司纳入合并报表范围,但B公司2016年、2017年、2018年继续将A公司纳入合并报表范围。

☞ **案例背景**

1. B公司于2004年12月上市,经营范围为经营中成药,化学原料药及制剂,抗生素,生化药品,保健食品,化妆品,精细化工产品,医疗器械及相关领域的技术开发、技术转让、技术咨询及技术服务。

2. 2014年年末,B公司收购C公司91.5%股份,由于C公司持有A公司42.05%股权且为第一大股东,B公司继控股C公司以后,间接成为A公司的最大股东。

3. A公司注册资本2 606万美元,固定资产5.3亿元人民币,主要从事维C及其系列产品,其中维C年生产能力1.4万吨,居世界前列,2015年销售额占国际市场的14%,是世界范围内的主要维C制造供应商之一。

4. D公司下属子公司I是一家在深圳上市的股份有限公司,此次收购行为实为I股份有限公司委托D公司进行的。

5. B公司合并与不合并A公司财务报表的有关数据比较,如表1所示。

表1　　　　　　　　合并与否A公司财务报表对有关数据的影响　　　　　　单位:万元

| 项　目 | 合并A公司 | | | 不合并A公司 | | |
|---|---|---|---|---|---|---|
| | 2015年 | 2016年 | 2017年 | 2015年 | 2016年 | 2017年 |
| 营业收入 | 61 377 | 88 798 | 121 688 | 26 227 | 48 559 | 47 019 |
| 归属于母公司的净利润 | 1 747 | 2 026 | 4 725 | 1 747 | 2 026 | 4 725 |
| 总资产 | 124 377 | 137 464 | 150 455 | 76 432 | 91 091 | 100 729 |
| 归属于母公司的所有者权益 | 14 012 | 16 690 | 21 339 | 14 012 | 16 690 | 21 339 |
| 每股收益(元) | 0.19 | 0.22 | 0.36 | 0.19 | 0.22 | 0.36 |
| 每股净资产(元) | 1.58 | 1.79 | 1.64 | 1.58 | 1.79 | 1.64 |

注:资料来源于B公司2017年度报告。

☞ **依据及相关法规**

1.《公司法》。

2.《企业会计准则第33号——合并财务报表》(2014年修订)。

☞ **案例思考题**

1. B公司是否合并A公司,对B公司的净利润及合并会计报表结构将产生怎样重大影响？

2. B公司是否对 A 公司有重大控制，B 公司能否将 A 公司纳入合并报表范围？

☞ **讨论与分析**

1. "A 公司事件"发生后，许多调查员纷纷发表评论说 A 公司 2014 年为 B 公司贡献了近一半净利润，如 B 公司此次股权之争失败，那么 B 公司的净利润将大幅度下降。那么 B 公司是否合并 A 公司究竟会对 B 公司财务数据产生怎样影响呢？

我们看到，对于 B 公司 2015 年、2016 年、2017 年归属于母公司的净利润、归属于母公司的所有者权益、每股收益、每股净资产四项指标而言，是否将 A 公司纳入合并报表其结果并没有什么不同。因为 A 公司各年净利润额均按投资比例计入 B 公司利润，合并报表只不过将投资收益还原为经营利润各有关项目的金额，并不影响归属于母公司的净利润、归属于母公司的所有者权益、每股收益、每股净资产的指标值。

但是 A 公司纳入合并报表与否会对合并报表结构产生重大影响。从上述指标来看，合并 A 公司使 B 公司合并报表 3 年营业收入分别提高了 35 150 万元、40 239 万元、74 669 万元，增加比例为 134%、83%、159%，而合并后的资产总额也分别增加了 47 945 万元、46 373 万元、49 726 万元。企业净利润的高低对投资者、债务人来说的确很重要，但是一家企业资产规模、收入大小对外部人员来说同样也提供了重要信息。收入指标、资产规模是企业增发股票的重要指标，而银行贷款给企业，收入与资产规模也是银行考虑的重要内容，一家集团公司如果资产雄厚，销售规模较大，那么其在对外洽谈业务、资本运作方面就会有较大优势，这些都会给企业带来许多益处，这些也可能是 B 公司坚持要求合并 A 公司的重要原因吧。

可见，企业合并报表范围的大小直接影响到企业合并报表的结构及经营规模，对企业合并报表范围的判断是否正确影响企业年报披露的客观性。

2. 分析 B 公司能否控制 A 公司，以 2016 年 10 月为界分两个阶段讨论。

(1) 在 2016 年 10 月之前，B 公司能否控制 A 公司有待商榷。控制的定义包含三项基本要素：一是投资方拥有对被投资方的权力，二是因参与被投资方的相关活动而享有可变回报，三是有能力运用对被投资方的权力影响其回报金额。B 公司虽然通过 C 公司间接持有 A 公司最多的表决权股份，但仅为 42.05%，未过半数，表决权比例不足以主导 A 公司相关活动。我们应将其持有的表决权与相关事实及情况相结合进行综合考虑，以判断 B 公司是否拥有对 A 公司的权力。

第一，A 公司其他股东持有表决权的分散程度。A 公司共有 5 位股东，其中 J 公司、K 公司分别持有股份 28.60%、23.78%，这两家股东合计超过了 50%。只要这两家股东联合，就可能否决大股东的提议。有人认为，K 公司与 J 公司当时都属于不同集团的子公司，而且这两家公司都是纯粹的投资公司，这两家公司联合起来否决大股东提议的可能性较小。我们认为，在大股东股权比例未过 50% 时，其他股东的表决权份额越分散，为否决大股东意见而需要联合的其他股东数量越多，大股东能够主导被投资方相关活动的可能性越大；反之，其他股东的表决权份额越集中，为否决大股东意见而需要联合的其他股东数量越少，大股东能够主导被投资方相关活动的可能性越小。A 公司大股东以外的其他股东所拥有的表决权相当集中,虽然J公司和K公司不属于同一个集团,但一点也不妨碍一旦大股东的提议影响他们自身利益时,两家公司很容易采取一致行动,使大股东无法主导A公司的相关活动。

第二,有无合同或协议安排产生的权力。2016年8月,B公司通过A公司董事会的内部协议,获得了其他股东的认可,同意B公司将A公司纳入合并报表范围,虽然该协议未就控制做出直接的规定与描述,但同意B公司将A公司纳入合并报表范围,是一种对控制的默认行为吗?我们认为,董事会通过的同意B公司将A公司纳入合并报表范围的协议,并不代表赋予B公司拥有主导A公司董事会对相关活动的决策。更何况J公司和K公司的董事不一定是会计方面的专家,一开始不一定明白合并报表与控制之间的联系,后来不是其余股东全部联合起来反对B公司将A公司纳入合并报表范围了吗。

第三,其他事实或情况。根据上述因素尚不足以判断B公司是否控制A公司,则应综合考虑B公司享有的权利、A公司以往表决权行使情况及其他事实或情况进行判断。有人认为,A公司的董事长、总经理、财务经理等均由B公司委派,经营决策可能更加偏向于B公司所希望的方面,而在2016年以前J公司和K公司也没有对A公司的经营进行干预,事实证明B公司能够主导A公司的相关活动。我们认为,这很可能是因为未曾发生利益冲突。C公司在A公司8名董事中仅占3名,一旦发生利益冲突,只要这两家公司联合,就可以反对B公司通过C公司提出的议案,以左右A公司董事会的决议,因而影响B公司不能出于自身利益决定或否决A公司的重大交易,不能单方面主导A公司的董事会决策和相关活动。虽然当时A公司的董事长、总经理、财务经理等都是B公司委派的,但董事会并没有形成授权C公司聘任董事会多数成员及关键管理人员的决议,只要J公司与K公司联合起来,就可以通过股东大会对相关人员进行改选。

如果A公司的董事会、股东大会的决策表决机制或其他合同安排能让B公司通过C公司单方面主导A公司的董事会决策和相关活动,因参与A公司的相关活动而享有可变回报,并且有能力运用对A公司的权力影响其回报金额,则可以判断B公司能够控制A公司。但根据本案例所披露的内容,缺乏A公司董事会、股东大会的决策表决机制或其他合同安排等更多信息,所以判断B公司在2016年10月之前能够对A公司实施控制的依据还不够充分。

(2) 2016年10月及以后,B公司明显不能对A公司实施控制。因为D公司在2016年9月30日收购了J公司和K公司。D公司的动机非常清楚,就是要通过控制J公司和K公司实现间接控制A公司。此时A公司的董事长、总经理、财务经理即使尚未更换,但D公司实际上已控制了A公司50%以上表决权股份,股东大会是企业最高的权力机构,只要再次召开股东大会以及董事会,D公司完全可能调整A公司的人事安排。根据《公司法》第三十九条,代表1/10以上表决权的股东,1/3以上的董事,就能提议并且召开临时会议,根据第三十七条,股东会能改选董事和监事;根据《公司法》第四十六条,董事会决定聘任或者解聘公司经理及其报酬事项,并根据经理的提名决定聘任或者解聘公司副经理、财务负责人及其报酬事项。通常经半数以上表决权的股东通过即可改选董事会,故D公司可以通过召开股东会以及董事会,利用其间接控制的52.38%的股权比例,改选董事会,从而改选董事长、总经理、财务经理。这从D公司2016年10月份控制J公司和K公司后,12月J公司和K公司就与E公司、F公司联合起来反对B公司合并A公司报表,足以说明B公司控制不了A公司。因此,2016 年、2017 年 B 公司将 A 公司纳入合并报表范围显然是错误的。

☞ **参考文献**

1. 张子昂:《股权结构对公司控制权的影响——基于万科股权之争案例的研究》,《现代商业》,2016 年第 17 期。

2. 娄小宇:《上市公司如何应对敌意收购——从宝能万科股权之争案例分析》,《统计与管理》,2017 年第 7 期。

## 第四节  委托、受托经营业务中对合并报表范围的判断

按照现行会计准则,合并财务报表的合并范围应当以控制为基础加以确定。然而,实务中往往也存在控制权不太明确而需要综合考虑的情况。因此,在具体应用控制标准确定合并范围时,应当着重强调实质重于形式,综合考虑所有相关因素进行判断。委托经营业务就属于这样一种需要依据实质重于形式原则进行分析判断是否存在控制关系,是否需要进行合并处理的情形。

所谓委托经营业务,是指受托人接受委托人的委托,根据合同的规定对委托方的业务进行管理并获取相应收益的行为。从法律形式上看,受托方并未对所涉及的业务进行收购,所有权没有发生转移,但在有些情况下,根据委托受托协议,已经由受托方对相关业务形成实质性控制,按规定该业务不再由委托方对其进行合并处理,而应该纳入受托方的合并报表。例如,甲公司受托行使乙公司 51% 的股东权利,全面并长期负责被托管方的投资、融资、经营等重大事项,在乙公司的董事会中拥有多数表决权,而且享有 51% 的收益权,甲公司虽然只是受托人而不是股东,但其享有几乎与股东相同的权利,在这种情况下,可以认为甲公司能够控制乙公司,应该将乙公司纳入甲公司的合并范围。

近年来,委托经营这种业务模式被使用的频率越来越高。根据 WIND 数据统计,2010年之前,全部 A 股上市公司每年发生该类业务不超过 5 起,2010 年之后该类业务逐年增加,2015 年超过 10 起,2018 年达到 20 起。随着该类业务的频现,在委托经营模式下应该由谁对受托标的进行合并这一会计问题引起了业界的关注。由于委托经营业务合同约定的灵活性,控制权的归属往往不好判断,从而导致实务中公司及审计师在判断相关业务对合并报表范围的影响时,存在对会计准则理解和执行不一致的情况。对于该问题,我们只能按照控制的定义,紧紧围绕控制的三要素,逐条分析和判断。

此外,我们在研究中发现,企业间签订委托受托经营协议的目的各异,有的具有商业实质,以最终并购为目的的最为常见,委托经营只是一个过渡阶段或是相互考察阶段,该类交易往往发生在非关联方之间,如 2014 年德美化工受托经营中炜化工和丰原药业受托经营普什制药;有的不具有商业实质,而以调节利润、美化报表为目的,该类交易多发生在关联方之间,如 2015 年 *ST 中昌受托经营佛山三盛兰亭和 2017 年五金制品受托经营五矿浦东。前者无可厚非,而后者却有些令人担忧:随着《企业会计准则第 33 号——合并财务报表》(2014修订)的发布,通过构造委托经营协议,实现对受托标的并表或出表操作,可能成为部分上市公司操纵利润的一种新的手段,这点应该引起监管机构和准则制定机构的关注。

 案例分析

## FY 药业能否将受托经营的 PS 制药纳入合并报表范围

☞ **案例介绍**

1. 以合并为目的的委托受托交易。

2014 年 3 月 14 日,FY 药业召开第六届十次(临时)董事会,审议通过关于公司向 PS 集团发行股份购买其所持有的成都 PS 制药有限公司(以下简称 PS 制药)100％股权并募集配套资金的相关议案。同时,为保证收购标的在交易审批实施阶段得到专业化的管理和稳定持续的生产经营,FY 药业与 PS 集团签订了《委托经营管理合同》。委托期限为 2014 年 3 月 15 日起至 2015 年 2 月 28 日止,若在上述委托经营期限内,PS 制药的 100％股权变更至 FY 药业名下,则《委托经营管理协议》自动终止。

2015 年 1 月 26 日,经中国证券监督管理委员会(以下简称"中国证监会")上市公司并购重组委员会 2015 年第 8 次工作会议审核,FY 药业发行股份购买资产并配套募集资金的重大资产重组事项未获得通过。

2015 年 3 月 31 日,FY 药业召开第六届二十一次(临时)董事会会议,审议通过了《关于继续推进公司发行股份购买资产并募集配套资金事项的议案》等议案。公司董事会决定继续推进本次发行股份购买资产并募集资金事项,并同意原方案不做重大调整。同日,与 PS 制药签署《委托经营管理合同之补充协议》,将原委托经营管理期限延长 1 年,即委托经营管理到期日延长至 2016 年 2 月 28 日。

2016 年 4 月 6 日,双方再次签订了《委托经营管理合同之补充协议二》,再次将委托经营管理到期日延长至 2017 年 2 月 28 日。同日,与 PS 制药签订协议,以发行股份的方式收购 PS 集团持有的 PS 制药 85％的股权。

2016 年 9 月 2 日,FY 药业公告终止收购 PS 制药的股权,原因是 PS 制药的经营状况短期内不能达到有利于增强上市公司盈利能力的目的。《委托经营管理合同之补充协议二》到期后双方未继续签订新的委托经营协议。

2. 委托受托协议主要内容。

双方前后共 3 次签订委托受托协议,除托管期限不同外,其他条款都是一致的。主要涉及以下内容:

(1) 委托方同意将 PS 制药的生产经营管理权委托给受托方,受托方接受委托后应依法经营。PS 制药的经营范围和产品方向,应符合其经营的特点、发展规划和公司章程的规定。

(2) 委托期间如果 PS 制药取得收益,则收益由委托方作为委托经营报酬支付给受托方;如果 PS 制药出现亏损,受托方应以现金向委托方足额补偿,受托方不再收取委托经营报酬。若由于委托方原因导致委托经营期间,PS 制药的 100％股权未变更至受托方名下,则受托方已经承担的 PS 制药经营费用(除固定资产折旧、无形资产摊销、房产税、土地使用税以外)委托方应予以返还。

若由于受托方原因或非委托方原因导致 PS 集团持有的 PS 制药 100％的股权未变更至

受托方名下,受托方已支付的 PS 制药经营费用(除固定资产折旧、无形资产摊销、房产税、土地使用税以外)委托方无需返还,也不再支付委托经营报酬。

(3) 受托方权利及义务。

受托方的权利:①受托方享有对 PS 制药生产经营管理权。②受托方对 PS 制药经营管理机构有设置权。

受托方的义务:①受托人必须按照有关规定缴纳各种税、费。②受托人必须保证生产经营的厂房、设备的完整、完好,按照设备管理的有关规定,对设备进行定期维护保养。不经委托人的同意不得出售、抵押租赁资产。

(4) 委托人的权利和义务。

委托人的权利:①有权监督 PS 制药的财产不受损害。②有权监督 PS 制药的产品方向。③对 PS 制药财务有监督、审计权。④有权维护 PS 制药职工的合法权益。

委托人的义务:①根据受托人的请求,积极协助解决经营活动中的困难和问题。②应当按照合同规定保障受托人的合法权益。③确保 PS 制药资产的完整、完好(以双方交付验收为准),保证不因委托经营前的债务影响 PS 制药的正常使用。因委托经营前的债务影响 PS 制药资产的正常使用导致的损失由委托方承担。

3. 受托方取得的受托收益。

FY 药业 2014—2016 年取得的托管收益分别为−661 万元、−696 万元和−2 826 万元。

☞ **案例背景**

1. 本案例的委托方四川省宜宾 PS 集团有限公司(以下简称 PS 集团)是五粮液集团全资子集团公司,是一家拥有"大机械"和"大包装"两大产业集群,集现代化、多元化、国际化为一体的高科技企业集团。

2. 本案例的受托方安徽 FY 药业股份有限公司(以下简称 FY 药业)是 FY 集团医药板块上的上市公司,是安徽省第一家医药类上市公司,集医药研发、生产、销售于一体,属国家级高新技术企业和中国医药工业百强企业。

3. 本案例的受托标的 PS 制药成立于 2007 年,注册资本 1 000 万元,PS 集团持有其100%股权。PS 制药主要从事塑料安瓿克林霉素磷酸酯注射液的生产和销售。目前市场上的克林霉素磷酸酯相关产品主要为注射液、冻干粉针剂、片剂等品规,能够生产销售塑料安瓿产品的公司数量较少。

☞ **依据及相关法规**

《企业会计准则第 33 号——合并财务报表》(2014 年修订)。

☞ **案例思考题**

FY 药业受托经营 PS 制药,能否将 PS 制药纳入其合并报表范围? 请说明理由。

☞ **讨论与分析**

本案例属于发生在非关联方之间的以合并为目的的委托受托交易,在最终实现合并之前,先通过委托经营进行过渡。过渡期间,是否将标的公司纳入合并报表范围,应根据《企业会计准则第 33 号——合并财务报表》(2014 年修订)关于控制的定义和原则,基于标的公司权力和可变回报相关的所有事实和情况进行判断。分析判断过程如下：

（1）关于对标的公司是否拥有权力的判断。由于标的公司是持续经营的正常公司，影响该公司可变回报的相关活动一般包括企业的生产经营管理、投资管理、资产的管理与处置等。因此，在判断是否对标的公司拥有权力时，除日常生产经营管理活动相关的权利外，还应当考虑是否拥有主导对公司价值产生重大影响的其他决策事项和权利。根据协议约定，委托经营期限延长后也不超过 2 年，而且若由于委托方原因导致委托经营期间 PS 制药的100％股权未变更至受托方名下，则受托方已经承担的 PS 制药经营费用，委托方应予以返还。若由于受托方原因或非委托方原因导致 PS 集团持有的 PS 制药 100％的股权未变更至受托方名下，受托方已支付的 PS 制药经营费用，委托方无需返还，也不再支付委托经营报酬。虽然最终目的是并购，但从委托受托协议的上述规定中，可以看出交易双方对于最终的并购还有一定的选择权，双方都有退出并购的可能性，因为经营期限较短，而且退出的成本比较低。此外，FY 药业在不经 PS 制药同意的情况下，不得出售、抵押租赁资产，表明对公司价值产生重大影响的部分权力受到限制。所以，并不能认为 FY 药业对 PS 制药拥有权力。

（2）关于享有可变回报的判断。本案例中，委托经营协议约定：委托期间如果 PS 制药取得收益，则收益由委托方作为委托经营报酬支付给受托方；如果 PS 制药出现亏损，受托方应以现金向委托方足额补偿，受托方不再收取委托经营报酬。FY 药业所得的报酬与其对 PS 制药经营的好坏直接相关，属于可变回报。

（3）关于权力与可变回报关系的判断。FY 药业受托经营 PS 制药，但 FY 药业对 PS 制药不拥有权力。而且由于委托经营期限比较短，受托期间的可变回报相对于标的公司整体价值而言可能并不重大，受托方实际上并不承担标的公司价值变动的主要报酬或风险，不应认为受托方享有标的公司的"重大"可变回报。

综上所述，FY 药业并不能因受托经营而拥有主导标的公司相关活动的权力，也不享有标的公司的重大可变回报及其变动性，不应将 PS 制药纳入其合并财务报表的合并范围。

本案例给我们如下启示：

之一，本案例中，双方均有退出并购、结束托管的选择权，委托期限较短，长期保持委托关系的意愿并不强烈。因此，在判断委托受托交易中控制权是否转移到受托方时，委托方或双方是否具有长期保持委托关系的意图是需要重点考虑的因素之一。但我们也不能够仅凭时间标准就认定受托方是否享有权力。委托期限的长短只是判断双方有无长期保持委托受托关系意图的一个迹象，而非充分条件。

之二中国证监会会计部在 2017 年发布的《委托、受托经营业务中对合并报表范围的判断》文件中指出："从标的公司获得的可变回报，不仅包括分享的基于委托受托经营期间损益分配的回报，还应考虑所分享和承担的公司整体价值变动的报酬和风险。例如，有的委托经营协议中虽然约定委托期间标的公司损益的绝大比例由受托方享有或承担，但若标的公司经营状况恶化则受托方到期不再续约，这表明受托方实际上并不承担标的公司价值变动的主要报酬或风险，不应认为受托方享有标的公司的重大可变回报"。该文件对享有可变回报的认定说明，是对合并财务报表准则关于控制的判断原则所作的重要补充。强调可变回报的"重大性"，能够反映主要风险和报酬是否发生转移，更能够体现实质性控制的内涵。

☞ **参考文献**

1. 王虹：《从"控制"定义的理解审视委托受托经营交易事项》，《财务与会计》，2012(12)：30-32。

2. 杨有红，张丹：《委托经营方式下的合并财务报表编制问题》，《财会学习》，2014(09)：51-53。

3. 任芳，张晓云：《受托经营方式下企业合并会计报表合并范围探析》，《财会通讯》，2016(25)：62-64。

4. 中国证监会会计部：《委托、受托经营业务中对合并报表范围的判断》，《会计监管工作通讯》，2017年第1期。

# 第五节　整体资产置换的会计处理及合并报表问题

在我国，随着证监会逐步完善亏损上市公司暂停上市和终止上市的相关规范，一方面，各 ST 公司、*ST 公司[①]为了保住壳资源，纷纷加快了资产重组步伐，进行所谓重大资产置换；另一方面，由于上市公司往往具有通畅的融资渠道和良好的品牌效应，使得上市资格成为稀缺资源。这样，"买壳上市"重组模式是许多未上市公司实现上市目的的明智选择。各 ST 公司、*ST 公司通过出售"壳"资源，引入新的大股东，注入优质资产，拓展更有发展前景的新项目、新产品，可实现经营结构与经济效益的改观。其中，"买净壳上市"重组模式因其上市成本较低，越来越得到重组方的关注。

"买净壳上市"重组模式通常是非上市公司或企业通过购买上市公司控股股东所持有的上市公司的股权并实现控股后，再由上市公司收购非上市公司或企业拟注入的实体资产，从而将非上市公司或企业的实体资产注入上市公司。同时，原上市公司的控股公司反过来收购上市公司原主业资产，从而使原上市公司不良的或资产质量偏低的主业资产得以彻底地剥离。这种模式的本质是股权的转换以及主业资产的整体置换，一般更名后就会使原 ST 公司、*ST 公司彻底地"脱胎换骨"，焕然一新，而该非上市公司或企业也实现了上市的目的。

虽然有关部门相继出台了相关法规政策，促进了资产置换行为在交易及核算上的进一步规范，但是，这种同时变更上市公司股东、主营业务及整体资产置换的重组方式在实务操作中仍将面临诸多法律、税收、财务会计处理等方面的新问题。我们试图通过下面的案例分析对整体资产置换中所涉及的若干财务会计问题进行讨论。

案例分析

## 整体资产置换的 A 公司如何编制报表及披露信息

☞ **案例介绍**

某上市公司 A 公司控股股东发生变动，其控股股东由原国家股股东变成民营企业的法

---

① ST(特别处理)：根据 1998 年实施的股票上市规则，对财务状况或其他状况出现异常的上市公司的股票交易进行特别处理，由于"特别处理"的英文是 Special Treatment，缩写是"ST"，因此这些股票就简称为 ST 股。目前上市公司股票被实施其他风险警示的，在公司股票简称前冠以"ST"字样，以区别于其他股票；上市公司股票被实施退市风险警示的，或者上市公司股票同时被实施退市风险警示和其他风险警示的，在公司股票简称前冠以"*ST"字样，以区别于其他股票。

人股股东。并且,新股东为优化 A 公司资产,从 2018 年开始进行了一系列资产重组事项。

1. A 公司控股股东将所持 A 公司股权转让给新股东,并将 A 公司原主营业务资产(净资产为 346 488 467.24 元)整体转让给原控股股东,以现金方式结算。

2017 年 11 月 18 日,A 公司控股股东与拟入驻新股东签订了《股权转让协议》,将其持有的 165 050 600 股(占公司总股份的 66.56%)转让给新股东。

2018 年 1 月 15 日,A 公司与 A 公司原控股股东签署的《资产出售协议》,将所拥有的全部资产和负债出售给 A 公司原控股股东。根据资产评估公司出具的以 2017 年 12 月 31 日为基准日的《资产评估报告书》,上述资产的评估值为 342 565 052.10 元。该评估值作为参考,本次出售资产以 A 公司截至 2017 年 12 月 31 日经审计的净资产价值 346 488 467.24 元为交易价格。《股权转让协议》及《资产出售协议》已经交易各方股东大会审议通过。

2018 年 1 月 24 日,该股份转让获得财政部批复同意。2018 年 7 月 23 日,经中国证券监督管理委员会签发的批复批准豁免收购。豁免后该股权已于 2018 年 7 月 30 日办理过户手续,股权过户后 A 公司大股东变更,A 公司新股东已向原控股股东支付股权转让价款 346 488 467.24 元。

2018 年 11 月 14 日,A 公司收到 A 公司原控股股东所支付的购买 A 公司全部资产的款项计 346 488 467.24 元,并于 2018 年 11 月 30 日与 A 公司原控股股东办妥出售所拥有的全部资产及负债的交接手续。根据交易双方签订的《关于基准日和资产割日之间损益分担的约定》,该出售资产在 2018 年 1～11 月产生的净利润以现金方式保留在 A 公司。

2. A 公司进行重大资产重组,新股东将其下属房地产公司 B 公司 90% 股权和 C 公司 51% 股权转让给上市公司 A 公司。

2018 年 6 月,交易双方聘请评估师对上述两项股权进行评估,B 公司经评估作价为 215 136 444.62 元,C 公司经评估作价为 25 425 120.18 元。交易双方签署股权转让协议,股权转让协议经双方股东大会审议通过。2018 年 7 月,A 公司重大资产重组交易通过证监会重组委员会审批。

2018 年 11 月 18 日,A 公司支付了上述两项股权(B 公司与 C 公司),转让款共计 240 561 564.80 元,并于 2018 年 11 月 30 日办理 B 公司及 C 公司的工商变更登记手续。

2018 年 11 月 30 日,B 公司和 C 公司的董事会进行了改选,A 公司派出的董事能够主导董事会的决议。

上述事项均完成后,A 公司除保留上市公司的"壳"之外,其内涵均置换了。A 公司原控股股东与新股东还约定,上述第 1 项交易(A 公司原控股股东将持有的 A 公司股权转让给 A 公司新股东,并回购 A 公司的原主营业务资产)与第 2 项交易(A 公司受让新股东持有的 B 公司、C 公司股权)不互为条件,第 1 项交易是否成功实施不影响第 2 项交易的生效与实施。

☞ **依据及相关法规**

1.《企业会计准则第 33 号——合并财务报表》(2014 年修订)。

2.《企业会计准则第 20 号——企业合并》。

3.《企业会计准则第 2 号——长期股权投资》(2014 年修订)。

4.《企业会计准则第 31 号——现金流量表》。

5.《企业会计准则第 36 号——关联方披露》。

6.《企业会计准则讲解 2010》。

☞ **案例思考题**

1. 如何确定案例中 A 公司处置原主营业务的丧失控制权日,以及购买 B 公司、C 公司股权的购买日?

2. A 公司将本次重组交易作为非同一控制下企业合并还是反向购买处理?

3. A 公司合并财务报表对 2018 年利润如何反映?

4. A 公司原合并报表范围的累计内部利润如何处理?

5. A 公司编制合并现金流量表时,对于资产重组所涉及的现金流量如何反映?

6. A 公司与原股东的关联交易在合并报表中是否要披露?

7. A 公司原主营业务资产出售导致债权、债务转移的合法性如何? 是否会遗留或有负债给重组后经营新主营业务的上市公司?

☞ **讨论与分析**

1. 丧失控制权日及购买日的确定。

购买日的判断需遵循《企业会计准则第 20 号——企业合并》应用指南的规定,在同时满足上述应用指南中规定的以下五个条件时确认为购买日:"(一)企业合并合同或协议已获股东大会等通过。(二)企业合并事项需要经过国家有关主管部门审批的,已获得批准。(三)参与合并各方已办理了必要的财产权转移手续。(四)合并方或购买方已支付了合并价款的大部分(一般应超过 50%),并且有能力、有计划支付剩余款项。(五)合并方或购买方实际上已经控制了被合并方或被购买方的财务和经营政策,并享有相应的利益、承担相应的风险。"丧失控制权日的判断也参考上述应用指南的规定确定。

(1) A 公司处置原主营业务的丧失控制权日。在 A 公司将原主营业务资产出售给 A 公司原控股股东的交易中,A 公司在 2018 年 11 月 14 日收到了原控股股东所支付的购买 A 公司原主营业务的款项计 346 488 467.24 元。有人认为,A 公司在收到上述转让价款时,就可以终止确认对原主营业务资产,即可将该日作为丧失对原业务控制权的日期。但是,我们注意到,交易双方在 2018 年 11 月 30 日才办妥资产交接手续,应将该日作为 A 公司丧失对原业务控制权的日期,因为,截至 2018 年 11 月 14 日,本次交易仅是通过了股东大会审批,获得了国家有关主管部门批准,并支付了合并价款,仅满足了控制权转移五个条件中的三个条件,截至 2018 年 11 月 30 日,该交易才办理了必要的财产权转移手续,A 公司的原控股股东能够直接控制该些业务,才满足了控制权转移的另两个条件。

综上所述,A 公司需将 2018 年 11 月 30 日作为丧失对原业务控制权的日期。

(2) A 公司购买 B 公司、C 公司股权的购买日。在 A 公司购买 B 公司、C 公司股权的交易中,A 公司在 2018 年 11 月 18 日支付了购买上述两项股权的价款共计 240 561 564.80 元,有人认为,A 公司在支付上述股权转让价款时,就可以将 B 公司、C 公司纳入合并范围,即可将该日作为企业合并的购买日。但是,我们注意到,A 公司在 2018 年 11 月 30 日才对 B 公司、C 公司的董事会进行改选,我们认为,该日才是企业合并的购买日。因为,截至 2018 年 11 月 18 日,本次交易仅是通过了股东大会审批,获得了国家有关主管部门批准,并支付了合并价款,仅满足了控制权转移五个条件中的三个条件,截至 2018 年 11 月 30 日,该交易才办理必要的财产权转移手续,A 公司才能够通过主导 B 公司、C 公司的相关活动控制这两家公司,才满足了控制权转移的另两个条件。

综上所述,A 公司购买 B 公司、C 公司股权的购买日应确定为 2018 年 11 月 30 日。

2. 作为非同一控制下企业合并还是反向购买?

经过上述重组事项,A 公司除保留上市公司的"壳"之外,其内涵均置换,所以有观点认为,A 公司的原有业务全部被置换成了新的业务,其实是新的业务借了 A 公司的"净壳"上市,这是一项反向购买业务。但我们认为,并非所有的借壳上市交易在会计上均需作为反向购买处理,需要具体情况具体分析,本案 A 公司进行的重大资产重组属于非同一控制下企业合并交易,并非反向购买业务,理由如下:

(1) 第 1 项交易(A 公司原控股股东将持有的 A 公司股权转让给 A 公司新股东,并回购 A 公司的原主营业务资产)与第 2 项交易(A 公司受让新股东持有的 B 公司、C 公司股权)不互为条件,第 1 项交易是否成功实施不影响第 2 项交易的生效与实施。从交易双方的约定来看,A 公司未来是否实施重大资产重组并不影响其控制权转移交易的实施,新股东取得 A 公司控制权的交易与 A 公司重大资产重组交易可以视作单独的两项交易。

(2) 根据 2009 年财政部发布的《关于非上市公司购买上市公司股权实现间接上市会计处理的复函》(财会便〔2009〕17 号)的有关规定,其对反向购买交易的描述为"非上市公司以所持有的对子公司投资等资产为对价取得上市公司的控制权,构成反向购买的……"2010 年财政部在《企业会计准则讲解 2010》第二十一章"企业合并"(P324)中对"反向购买"进行了如下定义:"通过权益互换实现的企业合并,发行权益性证券的一方通常为购买方。但如果有证据表明发行权益性证券的一方,其生产经营决策在合并后被参与合并的另一方控制,则其应为被购买方,参与合并的另一方为购买方。该类合并通常称为反向购买",可见,反向购买中上市公司的控制权转移实际是发生在权益互换交易中的,此类交易中,非上市公司通常以所持有的对子公司投资等资产为对价取得上市公司控制权,而上市公司通过发行权益性证券取得非上市公司对其子公司的投资。但本案新股东是通过支付现金的形式取得 A 公司控制权的,并不是通过以对子公司投资等资产取得控制权;A 公司也是通过支付现金的形式取得 B 公司、C 公司的控制权,也不是通过发行权益性证券取得其控制权。所以,该交易不符合财政部规定的反向购买的特征。

(3) 国际财务报告准则当初在制定反向购买会计处理的规定时,其考虑的反向购买案例主要体现为"小吃大"的交易,即非上市公司通过反向购买将其控制的子公司置入上市公司,其置入的业务一般会在规模上远远大于上市公司原有业务或不构成业务的资产、负债,但本案非上市公司置入资产与上市公司置出资产在规模上并无过大的差异。这也不符合通常情况下反向购买的特征。

3. A 公司合并财务报表对 2018 年利润的反映。

2018 年合并利润表中 1~11 月反映原有主业资产产生的利润,12 月反映新的主业资产产生的利润。

4. A 公司原合并报表范围的累计内部利润的处理。

由于合并财务报表内的子公司发生变化,引起合并财务报表范围的变化,A 公司原合并报表范围的累计内部利润 466 543.57 元,因是随着资产整体出售而得以实现,无需再抵销,在资产重组当年编制合并财务报表时原未实现的累计内部利润宜作为投资收益处理。理由是:这部分内部利润的实现,不是通过销售存货等营业活动直接获得的,而是通过资产整体出售、股权转让导致合并报表范围变动,才使该部分利润视同外部销售利润得以实现,所以应作为投资活动的收益处理比较恰当。

合并报表抵销分录:

借:期初未分配利润
　　贷:投资收益

5. 现金流量表编制时,对于资产重组所涉及的相关现金流量的反映。

2018 年合并现金流量表中 1～11 月反映原有主营业务资产产生的现金流量,12 月反映新的主营业务资产产生的现金流量。

A 公司将原主营业务资产整体转让给原控股股东,以现金方式结算。对该项转让所得现金扣除转出资产中现金后的净额,作为哪一项活动的现金流量反映比较合适,存在不同意见。考虑到本次资产重组是资产与负债整体转让,并以经审计的净资产价值作为交易价格,故未将有关现金流量再分解为投资活动、筹资活动等流入,应在合并现金流量表上列入"收到的其他与筹资活动有关的现金"项目。理由是:该项现金流入不属于经常性的营业活动所得,系上市公司资本运作、筹资活动带来的。

A 公司购买新股东拥有 B 公司 90%股权和 C 公司 51%股权所支付的现金,与 B 公司、C 公司带入的现金相抵后为净流出,应在合并现金流量表上列入"支付的其他与投资活动有关的现金"项目。

6. 与原股东的关联交易的披露。

遵循实质重于形式原则的要求,该上市公司实施重组当年,应根据不同时段与关联方的关系进行披露,即实施重组当年既要披露上市公司与原股东的关联交易,又要披露上市公司与新股东的关联交易。

7. 对原主营业务资产出售导致债权、债务转移的合法性及对有关风险的关注。

首先,所有因原主营业务资产出售需转移的债权、债务,我们均要求取得债权人和债务人书面的《债权债务转移同意函》。

然后,对于未取得同意函的债务,我们促成交易双方签署《银行账户共管协议》。根据《银行账户共管协议》,A 公司与原控股股东对于本次《资产出售协议》履行时,尚未获取相关债权人同意该债务转至资产受让方或其安排的单位的,为确保 A 公司权益,由双方共同设立一个共管银行账户,由 A 公司原控股股东将与该等未同意转移债务数额等额的款项存入该共管银行账户,以减少重组后的上市公司相关风险。

## 第六节　资不抵债的子公司纳入和退出合并报表问题

1. 关于资不抵债子公司纳入合并范围。

一般情况下,母公司将子公司纳入合并范围,将母公司和其子公司视为一个整体编制合并财务报表的会计处理操作较容易,也较容易被理解。但在特殊情况下,被投资公司"资不抵债"后继续亏损,即投资公司对于超过"投资额"的亏损(以下简称超额亏损),在会计上如何核算,是承担该损失,还是不承担,是一个问题。

《公司法》第三条规定:"有限责任公司的股东以其认缴的出资额为限对公司承担责任;股份有限公司的股东以其认购的股份为限对公司承担责任。"明确了以认缴的出资额为限承担责任的概念,也就是不承担超过净资产的亏损的责任。

对于子公司的投资,母公司在个别财务报表中作为长期股权投资,采用成本法核算,无需按照子公司净资产进行调整,子公司出现超额亏损时,只需对长期股权投资进行减值测试,并且长期股权投资减至零为止。但是在母公司的合并财务报表中,需将子公司纳入合并范围,合并财务报表是将母公司和其子公司视作一个整体进行编制的,故存在合并财务报表中如何反映子公司超额亏损的问题。

财政部 2010 年发布的《企业会计准则解释第 4 号》(财会〔2010〕15 号)问答六规定:"在合并财务报表中,子公司少数股东分担的当期亏损超过了少数股东在该子公司期初所有者权益中所享有的份额的,其余额仍应当冲减少数股东权益",我国准则明确了,在合并财务报表中,母公司和少数股东要按照所享有的份额分摊子公司的超额亏损。

《国际财务报告准则第 10 号——合并财务报表》应用指南第 94 条规定:"主体应当将损益和其他综合收益的每一组成部分确认为归属于母公司的所有者和归属于非控制性权益所有者。主体还应将综合收益总额确认为归属于母公司所有者和归属于非控制性权益所有者,即使这将导致非控制性权益的金额为负",国际财务报告准则也明确,母公司与非控制性权益所有者(我国准则称为少数股东权益)需按照所享有的份额分摊子公司的超额亏损。

所以,我国企业会计准则和国际财务报告准则对于合并财务报表中子公司超额亏损的会计处理规定是一致的,均体现了"经济实体理论"(亦称"主体理论")的原则,强调母公司股东与少数股东(或称非控制性权益人)均为公司的股东,均应按归属份额共同承担公司的超额亏损,而非由母公司股东单独承担。

2. 关于资不抵债子公司退出合并范围。

对于上市公司而言,资不抵债的子公司总是连年亏损,合并财务报表将其纳入合并范围会导致利润表现被严重拖累,还可能导致合并财务报表的资产负债率长年居高不下,尽快甩掉这些资本抵债的子公司不仅可以让上市公司"轻装上阵"而重新"复活",而且一般处置有限责任公司或者股份有限公司的合理对价将大于或者等于0,所以在处置资不抵债子公司的当期,对于以前会计期间被"吞噬"的合并利润能够实现再"回吐",使上市公司净利润迅速增加。这使得近年来很多受资不抵债子公司拖累的上市公司,纷纷寻求机会甩掉这些"包袱",并为上市公司创造盈利。既然子公司是有限责任公司或股份有限公司,股东仅需承担有限责任,通常如果超额亏损子公司能够顺利进行清算,则母公司的合并财务报表层面就能顺利地实现投资收益。但由于受到破产清算法律法规程序和员工安置等政策影响,往往不能较快完成清算,并可能仍需承担超过有限责任的费用等。而处置超额亏损的子公司,倒是可以使有关上市公司较快摆脱"包袱",为其合并财务报表"增色"。但一般无关联的公司没有理由接受那些超额亏损的企业,除非这些超额亏损的企业拥有账面未反映增值的土地使用权或经营权,或者与拟接受的公司存在上下游关系可实现协同效益等等,否则在缺乏商业合理性的情况下,只有关联方才会"出手相救"。

 案例分析

## 1 元钱如何换来 1.2 亿元收益

☞ **案例介绍**

甲机床股份有限公司(以下简称甲机床)为进一步优化公司资产结构及业务结构,于2017 年 10 月 26 日与甲机床(集团)有限责任公司(以下简称甲集团)于甲市签署附生效条件的《资产出售协议》,将所持子公司中捷机床有限公司 100%股权、甲机床进出口有限责任公司 100%股权、甲机床加拿大公司 100%股权及所属分支机构第一机床厂、甲机床中捷钻镗床厂、甲机床数控机床事业部、甲机床航空航天行业部的全部资产、负债出售给甲集团。

甲机床聘请中联资产评估集团有限公司以 2017 年 4 月 30 日为评估基准日对上述交易标的进行评估,交易标的净资产账面价值为—81 114.90 万元,为负值;资产基础法净资产评估价值为—9 980.41 万元,亦为负值。甲机床在 2017 年 10 月 27 日发布的"出售资产暨关联交易公告"中披露:"出于上市公司控股股东以实际行动支持帮助上市公司调整优化内部资源配置、减少亏损负担、保护投资者权益的目的,本次交易定价 1 元。因此,本次交易定价依据评估值为基础并经交易双方协商确定,交易价格具备公允性。"

上述事项作为甲集团综合创新改革方案的一部分,于 2017 年 10 月 29 日获得甲市国资委批复,并于 2017 年 11 月 23 日收到国务院国资委、国家发展和改革委、工业和信息化部、财政部、人力资源社会保障部、人民银行、银监会及证监会等国家八部委联合印发通知,将甲集团纳入东北地区国有企业综合改革试点。

甲机床最终以 1 元的对价向甲集团出让了上述子公司及分支机构的全部资产、负债,并于 2017 年 11 月 30 日完成交割。

甲机床在 2017 年年报中对该交易会计处理的披露如下:"本次交易符合甲集团综合创新改革整体战略需要,同时有利于公司优化资产业务结构,顺利实现业务转型升级,具有充分的商业合理性。本次交易价格与标的资产评估值之间的差额将被计入资本公积,评估值与账面价值之间的差额将被计入母公司报表处置当期损益""本次交易完成后公司 2017 年资本公积增加 9 980.41 万元,当期投资收益增加 124 227.58 万元。"

甲机床 2018 年 2 月 27 日发布的"关于深圳证券交易所 2017 年报问询函回复的公告"中对上述会计处理进行了进一步解释:"本次资产出售中标的资产的 4 月 30 日评估值—9 980.41万元与 4 月 30 日账面价值—100 972.75 万元、过渡期损益(合并层面按照公司会计政策调整内部往来坏账等因素后的影响额—33 235.23 万元)之间的差额计入投资收益(标的资产过渡期损益已纳入公司 2017 年度合并利润表)。"

甲机床 2015 年度、2016 年度、2017 年度合并利润表部分数据,如表 1 所示。

| 表 1 | 甲机床 2015—2017 年度合并利润表部分数据 | | 单位:元 |
|---|---|---|---|
| 项目 | 2017 年度 | 2016 年度 | 2015 年度 |
| 营业收入 | 4 189 236 907.84 | 6 243 792 555.67 | 6 383 900 760.01 |
| 营业成本 | 3 105 134 238.07 | 4 806 063 609.63 | 4 689 848 295.44 |
| 投资收益 | 1 242 719 260.01 | 2 367 672.87 | −2 167 401.26 |
| 利润总额 | 53 098 240.08 | −1 490 531 941.90 | −752 530 283.87 |
| 净利润 | 108 353 262.60 | −1 437 441 786.58 | −639 874 048.28 |
| 归属于母公司所有者的净利润 | 117 751 570.50 | −1 403 329 308.89 | −1 840 052.12 |

☞ **案例背景**

甲机床是于 1993 年 5 月成立的股份制企业,1996 年 7 月向社会公开发行普通股并在深圳证券交易所上市交易。2008 年 11 月 26 日,甲机床控股股东变更为甲集团。

甲机床 2015 年、2016 年连续 2 年净利润亏损,根据《深圳证券交易所股票上市规则》(2018 第二次修订)13.2.1 的规定:"上市公司出现下列情形之一的,本所有权对其股票交易实行退市风险警示:(一)最近两个会计年度经审计的净利润连续为负值或者因追溯重述导致最近两个会计年度净利润连续为负值",所以,甲机床在公布 2016 年年报之后,就被实行了退市风险警示,股票简称变更为"＊ST甲机床"。

甲机床 2017 年净利润实现了盈利,根据《深圳证券交易所股票上市规则》(2018 第二次修订)13.2.11 及 14.1.1 规定:"上市公司股票交易被实行退市风险警示后,首个会计年度审计结果表明本规则第 13.2.1 条第(一)项至第(四)项规定情形已消除的,公司可以向本所申请对其股票交易撤销退市风险警示","上市公司出现下列情形之一的,本所有权决定暂停其股票上市交易:(一)因净利润触及本规则第 13.2.1 条第(一)项规定情形其股票交易被实行退市风险警示后,首个会计年度经审计的净利润继续为负值",甲机床在公布 2017 年年报之后申请撤销退市风险警示,股票简称变更为"甲机床"。

☞ **资料来源**

1. 甲机床 2015 年、2016 年、2017 年年报。

2. 甲机床股份有限公司出售资产暨关联交易公告(2017 年 10 月 27 日)。

3. 甲机床股份有限公司关于深圳证券交易所 2017 年报问询函回复的公告(2018 年 2 月 27 日)。

☞ **依据及相关法规**

1.《企业会计准则第 33 号——合并财务报表》(2014 年修订)。

2.《上市公司执行企业会计准则监管问题解答》(2009 年第 1 期)问答 3。

3.《关于做好上市公司 2009 年年度报告及相关工作的公告》证监会公告〔2009〕34 号。

4.《深圳证券交易所股票上市规则》(2018 第二次修订)。

☞ **案例思考题**

1. 试分析甲机床 2017 年向控股股东处置超额亏损子公司可能存在的动机。

2. 请对甲机床上述处置超额亏损子公司会计处理进行分析。

☞ **讨论与分析**

1. 甲机床 2017 年处置超额亏损子公司可能存在的动机。

由于甲机床因 2015 年、2016 年连续 2 年净利润亏损已被实行退市风险警示。根据《深圳证券交易所股票上市规则》(2018 第二次修订)有关规定,如果甲机床在 2017 年盈利的话,则其可以撤销退市风险警示,但如果在 2017 年净利润继续亏损,则会被暂停股票上市,甲机床需要在 2017 年盈利才能避免被暂停上市。

甲机床 2017 年度的营业收入比 2016 年度、2015 年度均有所减少,而 2017 年度的毛利率也较 2016 年度、2015 年度减少,在甲机床 2017 年度的经营未发生实质好转的情况下,其只能通过其他方式确保其 2017 年度的净利润盈利。甲机床在 2017 年处置超额亏损子公司的交易在会计上确认了 1.24 亿元的投资收益,占当年利润总额的比率为 2340%,为其净利润做出巨大贡献,使其在 2017 年度扭亏为盈,成为其避免被暂停上市的关键。

2. 对甲机床的会计处理进行分析。

甲机床以前年度合并财务报表中是全额反映子公司超额亏损的,本年度以 0 元对价处置这些超额亏损子公司。根据证监会 2009 年发布的《上市公司执行企业会计准则监管问题解答》(2009 年第 1 期)的规定:"对于新会计准则实施后已在利润表内确认的子公司超额亏损,在转让该子公司时可以将转让价款与已确认超额亏损的差额作为投资收益计入当期合并利润表",甲机床需要将 1 元对价与合并财务报表中确认的超额亏损账面价值的差额 134 207.99 万元全部转入转让当期的损益,但是本案涉及甲机床与其控股股东之间的交易,还需区分其中是否存在权益性交易,所以不能简单将相关差额 134 207.99 万元全部确认为当期损益,如果其中存在权益性交易部分,则权益性交易部分的差额需计入资本公积。

甲机床对于本次处置超额亏损子公司交易的会计处理为:将交易价格与标的资产评估值之间的差额 9 980.41 万元计入资本公积,评估值与账面价值之间的差额 124 227.58 万元计入母公司报表处置当期损益。甲机床可能就是认为本次交易存在权益性交易部分,所以将权益性交易部分的差额计入了资本公积。

(1) 该交易是否具有商业合理性。由于甲机床本次交易的对手方为控股股东,而其又有强烈的"扭亏为盈"的动机,所以,针对本次交易,需要特别关注交易的商业合理性。

根据甲机床在 2017 年 10 月 27 日发布的"出售资产暨关联交易公告"中的披露:本次交易是"出于上市公司控股股东以实际行动支持帮助上市公司调整优化内部资源配置、减少亏损负担、保护投资者权益的目的",似乎本次交易是控股股东为帮助上市公司而进行的,但其在 2017 年年报中又强调"本次交易符合甲集团综合创新改革整体战略需要,同时有利于公司优化资产业务结构,顺利实现业务转型升级,具有充分的商业合理性",两者的描述似乎存在些许矛盾。而且,甲机床针对商业合理性的上述披露过于抽象,缺乏实质性内容。交易的商业合理性判断一直是实务的难点问题,尤其是与关联方交易的商业合理性,更是因为交易双方的关联关系而变得复杂。实务中对于处置超额亏损子公司是否具有商业合理性通常需要考虑以下情况:受让方受让超额亏损子公司是否仅由于超额亏损子公司限于政策、监管等原因暂时无法清算所导致,上市公司是否对受让方存在潜在担保导致其仍承担主要风险,受让方是否能够承受超额亏损子公司转移的巨额负债,受让方是否存在改善超额亏损子公司经营状况的措施,受让方与超额亏损子公司的业务是否有相关性、协同性等等。甲机床至少需要围绕以上情况进行详细披露,其笼统、避重就轻的披露方式,让我们怀疑其向控股股东处置超额亏损子公司的真实动机是调节利润,该交易不具有商业合理性。当然,从甲机床公开披露的有限信息,我们无法深入分析甲机床将这些超额亏损子公司处置给甲集团的真实目的及交易双方的真实情况,所以,无法对该交易是否具有商业合理性进行盖棺定论。

(2)如果交易不具有商业合理性的会计处理。如果甲机床的本次交易不具有商业合理性,则本次交易需全部作为权益性交易处理,甲机床需将本次交易的全部差额 134 207.99 万元计入资本公积,不得确认损益。

(3)如果交易具有商业合理性的会计处理。如果甲机床的本次交易具有商业合理性,则还需要进一步判断本次交易的定价是否公允,以确定交易中是否存在权益性交易的成分。

根据《公司法》的规定,有限责任公司、股份有限公司股东是承担有限责任的,仅以认缴出资的金额为限对公司承担责任,股东处置超额亏损子公司的处置对价一般不会小于0。通常在超额亏损子公司的净资产评估值为负数的情况下,承担有限责任的股东也最多以 0 为对价处置超额亏损子公司。所以,本案甲机床以 1 元的价格向甲集团出售评估值为负数的超额亏损子公司,其交易定价通常是公允的。在确定 1 元的交易定价公允的情况下,甲机床可以将交易对价 1 元与超额亏损子公司账面价值之间的差额 134 207.99 万元计入当期投资收益。

虽然有限责任公司股东承担的是有限责任,但如果甲机床实际上对这些超额亏损子公司还存在"额外"的责任。比如,因为政策原因需要继续增加投入,或者需要承担部分员工的安置费用等等,此时,市场参与者并不会以 0 元的价格就购买此类超额亏损子公司,由此导致 0 元并不是转让超额亏损子公司的公允价值,而需要重新评估转让超额亏损子公司的公允价值,甲机床可以将交易对价 1 元与超额亏损子公司公允价值之间的差额作为权益性交易部分计入资本公积,超额亏损子公司公允价值与其账面价值之间的差额计入当期投资收益。

本案甲机床在其公告中强调该交易具有商业合理性,并且其交易价格 1 元是公允的定价。但是,甲机床的会计处理却是将交易价格 1 元与标的资产评估值之间的差额 9 980.41 万元计入资本公积,评估值与账面价值之间的差额 124 227.58 万元计入母公司报表处置当期损益,该会计处理与其认定交易价格 1 元为公允价值存在矛盾。